U0083388

古代歷史文化研究輯刊

二五編

王明蓀 主編

第 14 冊

清代越南燕行使節的北京書寫研究（下）

李宜樺 著

國家圖書館出版品預行編目資料

清代越南燕行使節的北京書寫研究（下）／李宜樺 著 -- 初版
-- 新北市：花木蘭文化事業有限公司，2021〔民110〕
目 6+198 面；19×26 公分
（古代歷史文化研究輯刊 二五編；第 14 冊）
ISBN 978-986-518-316-5（精裝）
1. 外交史 2. 清代 3. 中國 4. 越南
618   110000154

ISBN-978-986-518-316-5

9 789865 183165

古代歷史文化研究輯刊
二五編　第十四冊　　　　　　　ISBN：978-986-518-316-5

清代越南燕行使節的北京書寫研究（下）

作　　者　李宜樺
主　　編　王明蓀
總 編 輯　杜潔祥
副總編輯　楊嘉樂
編　　輯　許郁翎、張雅淋　美術編輯　陳逸婷
出　　版　花木蘭文化事業有限公司
發 行 人　高小娟
聯絡地址　235 新北市中和區中安街七二號十三樓
　　　　　電話：02-2923-1455／傳真：02-2923-1452
網　　址　http://www.huamulan.tw 信箱 service@huamulans.com
印　　刷　普羅文化出版廣告事業
初　　版　2021 年 3 月
全書字數　378435 字
定　　價　二五編 15 冊（精裝）台幣 45,000 元　　　　版權所有・請勿翻印

清代越南燕行使節的北京書寫研究（下）

李宜樺　著

目

次

第五章　越南燕行使作客北京所記之
　　　　人物形象與交遊

　　乾隆《大清會典》記載：「凡四夷朝貢之國，東曰朝鮮，東南曰琉球、蘇
祿，南曰安南、暹羅，西南曰西洋、緬甸、南掌（西北番夷見理藩院），皆遣
陪臣為使，奉表納貢來朝。凡敕封國王，朝貢諸國遇有嗣位者，先遣使請命
於朝廷。朝鮮、安南、琉球，欽命正副使奉敕往封；其他諸國，以敕授來使齎
回，乃遣使納貢謝恩。」〔註1〕

　　顯然向中國稱臣而定期納貢朝覲，新君代立亦請命接受清使冊封的越南，
與中國關係密切深遠，多有派遣使節如燕的機會。越南燕行使唧命以赴北京，
不止能夠在人文薈萃的京城與中國文人交遊，還能見到清朝官吏與帝王皇族；
當然，也可能就在燕臺帝都遇見同來朝覲大清天子的他國使臣，一睹異國使
節的形象與風采，甚至建立或深或淺的友好情誼。

　　本章將探究越南燕行使作客北京的短暫時日中，其筆下記錄的人物形象
與交遊情形，藉此了解其北京生活的人際網絡。

第一節　中國帝冑、官紳與文友

一、帝冑皇族

　　越南燕行使者對於中國帝后、皇族的直接記載不多，但從側面記事仍是

〔註1〕《欽定大清會典》（臺北：世界書局，1986年初版），《景印摛藻堂四庫全書薈
　　　要》第199冊，卷56，頁24～25。

可以勾勒出約略的人物形象。如前文章節提到燕行使參與乾隆皇帝所舉辦盛
大熱鬧的萬壽慶典和千叟宴；獲准進入熱河避暑山莊參觀能展現大清天子統
治成就，與帝王為政之道的「四知書屋」和「五福五代堂」；乃至於要安南伶
工隨使團觀祝表演，並引南北伶工分列兩行對唱，昭示帝王文德，以體現天
下一統、四方臣服之意的作為，都顯示乾隆皇帝在位時清代國力鼎盛，而乾
隆是位喜歡炫耀與感受帝國和天子權力的統治者，柔懷遠人、萬邦來朝、擁
有崇高權力地位的皇帝，正是越南燕行使所記文字中，可以推敲而得的乾隆
形象。

　　又如頻繁至大高元殿拈香行禮的同治帝，「大皇帝冠墨皮帽，穿元青貢給
衣，大黃緞一，前御輦上覆以黃緞，輿輦八人皆紅緞繡金衣」〔註2〕諸如此類
拈香打扮之述，皆反映出同治帝勤勉政事、恪遵體制；因京師雨期延誤以致
乾旱，而不斷踐行禮儀性朝政的君主形象。

　　至於晚清影響政局的重要人物——慈禧太后，在越南使節筆下是立於帳
前「垂簾聽戲」，侍奉儀節簡易的形象，而兩宮垂簾聽政的同治朝局，則是恭
儉不忘祖訓，頗有道光遺風。事實上，慈安太后逝世，慈禧太后獨自垂簾聽
政，一人掌握朝廷大權的年代，乃自光緒八年（1882）起，時越南為法國侵略
所苦，派遣范慎遹和阮述前來清廷交涉求援，此次遣使乃越南向中國派出的
最後一次使節，而范、阮二人該行目的地為天津，並未至北京，自然無從得
見光緒帝與慈禧太后。再加上光緒十年（1884）越南與法國簽訂第二次順化
條約（又稱甲申和約），將中國冊封越南國王的金印熔毀，從此中越宗藩關係
解體，越南北使中國之事，亦畫下句點，因此慈禧對清末政局的影響，未能
見諸越南使節筆下，其形象也因此停留在同治中興時，兩宮垂簾聽政甚為賢
惠，及「女中堯舜」的美好聲望。

　　談到道光皇帝，越南使節除對其恭儉的作風予以肯定，潘輝注《輶軒叢
筆》更有一則關於道光帝的珍貴紀錄：

> 道光帝殊有勇略，嘉慶年盜逾宮垣，手發火鎗，連斃二賊，禁禦
> 獲安，是亦英雄手段也。然今春秋始四十五，而齒已盡落，殊屬
> 異事，詢之內務府所云：帝為諸王時，射弩偶傷缺齒。嘉慶二十
> 三年，侍釣于太湖，得異魚不知名，欲食，仁宗諭曰「魚不知名，

────────────

〔註2〕〔越南〕阮思僩：《燕軺筆錄》，《越南漢文燕行文獻集成》第十九冊，頁187。

不可食也」。帝潛令烹煮，一日夜方熟，取而嘗之，是夜夢神人來
索魚龍，醒起，齒盡落。此是目擊耳聞之說，而理似不可解，縱
然白龍魚服，見困豫且，況天子為神人之主耶？或者遇毒而傷，
可為炯戒。〔註3〕

潘氏筆下的道光，是能執鎗斃賊、有勇有謀的英雄人物，只不過年紀四十有
五，竟已「無齒」，令人費解。道光帝中年牙齒盡落的事，在中國史書未見
記錄，或許是懼於皇帝權威，眾人對於這個公開的秘密未有筆記成文者。倒
是越南使節還抱持好奇、關心的態度，從內務府處打聽到道光帝「無齒」之
因，一是其未繼位之前，習射不慎受傷缺齒，另一個說法則有些玄幻。言嘉
慶二十三年，道光帝侍釣太湖，得不知名異魚，儘管仁宗皇帝告誡其不可
食，但或許出於好吃或貪玩，道光帝命人偷偷烹煮品嚐。吃下煮了一夜方熟
的魚，道光帝竟夜夢神人來要回魚龍，夢醒後便齒牙盡落。此說潘氏認為太
過荒謬，不足為信，即使那異魚真是化為魚形的白龍，不小心被抓受困，天
子乃神人之主，亦不該因此遭禍。潘氏認為此傳說穿鑿附會居多，道光帝應
該是不小心吃到有毒的魚讓牙齒受到傷害才是。對照道光帝中年以後的人
物畫像（見下圖〔註4〕），臉頰瘦削的樣貌或許便是因為沒有牙齒，咀嚼不
便，營養吸收不佳，然而這個帝王秘辛中國無人敢記，反而是出現在來朝覲
大清天子的越南使節筆下。〔註5〕

〔註3〕〔越南〕潘輝注：《輶軒叢筆》，《越南漢文燕行文獻集成》第十一冊，頁173
　　　～174。
〔註4〕此圖為「清宣宗道光皇帝朝服像」，繪者不詳，原圖藏於北京故宮博物院。
〔註5〕將潘輝注所記文字與道光皇帝畫像相對照以為驗證，陳正宏教授在其有關越
　　　南燕行文獻的演講中已然提及。參見陳正宏：〈越南燕行文獻裡的中國〉，收
　　　入復旦大學古籍整理研究所、章培恒先生學術基金編：《域外文獻裡的中國》
　　　（上海：上海文藝出版社，2014年6月第1版），頁74～75。

二、官紳文友

（一）翰林院官員

　　越南使節在燕行旅程中，因「詩賦外交」及「同文書寫喜為友」的緣故，多與沿途所遇之中國官紳仕宦和文人墨客相交往，彼此之間或是以詩會友，詩歌相贈、酬唱應答；或是請序題詞、鑒賞評點，進行文學品評交流；或是書信筆談，談文交心、了解對方的歷史文化，在在體現出中越兩國知識分子立基於同文書寫上的友好情誼。〔註6〕

　　越南使節行經中國各省，當與各地仕紳、文人有所接觸，往遊贈答，不過本論文側重於探究其在京城的交遊情形，因此其他地區的文學交流與和詩往來非考察重點。以道光末年來華使節阮攸為例，其《星軺隨筆》中記載行經廣西省城時，與廣西按察使勞崇光和詩往來，而其停留京城時，則與時

────────────

〔註 6〕劉玉珺在其著作《越南漢喃古籍的文獻學研究》中，便歸納出中越文學交流的形式有「贈答酬唱」、「請序題詞」、「鑒賞評點」、「書信筆談」等四種。見劉玉珺：《越南漢喃古籍的文獻學研究》（北京：中華書局，2007 年 7 月第 1 版），頁 349～363。

任翰林院編修的羅嘉福書信往來，言己「平日殺青搦管，紙上所聞，今幸親履其地，用是忘其拙陋，間有吟詠」，因此呈上《星軺隨筆》中集〔註7〕請之過目，並邀為作序。羅嘉福（生卒年不詳）為道光二十五年（1845）乙巳恩科進士，原名嘉謨，字訏庭，號勗齋，順天大興籍，浙江人，官至山西汾州府知府。光緒四年（1878）山西、河南大旱以致出現「人相食」情形，且山西一人僅易錢一百四十，羅嘉福被派往山西襄辦賑務，其子於中途失蹤，尋之才知「已為人所食矣」。〔註8〕羅氏序《星軺隨筆》於道光二十八年（1848）十一月，序言中提及阮氏奉貢燕行，舟車所至，記為詩歌，並評其詩：「紀行程，則著山川風物之美焉；懷前人，則寓論世尚友之思焉；至於褒譏所寄，亦於吟詠見之，可知皇華周咨之誦講，求有素矣！古之行人，文詞為功，無忝使乎之選者，其在欺人歟！」〔註9〕羅嘉福分析了阮攸燕行紀錄的內容與優點，既有山川風物之美的行程記述，也有論世尚友的懷人深思，甚至寄託褒貶譏刺於詩歌中，可謂文詞有功，完成周諮千里的出使使命，無忝燕行使之選。

　　阮攸與翰林院編修羅嘉福的文學交流，絕非特例。早在乾隆初年使華的阮宗窐，便有如下記述：

> 天朝設翰林院有所，中是選者，並於院裡居住，教習庶常，棟宇宏厰，互相聯絡，與會同館鄰接。先是伊等朋來館裡，談論移辰，至此我來院所遊觀，留題一律。他們云改日回來和答請教，此後不見動靜。
>
> 晴天散步玉堂衙，不似尋常翰墨家。
> 暎旭詞林鋒吐焰，濃春藝苑筆生花。
> 文風吹霽樓臺雨，藻思蒸成几案霞。
> 墻面遠來塵此地，興吟不覺郢中巴。〔註10〕

〔註7〕阮攸作書序自云其將《星軺隨筆》分為上中下三集，「自啟程至抵南關」為上集，「過關至抵燕京」為中集，「在燕暨回程」為下集。
〔註8〕朱汝珍輯：《詞林輯略》，收入周駿富輯：《清代傳記叢刊·學林類》（臺北：明文書局，1985年5月初版），第16冊，頁372；金梁輯錄：《近世人物志》，收入周駿富輯：《清代傳記叢刊·名人類》第62冊，頁269。
〔註9〕〔越南〕阮攸：《星軺隨筆》，《越南漢文燕行文獻集成》第十六冊，頁80～82。
〔註10〕〔越南〕阮宗窐：《使華叢詠集》，《越南漢文燕行文獻集成》第二冊，頁260。詩前小序「教習庶常」原文訛為「席常」，又末句「此後不見動靜」之「動靜」二字，據阮宗窐《使程詩集》與阮翹、阮宗窐《乾隆甲子使華叢詠》二集補之。

據阮氏所述，清朝翰林院在乾隆時期，與安南使節所下榻的會同館舍相鄰，因為地利之便，翰林院諸進士曾結伴共赴會同館，與漢語水準頗高而「不煩譯語」〔註11〕的阮宗窒相談一段時間，因此阮氏禮尚往來，也至翰林院遊觀參訪，而有上引詩作。雖然阮宗窒之後未能等到翰林院官員到訪，不過越南使臣多為科舉出身，〔註12〕和同樣通過科舉考試出身，屬士人階層、知識菁英的清朝翰林院官員在京交遊，是非常自然之事，以下再舉例子加以說明。

1. 裴文禩與鍾德祥、唐景崶

光緒初年越南使節裴文禩便曾與翰林院編修鍾西耘詩文來往。鍾德祥（1849～1904），字西耘，號愚公，廣西宣化人，光緒二年丙子恩科進士，累官至江西道監察御史。其任御史頗為敢言，後因為人言事索賄，或云遭奸人設計陷害，被革職發往軍臺。〔註13〕裴文禩於光緒三年（1877）來到北京，鍾氏時任翰林院編修，兩人因此有所交集。裴文禩的燕行集《萬里行吟》和收錄其與中土人士贈詩、書札彙編的《中州酬應集》中，有裴氏所作〈送鍾西耘翰林赴臺灣〉一詩，及鍾氏於光緒三年夏五月廿六日所作次韻和答之詩，分別引錄如下：

> 三年談笑失羌夷，橫海重歌出塞詩。
> 牛斗偶從天上別，鳳麟要使遠人知。
> 落梅風雨遭逢晚，折柳關河繾綣遲。
> 雲水茫茫觀世局，送君恰是我歸期。
>
> （裴文禩〈送鍾西耘翰林赴臺灣〉）

〔註11〕 據《使華叢詠集》卷首金陵張漢昭之序，阮宗窒其人「峩冠博帶，儒雅風流，聆其言論不煩譯語也」。見〔越南〕阮宗窒：《使華叢詠集》，頁136。

〔註12〕 據史蓬勃列表整理，《越南漢文燕行文獻集成》收錄的48位越南使臣中，有進士17人，貢士4人，舉人11人，秀才1人，無科甲功名者14人，情況不詳者1人，具秀才以上功名者占總數比例近七成。詳參史蓬勃：《清代越南使臣在華交遊論述——以《越南漢文燕行文獻集成》為中心》（山東：山東師範大學碩士論文，2014年5月），頁21～23。

〔註13〕 朱汝珍輯：《詞林輯略》，收入周駿富輯：《清代傳記叢刊·學林類》（臺北：明文書局，1985年5月初版），第16冊，頁460；凌惕安撰：《清代貴州名賢像傳》，收入周駿富輯：《清代傳記叢刊·綜錄類》（臺北：明文書局，1985年5月初版），第202冊，頁486～487；莫炳奎纂：〈人物志一〉，《邕寧縣志》（據民國26年鉛印本影印），收入《中國方志叢書·華南地方》（臺北：成文出版社，1975年），總頁1540～1542。

年來有口似鷗夷，不敢狂談並悔詩。

破浪未酬槎窮志，撫塵空辱使星知。

雲天拜命休嫌遠，柳雪逢君已悵遲。

走筆萬言肝膽露，東雲南月指為期。〔註14〕（鍾西耘次韻和答）

據裴、鍾二人詩末記事，鍾德祥曾「前往臺灣參戎三軍年，今又赴臺籌辦防洋事」，因此裴氏「過訪贈詩」，而鍾氏知裴氏使行任務完畢，將回越南，自己也奉命準備赴臺，不日即將起行，因此次韻和答。至於鍾德祥為何曾至臺灣參謀軍務，且又再度奉命赴臺？原來光緒元年先後有福建巡撫「移札臺灣」和福建巡撫「冬春駐臺，夏秋駐省」之議，因此光緒三年（1877）正月二十二日，福建巡撫丁日昌向朝廷上奏：「此次渡臺，幕友需才，請將翰林院庶吉士鍾德祥留臺襄助」，同日得旨「鍾德祥著俟散館後再赴臺灣」。顯然鍾德祥之所以與臺灣結下因緣和丁日昌經營臺灣有關。渡海撫臺的丁日昌，曾託鍾德祥帶親筆信回天津給李鴻章，從丁日昌奏稱「留臺」之語可知，鍾德祥其時已在臺灣丁日昌幕中，但按照規定庶吉士要散館受職後才能外派，故鍾德祥便為丁日昌充當信使，並回北京等候，也因此結識了越南使節裴文禩。〔註15〕裴詩首聯「三年談笑失羌夷」，指的應是鍾德祥曾至臺灣參謀軍務三年之事；而「橫海重歌出塞詩」，據裴文禩之註，鍾德祥前往臺灣時著有《海上吟詩集》，裴氏或曾閱覽。「落梅風雨遭逢晚，折柳關河繾綣遲」寫出兩人相見恨晚之感，而「繾綣遲」則是記寫鍾氏行期或因等待散館任職而展期三、四次，以致「送君恰是我歸期」。

有趣的是，此詩在越南國家圖書館所藏《萬里行吟選錄》抄本此版本中，最後一句為「送君還觸我心悲」，有研究者認為鍾德祥應丁日昌之請前往臺灣，是在牡丹社事件發生後，清廷開始重視臺灣的布防與開發，因此讓對於洋務運動較為積極的丁日昌前往撫臺，以防外強侵略這樣的時空背景，或許鍾德祥曾對裴文禩提及此次任務之艱難與重要性，故而讓裴氏聯想到越南自身的處境，對被法國侵略、控制，逐漸喪失自主權的國家處境此一茫茫世局深有

〔註14〕〔越南〕裴文禩：《萬里行吟》，據越南漢喃研究院所藏抄本 VHv.849／2 影印，葉22b；裴文禩：《中州酬應集》，《越南漢文燕行文獻集成》第二十二冊，頁75～76。

〔註15〕汪毅夫：〈清代臺灣的幕友〉，《東南學術》第1期（2004年），頁126；李貴民：〈清代臺灣與越南的時空連結——以越南漢文文獻為例〉，《人文研究期刊》第11期（2013年12月），頁43。

感觸，情不自禁而悲從中來。〔註16〕此一版本與解讀，更凸顯天地廣大然而雲水滄茫，世局之變難以預料，大時代下小人物的聚散離合與國家命運，實難掌握，因此離別情愁、國事未定、人生艱難的感覺更加強烈，更容易觸動悲情，是頗具意義且足資參考的詮解。

　　至於鍾氏的次韻之作，提及其尚未能乘風破浪出行至臺灣一酬壯志，徒然讓裴氏知道自己的宏圖偉志，卻又功業未成，似乎有些貽笑大方了，而這或許也是其不敢再「狂談」且「悔詩」的原因吧！裴氏贈詩提及鍾德祥有「橫海重歌出塞詩」的《海上吟詩集》，想來鍾氏或於詩集中高歌其志，意欲開創一番轟轟烈烈的事業，而裴氏曾閱讀該詩集，知鍾氏志不在小。離開北京渡海至臺，距離不可謂不遠，然而冀望有所作為的鍾氏卻是欣喜領命不嫌遠，唯一惆悵、遺憾的是與裴文禩相遇太晚，只能把握這短暫有限的時間好好筆談交流，「走筆萬言」寫下內心所想，披肝瀝膽以相交，期望日後東去渡臺、南回交州的兩人，還有指期相見的一天。鍾德祥難得在北京結交異國友人，並透露心中的鴻鵠之志，與之分享未來願景，裴、鍾二人的筆談與贈詩情誼，除了展現出跨國文學交流與友誼外，也反映了士大夫可貴的志向與抱負。

　　唐景崶（1853～1884）字升魚，號禹卿，又號元穎，廣西灌陽人，光緒三年丁丑科進士，散館授翰林院編修，其兄唐景崧與唐景崇，皆為同治年間進士，且入翰林。〔註17〕光緒三年裴文禩抵達北京時，唐景崶剛考上進士，改翰林院庶吉士。〔註18〕考察裴文禩《中州酬應集》，可見唐景崶為裴文禩燕行集《萬里吟草》（即《萬里行吟》）所作序文一篇，時間在光緒三年仲夏月（五月），地點是唐氏位於京都宣武城南之寓齋。〔註19〕事實上《中州酬應集》中

〔註16〕 李貴民：〈清代臺灣與越南的時空連結──以越南漢文文獻為例〉，《人文研究期刊》第 11 期（2013 年 12 月），頁 43。

〔註17〕 唐景崧為同治四年乙丑科進士（下文將再論及）；唐景崇字希堯，號春卿，為同治十年辛未科進士，散館授翰林院編修，官至學務大臣。朱汝珍輯：《詞林輯略》，收入周駿富輯：《清代傳記叢刊·學林類》（臺北：明文書局，1985 年5 月初版），第 16 冊，頁 423、441、463。

〔註18〕 唐景崶於光緒三年五月改翰林院庶吉士，裴文禩《萬里行吟》書末〈自敘〉記其光緒三年四月九日抵達北京，七月三日出京，其客居北京之時，唐景崶已入翰林院任職。參見《清實錄·德宗實錄》（北京：中華書局，1987 年 5 月第 1 版），第 52 冊，卷 51，「光緒三年五月甲子」條，頁 711～712；〔越南〕裴文禩：《萬里行吟》，據越南漢喃研究院所藏抄本 VHv.849／2 影印，葉 48a。

〔註19〕 此序文最末落款題桂林「唐京崶」，唐景崶乃廣西桂林灌陽縣人，「京崶」二字當為「景崶」二字音近形似之誤。又《中州酬應集》中尚有一則落款「景

所錄多家詩文，提及裴文禩的在華詩文集《萬里行吟》，顯然在行途中裴氏已編成一個本子供人傳觀，唐景崶也因與裴氏交遊，而得以閱覽並受邀為作序文。〔註20〕序文內容稱《萬里行吟》最足重者，「凡郵亭所次，館驛所經，搜羅故實，借助推敲，恒恐往蹟就煙，而特詳記載，其用心豈第流連光景之徒吟風弄月而已哉」，此乃讚美裴氏對於所詠史地遺跡皆附考釋之文若干，非特玩賞抒情，更有考究存學之用心。唐景崶還指出，以往越南來華使臣「頗多瀏雅君子，博通聲律，以增輝於皇華周道之間」，而裴氏乃才優之士，非其流之亞乎，故願其歸國後佐上翼戴天朝，以銘鐘鼎而被管絃，傳為南郊盛事。唐氏秉持傳統士大夫「學而優則仕」的觀念，認為個人才學應為國家服務，同時也認為越南為大清天朝屬國，越南有才之士如裴文禩者，自當輔佐君王擁戴天朝，穩固兩方宗藩關係。至於唐氏以一西粵鄙人，因「天假之緣，得通聲氣，詞場翰墨，諒有前因」，而不揣固陋作此之序，目的在使觀此書者，「知人才不限於邊隅，而亦以見我國家聲靈赫濯、文教昌隆，其覃敷中外有如是者」，似有為出身邊遠之地的自己喚起世人關注之意。〔註21〕又唐景崶在讀完裴文禩的著作、寫完書序後，趁歸還其作與送交序文之際，邀請裴氏在早飯後過舍一敘，且言「午間略備薄酌，藉暢衷曲，敝同年數位並約同來」，期望裴氏能大駕光臨。〔註22〕從唐景崶邀約與其一同考上進士，且入翰林院任職的同年數人，一起和裴文禩會面暢談，可知唐景崶對結交外國貢使的積極態度，也再次證實越南使節出使清朝，因文官學人身分，很容易便與翰林院官員交遊往來，以文會友，相互切磋，建立異國同文情誼。可惜的是唐景崶未能在官場施展其才，於光緒十年（1884）英年早逝，與裴文禩的異國友情只綻放短暫交會的光亮，唯一令人告慰的是，裴文禩與唐景崶之兄唐景崧，因法國侵略越南問題而有交集，也算延續裴文禩與唐景崶之間的詩文情緣，此部分本章第三節將再詳述。

崶再拜」的酬應之文，內容言「大著奉繳拙序一併呈教……」，可對應唐景崶為裴文禩所作此序，由「京崶」、「景崶」亦可推敲出此乃「景崶」抄寫之誤。見〔越南〕裴文禩：《中州酬應集》，《越南漢文燕行文獻集成》第二十二冊，頁 154、192。

〔註20〕王亮：〈中州酬應集題要〉，見〔越南〕裴文禩編：《中州酬應集》，《越南漢文燕行文獻集成》第二十二冊，頁 4。

〔註21〕〔越南〕裴文禩編：《中州酬應集》，頁 152～154。

〔註22〕〔越南〕裴文禩編：《中州酬應集》，頁 192。

2. 阮述與陳啟泰、黃自元

接著，再看越南最後一次派遣至北京的使節阮述，也與時任翰林院編修的陳啟泰多有來往。陳啟泰（1847～1909）字伯平，湖南長沙人，同治七年（1868）戊辰科進士，光緒七年（1881）與阮述在北京相遇相識時，為記名御史、翰林院編修，同年九月出補山西道監察御史，後累官至江蘇布政史、江蘇巡撫。〔註23〕阮述在其燕行集《每懷吟草》中有〈次韻酬翰林太史陳啟泰〉、〈再疊前韻〉、〈三疊前韻〉及〈留別翰林編修陳啟泰〉四首詩。〔註24〕前三首當屬阮、陳二人的文學交流、切磋酬贈之作，主要是讚美陳啟泰其人風采與才學造詣，欣喜此番相識相會的美好文緣。至於第四首詩則是臨別贈詩：「燕市停驂處，交遊見古風。奇觀知駿馬，歸路逐征鴻。雪片秋江外，香爐畫省中。團團丹桂月，相照此心同。客久思歸苦，情深欲別難。劇談忘日暮，強飲卻秋寒。瓊樹臨風想，瑤章捉扇看。桑乾侵曉渡，回首望長安。」能在北京結交陳啟泰，對阮述來說實屬難得，只要想起彼此相契暢談，不知日暮；對酒豪飲，不覺秋寒，便是客居思歸之苦，也壓不下離情別愁。然友情深刻難別卻也終須一別，此後只能在腦海中懷想陳啟泰的玉樹臨風之姿，執扇細看其瓊瑤玉琚之章；只能在曉渡桑乾河時，憑憑回首，遙望故人所在的京都。此詩充分流露阮述依依不捨的惜別之情，情韻悠然不盡，兩人跨國同文相會所建立的友情，實乃佳話美事。

事實上陳啟泰與阮述的因緣不僅止於此，《每懷吟草》書前有兩篇序言，其中一篇便是陳啟泰所寫。陳氏自言其與阮述同年出生，同年「舉于鄉、仕于朝」，皆在同治七年登進士，巧合的生命軌跡讓其深覺「情倍親焉」，因此在阮述即將歸國前，為其書作序。該文作於光緒七年辛巳秋日，言辛巳年夏天阮述「銜其國命，奉琛叩關，重譯而至，效貢典屬，進覲於朝；錫宴秩尊，

〔註23〕蔡冠洛編纂：《清代七百名人傳》，收入周駿富輯：《清代傳記叢刊・綜錄類》（臺北：明文書局，1985 年 5 月初版），第 194 冊，頁 506～513。

〔註24〕〔越南〕阮述：《每懷吟草》，據越南漢喃研究院所藏抄本 VHv.852 影印，葉 48～49a、54b～55a。〈次韻酬翰林太史陳啟泰〉疊韻三首原文如下：「月殿香風桂早攀，紫霄華蓋近承顏。圖書職掌猶中秘，詞賦家聲又小山。鷟序知君能篋羽，豹文愧我未成斑。星槎乞得天孫錦，爭勝支機贈客還。」「蓬萊會上許追攀，琪樹臨風見玉顏。門聚德星傳潁水，生居磨蝎似眉山。芸窗散袠香縈座，竹扇題詩墨染斑。秋到一槎湘浦月，美人曾否夢中還。」「翩翩鳳舉慰嶔攀，豈待醇醪始醉顏。暫借一觴臨曲水，無勞九回望衡山。錦章巧謝弓衣織，麗句珍題竹管斑。不畏洞庭波浪闊，文星長照使槎還。」

稽典考禮，大小罔墜」，陳氏基於史官之責，「樂盛化之布護，嘉外臣之有禮」，
因此「延使者於私室，及其介而觴焉」。阮述「揖讓升階，左右秩秩」，十分有
禮，兩人「抽毫進牘，載言載懂，日中而會，日晡而罷，蓋民俗、土宜、設官
取士之法，問答具備」，頗有交流，賓主盡歡。陳氏退而重閱阮述文辭，覺「敷
文廣華，論述有序，彬彬乎含風雅之美焉」，故翌日贈詩一篇，得阮述來章再
唱再和，此當即上段提及的〈次韻酬翰林太史陳啟泰〉三疊。對於阮述之詩，
陳氏以為「詞源暢流，並瀋不竭，雖單詞片幅，未窺全美，然以知其能以文章
藻德而飭躬也」。其後阮述「發其行縢所載，百有餘篇，皆行役之詩，溯自出
國門浮海入關，駐桂林、下長沙、過洞庭、望嵩岳，渡河而北循燕趙之郊，達
於幾旬，山川之美，古賢哲之遺跡，郡將州牧之勞贈，咸具於詩，名曰《每懷
吟草》」，請陳氏指教。陳氏認為阮述的燕行詩集或秉持《左傳》襄公四年
（569B.C.）叔孫豹聞樂拜〈鹿鳴〉、〈四牡〉、〈皇皇者華〉三章，此一皇華五
善的周答態度出使並記錄成書，〔註25〕而讀其詩草，「革靡曼之音、絕俶詭之
習，曠然而高望，窈然而微吟。毋顧乎私情，唯恪恭於乃心；毋嗟於鞅掌，或
邂逅於盍簪，此其高致遠識有過人者，可不謂賢哉？」陳氏評阮述的燕行集
不賣弄麗詞藻句，貪以奇巧取勝，反而氣勢開闊、內蘊幽深；不受私情之擾
而直出本心；不因公忙自嗟，而與士人聚會邂逅並有所記，實有過人之高致
遠識。

　　陳啟泰對於燕行詩集的看法著重於詩歌產生的教化功效，其《每懷吟草》
序言有如下敘述：

> 今使者受命遠至，容止有儀，辭氣有度，天子嘉焉，大臣禮焉，朝
> 之士夫樂與之遊而歌詠焉。不剛不柔，進退雍容，專對之才，洵無
> 愧矣！他日歸而圖其政，（上）以佐國王出憲施號，媚于天子；下以
> 絃歌導其國人，沐浴于庠序，以收愛人易使之效，庶幾所謂授之而
> 能達者與！勗哉，其毋以詩自小也。〔註26〕

〔註25〕　《左傳》襄公四年，叔孫豹如晉，報知武子之聘，晉侯享之，其聞〈鹿鳴〉
　　　　三章而拜，原因乃「〈鹿鳴〉，君所以嘉寡君也，敢不拜嘉？〈四牡〉，君所以
　　　　勞使臣也，敢不重拜？〈皇皇者華〉，君教使臣曰：『必咨於周。』臣聞之：
　　　　『訪問於善為咨，咨親為詢，咨禮為度，咨事為諏，咨難為謀。』臣獲五善，
　　　　敢不重拜？」。

〔註26〕　此處引文和上引陳啟泰序言文句皆出〔越南〕阮述：《每懷吟草》，據越南漢
　　　　喃研究院所藏抄本VHv.852／1影印，葉1～3。按：《集成》版所錄陳啟泰序
　　　　言文句多有缺漏，如上引「溯自出國門浮海入關」，缺「浮海」二字；「革靡

陳啟泰對於阮述使華的進退有度，與士大夫交遊不卑不亢的態度十分肯定，認為無愧於專對之才。更期許阮述歸國之後，能以其才事君輔政，以禮樂治國，並將教化廣施於學校，以收「君子學道則愛人，小人學道則易使」之效，如此便可稱是誦詩三百而授政能達，詩之功效不可小覷，其燕行集周咨之功不可輕視。陳啟泰的文學實用觀和對阮述的期勉，揭示出其與阮述的交遊非僅一般社交應酬，而其寫序和詩亦並非只為增名的慕利之舉，實則與其恪盡職責、重視禮教、冀望王化德布的性格有關。

另外，為《每懷吟草》作序，甚至還加以評點的尚有黃自元（1836～1918）〔註27〕其人。黃氏字善長，號敬輿，湖南安化人，和陳啟泰同年，為同治七年（1868）戊辰科榜眼，授翰林院編修，累官至甘肅寧夏府知府，是晚清著名的書法家。〔註28〕黃自元與陳啟泰既為同榜進士，又是湖南同鄉，還同在翰林院任職，〔註29〕或有交情，因此也和陳氏一樣，與來自越南的阮述交遊論文。考其書序內容，有言：「頃余嘗與君劇談，偶及『語離性情皆學問，事關經濟即文章』二語，適君亦縱論及之，兩人相視而笑，認有不牟之合。余既取二語書為楹帖歸之矣」，〔註30〕顯然二人曾相聚暢談，論文談學，理念相契，頗為歡快。對於阮述其人其詩和其燕行著作，黃自元評曰：「荷亭阮君天機清妙，健筆獨扛，故所為詩多直胸臆，自鑄偉辭，磬控縱送，無不如意，而按之仍復應規中矩。蓋才長律細，豈徒事絺章繪句者所能企及者也。集中七律最夥，佳製亦最多，若答張愛伯次首之沈痛，南寧舟次之雄渾，謁伏波之跌宕，

曼之音」缺漏「草」字；「他日歸而圖其政」缺漏「圖」字；「下以絃歌導其國人」缺「下」和「人」二字。見阮述：《每懷吟草》，《越南漢文燕行文獻集成》第二十三冊，頁7～10。

〔註27〕《每懷吟草》之《越南漢文燕行文獻集成》版抄本誤記為黃「見」元；《每懷吟草》之越南漢喃研究院所藏VHv.852／1抄本，則可見黃自元之評點。

〔註28〕朱汝珍輯：《詞林輯略》，收入周駿富輯：《清代傳記叢刊·學林類》（臺北：明文書局，1985年5月初版），第16冊，頁429；〔清〕竇鎮輯：《國朝書畫家筆錄》，收入周駿富輯：《清代傳記叢刊·藝林類》，第82冊，頁433。

〔註29〕黃自元於同治十二年充江南鄉試副考官，光緒二年（西元1876年）任翰林院檢討，據長沙鄭沅在〈敬輿公七十壽序〉之記述：「典試江南，被議鐫級。或云可以入資捐復，而卒不為。終被朝廷昭雪，起用檢討」，光緒十年授河南道監察御史。阮述光緒七年在北京活動時，黃自元應仍任職翰林院。參見盛景華：〈字聖黃自元〉，《藝術中國》第5期（2009年），頁13～14。

〔註30〕〔越南〕阮述：《每懷吟草》，《越南漢文燕行文獻集成》第二十三冊，頁5～7。下引黃自元之書序文句皆出於此。

遊語溪詩之激越，尤余所心折者。古體則夜過三才峯之情文相生，過平南有懷之異常警策，皆令人百讀不厭，君誠交州未易才也。」〔註31〕黃自元對阮述的文才多所肯定，認為其為詩既能直抒胸臆，又能合於律法，非雕琢文詞、修飾章句者所能望其項背。而作為《每懷吟草》的中國讀者，黃自元精品細讀，具體指出令其心折的詩篇，並點出內容特色與閱後之感，如此言之有物的寫作態度，更凸顯其對待異國文友的真誠情誼。

　　黃自元和陳啟泰一樣，也對阮述有所期勉。黃氏認為元稹、白居易提倡的「文章合為時而著，歌詩合為事而作」此一為社會而藝術的文學實用觀，及劉勰《文心雕龍‧情采》所論思想內容乃為文之本，詞采只是修飾之語的文學藝術觀，與阮述之詩意可相發明。對於阮述本其性情以著為學問文章，視競騁文華為徒增浮偽者，此種文學創作觀必可讓其結識更多文學同好，「相會何啻萬里」。〔註32〕篤信為文本於情志，文如其人的黃自元，由阮述之學問文章反觀其性情，「知君之光明俊偉必將有所表見於世，而不徒以詩人顯言心聲」，藉以勉勵阮述他日有所作為。黃自元由詩歌品評言及創作觀念，又由為文態度論及立身處世，其對阮述這位同文書寫的越南友人，實有同道切磋，惺惺相惜之感。

（二）其他京官與文友

1. 潘輝益、武輝瑨與禮部主事吳煦、內閣中書徐炳泰

　　除了翰林院官員外，禮部等六部官員及其他京官或文友，越南使節亦有所往來。如乾隆初年來華的阮宗窐，其《使華叢詠集》便得多位中國士紳評

〔註31〕《越南漢文燕行文獻集成》版「佳製」作「吟製」，語意和上句重覆，未能凸顯七律佳作最多；「跌宕」誤為「跌岩」；「過平南有懷」誤為「至乎南有懷」；「君誠交州未易才也」多抄冗字而為「君皆誠交州未易才也」，今據VHv.852／1抄本校改之。詳見阮述：《每懷吟草》，據越南漢喃研究院所藏抄本VHv.852／1影印，葉44。

〔註32〕黃自元書序原文如下：「余既取二語書為楹帖歸之矣，復念白傅〈與元微之書〉有云：『年齒漸長，閱事漸多，每與人言，多詢辰務；每讀書史，多求理道，始知文章合為辰而著，歌詩合為事而作。』又劉彥和有云：『文采所以飾言，而辯麗本於情性，故情者文之經，辭者理之緯』，二者頗與君詩意相發明。蓋君即性情經濟，以著為學問文章，其視競騁文華徒增浮偽者，相去何啻萬里。」此段引文以《越南漢文燕行文獻集成》所收抄本為主，並據VHv.852／1抄本校改。又按：越南文本因避嗣德帝阮福時之諱，多改「時」字為「辰」字，故上述引文將「文章合為時而著」書寫為「文章合為辰而著」。

點，其中便有官居禮部郎中的鄭壁齋之墨評與總評。再如乾隆五十五年前來賀壽的潘輝益和武輝瑨，皆曾贈詩給禮部主事吳煦〔註33〕。吳煦（生卒年不詳），直隸清苑人，乾隆五十二年（1787）丁未科進士，因與潘氏相遇於朝房，「款茶對敘，禮意頗恭」，所以便作詩相贈：「蟠桃會上廁衣冠，玉笋班中覿鳳鸞。早有文章標甲第，暫將禮度佐春官。三秋皎月丰神爽，千頃汪波宇量寬。繾綣清樽留夢憶，人生萍水偶締歡。」〔註34〕上半首詩交代了相會乃因宮廷朝覲、筵宴之場合，並讚美吳煦早有科舉功名而任職禮部；下半首詩則形容吳煦如皎月般的丰姿神采，及如汪洋般的宏大氣度，此番讚譽當因吳煦熱情款茶寒暄，待之親切有禮，而也因為得到中朝士大夫如此友善的對待，所以潘氏才有萍水締歡、留作美夢相憶之語。而與潘氏使行同來的武輝瑨，亦有〈柬禮部主事吳進士〉之作，以「帝庭隆揖知汪度，公寓攀談挹景風」讚美吳煦知禮有度，與之對談如沐春風；又以「從古文章原自合，矧今冠服有相同」，談其與吳煦為習文章之道的同路人，何況安南西山朝已向大清稱臣納貢，更著大清官服朝覲乾隆皇帝，也算同僚臣屬。〔註35〕武輝瑨另有〈柬內閣中書徐君炳泰〉一詩，以「妙思高才獨冠倫，生前自是右丞身。已於畫上觀詩趣，還就詩中看畫神」等句，讚美徐炳泰才思高妙，如王維之兼擅詩畫；又言「遠陪有分叨青顧，巴俚羞將擬雪春」，謙言自己獲蒙垂青，便野人獻曝以詩相贈。據詩前說明，徐炳泰以詩畫著稱，奉旨為前來祝賀乾隆萬壽的安南國王阮光平寫真，與武氏一見如故，贈其「所進覽詩一曲，中多佳句」，故武氏也回贈詩篇表達心意。〔註36〕

2. 裴文禩與綿宜、歐陽雲等人

光緒三年在北京的越南使節裴文禩，也與多位在京任職的官員贈詩往來，建立人際情誼。如與時任禮部左侍郎兼兵部右侍郎的宗室綿宜（？～

〔註33〕潘輝益《星槎紀行》記曰「吳照，直隸清苑人，丁未進士」，然筆者查考乾隆五十二年丁未科進士名錄，第二甲二十二名為直隸清苑縣「吳煦」，則《星槎紀行》之「吳照」應為「吳煦」之誤，此或因字形相似而傳抄有誤。見房兆楹、杜聯喆合編：《增校清朝進士題名碑錄附引得》（北京：哈佛燕京學社，1941年6月），頁123。

〔註34〕〔越南〕潘輝益：《星槎紀行》，《越南漢文燕行文獻集成》第六冊，〈贈禮部主事吳進士〉，頁245。

〔註35〕〔越南〕武輝瑨：《華程後集》，《越南漢文燕行文獻集成》第六冊，頁385。

〔註36〕〔越南〕武輝瑨、吳時任、潘輝益：《燕臺秋詠》，《越南漢文燕行文獻集成》第七冊，頁267。

1898）〔註37〕，在皇帝前往梅山殿拈香的「奉瞻仰日」，因行道旁瞻觀禮而相晤，〔註38〕裴氏覺「其人文雅可喜，有詩名」，且於筆談間索觀己作，於是賦詩相贈：「清香萬斛玉湖蓮（神武門外蓮湖盛開），三接風流認夙緣。觀樂自慚非季子，聽琴空喜遇成連。（佩卿送扇徵書索題拙作）夢魂翠柳龍池外，別思黃花雁浦前。欲上星河借支石，徘徊牛斗五更天」，既談兩人相遇的美好緣份，也謙說自己無才。〔註39〕又如與時任戶部員外記名御史的歐陽雲交往。歐陽雲（生卒年不詳），字陟五，號石甫，江西彭澤人。咸豐三年（1853）癸丑科進士，授戶部主事，累官河南道監察御史，著有《亦吾廬詩草》。〔註40〕裴文禩曾向歐陽雲索書楹聯，又送其肉桂、西湖紙、甘露、竹扇等物，因此歐陽雲回贈團扇與詩，以表謝意，其贈詩二首如下：

> 萬里同文契，三生一面緣。神交書待證，情話筆為宣。
>
> 王道無中外，君恩孰後先。好將賓禮意，遍告日南邊。
>
> 方物廷陳後，分貽及土宜。桂饒香色味，箋助畫堂詩。
>
> 甘露湖筠漬，仁風海宇知。愧無瓊玖報，永好訂心期。〔註41〕

裴文禩和歐陽雲的詩歌酬贈與異國情誼，確實是跨越萬里空間的同文書寫，尤其對清朝官員歐陽雲來說，這也是王道德化中外，天下一家的表現。另外，對於獲贈越南特產，肉桂之香、西湖紙之佳善，則讓歐陽雲銘感五內，永以為好，珍惜這難能可貴的相識機緣。而得團扇與詩二首的裴文禩，也次韻和答：「豪華同我賞，文雅與人宜。惠以清風扇，兼之白雲詩。江西正可接，冀北逢相知。昨夜梅花落，驚聞欲別期。」〔註42〕歐陽雲是江西人，兩人在冀

〔註37〕綿宜，字佩卿，鑲白旗人，咸豐二年壬子科進士，有關其生平參見清國史館原編：《清史列傳（八）》，收入周駿富輯：《清代傳記叢刊・綜錄類》（臺北：明文書局，1985 年 5 月初版），第 103 冊，頁 156～158。

〔註38〕裴文禩只言「因奉瞻仰日，遂與之相晤」，筆者考其詩歌內容有「清香萬斛玉湖蓮（神武門外蓮湖盛開）」，與其〈燕臺瞻拜恭紀四首〉之二的「風度荷花十里間（神武門御道旁荷池花方盛開）」相呼應，故判斷兩人應於〈燕臺瞻拜恭紀四首〉之二所記「奉駕御詣梅山殿拈香，准於神武門外瞻仰」之瞻拜日相晤。

〔註39〕〔越南〕裴文禩：《萬里行吟》，據越南漢喃研究院所藏抄本 VHv.849／2 影印，〈贈尊（避諱恭代）室佩卿侍郎〉，葉 22b、23a。

〔註40〕〔清〕徐世昌輯：《晚晴簃詩匯》（上海：上海古籍出版社，2002 年，據民國十八年退耕堂刻本影印），《續修四庫全書》第 1632 冊，卷 154，頁 503。

〔註41〕〔越南〕裴文禩編：《中州酬應集》，《越南漢文燕行文獻集成》第二十二冊，頁 73～74。

〔註42〕〔越南〕裴文禩：《萬里行吟》，據越南漢喃研究院所藏抄本 VHv.849／2 影

北相逢結緣，共賞風雅，只可惜別期將至，情真知心卻也終須分離。

裴文襪還和時任刑部主事的王藻章交遊往來。王藻章（生卒年不詳），字石珊，號鳳雪，貴州遵義人，咸豐辛酉（1861）拔貢，朝考以刑部小京官用。後中同治癸酉（1873）鄉試舉人，入資以道員分發廣東。其人「嗜書籍古玩，善真草篆隸諸法，求者踵及。作殿試策不用橫格而大小齊勻，時議能之。好雕琢文辭，名噪公卿」。〔註43〕裴文襪因王藻章贈詩三章，而和詩以答，但因匆匆為別，故只和一首：「知子殷勤意，斯文氣脈同。搏鵬看壯海，歸雁感西風。祗恐關河別，頻將翰墨通。長安一片月，送我滿吟筒。」〔註44〕詩中殷勤通翰墨、送詩滿吟筒之述，可看出王藻章這位中國官員，對斯文同氣、書寫同文的越南使節裴文襪相當熱情友好。事實上，除了王藻章之外，裴文襪在北京還認識兩個來自貴州的仕宦文友。裴文襪《萬里行吟》中有〈和答許蔚生司馬（名堯文，黔南人。舉人，歷保知州疾選）題於草長句并贈七律依元韻〉詩，則來自黔南的許堯文或字蔚生，舉人出身，曾獲保舉薦選知州。《中州酬應集》錄有許氏贈裴氏之詩：「域外論交事偶然，幾回譯館共流連。行神瀟灑衣冠古，詩律莊嚴壁壘堅。嚮道從今誇北學，來庭洽喜際中天。秋深正是南歸日，月白風清好放船。」〔註45〕裴氏回贈：「十載神交豈偶然，蓬萊此日共留連。凌雲彩筆千行健，出匣霜刀百鍊堅。清夢月明新館夜，別懷風色早秋天。題詞滿紙珠璣落，恰好歸裝載一船。」〔註46〕對許堯文來說，結交域外之友是難得一遇的偶然機緣，但對神往中州已久的裴文襪來說，其實是終於心想事成。兩人在四譯館談詩論文，切磋文章學問，滿紙珠璣，映射出異國文學之士交會的光亮。

另一位貴州友人則是時任河南地方官，「以卓異來京引見」的何鼎。何鼎（生卒年不詳），字夢廬，一字丹鄰，貴州貴陽府貴筑縣人，道光甲辰（1844）舉人，咸豐十年庚申（1860）恩科進士，官河南葉縣知縣，罷官後僑居汴梁，

印，〈歐陽石甫侍御贈以團扇并詩即次韻答〉，葉23a。

〔註43〕周恭壽修，趙愷、楊恩元纂：《民國續遵義府志（二）》（成都：巴蜀書社，《中國地方志集成》據民國二十五年刻本影印），卷二十〈列傳〉，頁77～78。

〔註44〕〔越南〕裴文襪：《萬里行吟》，據越南漢喃研究院所藏抄本 VHv.849／2 影印，〈和答王石珊主政投贈依元韻〉，葉25b。

〔註45〕〔越南〕裴文襪：《中州酬應集》，《越南漢文燕行文獻集成》第二十二冊，頁119。

〔註46〕〔越南〕裴文襪：《萬里行吟》，〈和答許蔚生司馬題於草長句并贈七律依元韻〉，葉25。

闢園種海棠三百株，以詩酒自娛。〔註47〕《中州酬應集》錄有光緒三年（丁丑，1877）六月何鼎寫給裴文禩之贈詩，何鼎自言其於盛夏酷暑，「雨後得讀越南貢使裴殷年先生《萬里吟草》，因懷朝鮮使者任荷漪尚書」而得詩二章如下：

> 涼生小雨地無埃，忽見新詩笑口開。
>
> 玉帛萬方天宇大，梯航重譯客星來。
>
> 珠崖銅柱縈歸夢，嶺樹湘雲對酒杯。
>
> 卻憶海東人別久，皇葩先後兩仙才。
>
> （咸豐己未在都，適任尚書入貢，因與唱和，迄今十九年矣。）
>
> 錦囊投贈遍南州，王事馳驅亦勝游。
>
> 兩載辛勤御使節，萬山蒼翠送行舟。
>
> 賞音何暇論中外，得句知應樂唱酬。
>
> 我愧苦吟毫禿盡，不堪壇坫續風流。〔註48〕

何鼎因讀越南使節的燕行集而憶起曾經相遇相識的朝鮮燕行使，天地廣大，人生短暫，近二十年的歲月流光中，能夠與朝鮮、越南使節先後建立跨國情誼，實屬難得，因此讓何鼎感懷甚深，作詩以記贈。何鼎為咸豐十年庚申恩科進士，故咸豐九年（己未，1859）其人之所以在北京，乃為參加殿試之故，至於任荷漪尚書，則是咸豐十年朝鮮派來進賀兼謝恩的正使任百經。〔註49〕朝鮮、越南雖為異邦，但與中國同文書寫，而所派遣的燕行使又多有文學之才，難怪何鼎要說自己先後遇見兩位堪稱仙才的皇華使者。而從上引第二首詩也可知，裴文禩雖為王事驅馳，卻也不忘與中土人士唱酬往來，建立知音之交，因此對於何鼎的友好贈詩，裴文禩也有〈和答何丹鄰司馬〉詩如下：

> 微風高閣淨浮埃，青眼相逢一笑開。

〔註47〕劉顯世、谷正倫修，任可澄、楊恩元纂《民國貴州通志（五）》（成都：巴蜀書社，《中國地方志集成》據民國三十七貴陽書局鉛印本影印），〈人物志五〉，頁283。

〔註48〕〔越南〕裴文禩：《中州酬應集》，《越南漢文燕行文獻集成》第二十二冊，頁119～121。

〔註49〕《韓客詩存》中有清人李士棻咸豐十年八月所作〈贈別朝鮮貢使任荷漪尚書東歸〉、〈懷朝鮮友人任荷漪百經雜感之一〉、〈題梅并懷念朝鮮友人任荷漪尚書〉三首詩，可知任百經與中國文人曾交遊往來。見〔清〕董文渙編著；李豫、崔永禧輯校：《韓客詩存》（北京：書目文獻出版社，1996年4月第1版），頁136～138。

燕闕黃金聲價重，郢中白雪和歌來。

深宵細雨頻看燭，古驛斜陽獨把杯。

我亦恨違東使會，蘭衰菊秀羨清才。〔註50〕

此和詩除了提及斐文禩與何鼎的交遊，對於何鼎與朝鮮貢使任百經的相會，斐氏亦心嚮往之。其「蘭衰菊秀」之詞語據詩後說明，應是化用朝鮮使節任百經的「澹雲微雨小沾祠，菊秀蘭衰八月寺」之詩句，既恨違不得見東使，便化其詩句以表一番心意。

3. 阮述與唐景崧

除了斐文禩之外，光緒七年在北京的阮述，也曾與時任吏部主事的唐景崧有所往來，並提及唐景崧之弟唐景崇、唐景對均為進士，皆入翰林。唐景崧（1841～1903）字維卿，廣西桂林灌陽縣人，同治四年（1865）乙丑科進士。光緒八年（1882）法越事起，自請出關赴越南招撫劉永福黑旗軍，參加抗法戰爭，以領軍與法軍激戰有功，「賞花翎，賜號霍伽春巴圖魯，晉二品秩，除福建臺灣道」。光緒十七年遷布政使，二十年署理臺灣巡撫，二十一年臺灣割日後，曾出任臺灣民主國大總統。〔註51〕唐景崧與阮述在北京會面時，尚未有請纓抗法、經略臺灣之舉動與經歷，然考以《請纓日記》內容，唐氏曾曰：「余官京師，於海國情形麤有涉獵；環顧九州，慨然有縱橫海外之想。河南才士黃曉耆跳蕩負奇氣，兩人相與於窮廬風雪中，時時以越南為說。曉耆溺死珠江酒艇下，余十五年吏部主事，潦倒文選司中。」顯然，唐景崧胸懷大志，對海國藩邦之事頗感興趣，不時與友人在窮廬風雪中談論越南種種，只可惜沉淪下僚，未能有所作為。不過，一向關注越南問題的唐景崧，雖在無關大局的吏部主事任上，卻仍留意到自越南前來北京朝貢的阮述，並與之見面，諮詢法越情勢，《請纓日記》「越南貢使到京，臣就詢情勢，謂瀾滄一江，法人志在必得，為進規雲南計」之記，便可為證。〔註52〕而阮述《每懷吟草》中的〈席次和選部主事唐景崧口占見贈元韻二首〉，亦見證兩人曾於坐席間詩歌相贈答的友情：「黃支烏弋儘王人，況是同文古九真。捧節關前歌雨雪，瞻

〔註50〕〔越南〕斐文禩：《萬里行吟》，據越南漢喃研究院所藏抄本 VHv.849／2 影印，葉 25b、26a。

〔註51〕趙爾巽等撰，楊家駱校：《清史稿》（臺北：鼎文書局，1981年），〈列傳二百五十〉，頁 12733～12736。

〔註52〕上引《請纓日記》之文皆出自〔清〕唐景崧：《請纓日記》（臺北：文海出版社，《近代中國史料叢刊》據光緒癸巳年臺灣布政史署刊本影印），頁 20、773。

天規外識星辰。珠泉久毓江山秀，玉署新從翰墨親。餘論重期忠益廣，諏詢無狀愧庸臣」；「聯壁臺前朗照人，笑談深處性情真。模山範水曾何日，沉李浮瓜及此辰。暫借清涼尋佛國，恰同兄弟得天親。不妨文酒流連久，自昔曾觀主遠臣。」〔註53〕同文之國、諏詢會談，真情笑談、親如兄弟，不論未來局勢如何演變，至少北京現場當下的歡會，是真實而美好的。

4. 阮思僩與李文田兄弟等人

越南使節結束朝貢任務行將歸國前，或有與往遊的中國官員贈詩留別，此踐別留念之作，亦可看出中越官員之間的交往。如燕行使阮思僩於同治八年（1869）三月三十日恭請聖安回國，臨近歸期其有詩曰：「三月燕臺花正飛，征人萬里共春歸。恨無佳作留鴻爪，但望群仙隔紫微。金殿畫長聽法曲，玉樓宴罷賜宮衣。徘徊天上人間別，擬向星河乞織機」。此詩乃為留別時任詹事府右春坊右贊善的李文田，〔註54〕兼呈時以戶部右侍郎充南書房行走的潘祖蔭（1830～1890）、以國子監祭酒充弘德殿行走的翁同龢（1830～1904）、以翰林院編修充上書房行走的林天齡（1830～1878）等人。〔註55〕李文田（1834～1895），字芍農，廣東順德人，咸豐九年己未科探花，累官至禮部侍郎，學識淹通，述作有體，尤諳究西北輿地。又屢典試事，能識拔績學，士皆稱之。〔註56〕考察《如清日記》，同治八年三月初五、二十一日有委行人至探花李文田寓所問好之記，三月三十日恭請聖安回國後，又往李文田寓所拜會，得其款茶、設酒席招待；四月初一日李文田委人就四譯館省問，隔日再有委行人至李文田寓所之記。〔註57〕再考《燕軺筆錄》，阮思僩燕行客居北京時，曾於

〔註53〕〔越南〕阮述：《每懷吟草》，《越南漢文燕行文獻集成》第二十三冊，頁108～109。按：VHv.852／1抄本部分詩句下有詩注，《集成》版則無。如「珠泉久毓江山秀」下注「桂林有玉珠岩噴泉如珠」，「模山範水曾何日」下注「席間每言桂林山水之勝」，「暫借清涼尋佛國」下注「是日暑盛，維卿兄弟曾邀過長椿寺一憩」，這些詩注之語有助理解詩文內涵。見阮述：《每懷吟草》，據越南漢喃研究院所藏抄本VHv.852／1影印，葉49。

〔註54〕清國史館原編：《清史列傳（八）》，收入周駿富輯：《清代傳記叢刊·綜錄類》（臺北：明文書局，1985年5月初版），第103冊，頁206。

〔註55〕〔越南〕阮思僩：《燕軺詩文集》，《越南漢文燕行文獻集成》第二十冊，頁118～119。

〔註56〕趙爾巽等撰：《清史稿列傳（五）》，收入周駿富輯：《清代傳記叢刊·綜錄類》（臺北：明文書局，1985年5月初版），第93冊，頁546～547。

〔註57〕〔越南〕黎峻、阮思僩、黃竝：《如清日記》，《越南漢文燕行文獻集成》第十八冊，頁191、196、206、207。

同治八年二月十一日委將包金象尾毛、象牙酒杯、香蠟盞、青油、桂皮等禮物送給李文田，得雷州葛紗、蒲州琴硯、成都牋紙、閩中印塗答贈。翌日午時，入值南書房並兼日講起居注官的李文田便至四譯館館舍拜會，與阮思僩筆談清朝官制、朝局時政、洋人情事與越南現況。二月二十四日午時，與乙副使黃竝至李文田寓所拜會，李氏治酒留款，因此與來會之翰林張丙炎（己未進士，江蘇儀徵縣人，字午橋）、羅家劭（乙丑進士，廣東順德縣人，字嶧農）、曹秉濬（壬戌進士，廣東番禺縣人，字朗川）與曹秉哲（？～1891，乙丑進士，字仲明，號吉三）兄弟、兵部主事廖鶴年（乙丑會元，三甲143名，廣東番禺縣人，字雲甓）、刑部郎中伍紹棠（廣東番禺縣人，字子昇）等人相與坐談，酬答中朝士大夫有關越南史書與試法之問。三月二十一日午時，李文田前來拜會，為阮氏解說萬壽聖節寧壽宮聽戲概況，並言自己與戶部侍郎潘祖蔭（江蘇人）、國子監司業黃鈺（？～1881，安徽人）、翰林編修歐陽保極（湖北人）四人因係侍從內庭，故可預宴。三月三十日巳時往李文田寓所辭行，閒談得知清帝選秀與大婚準備事宜，適候補道臺張蔭桓（1837～1900，廣東南海縣人，字樵野）、番禺舉人張兆鼎（字現秋）、翰林潘衍鋆（乙丑進士，廣東南海縣人，字任卿）及廖雲甓、伍子昇還有李文田之弟李文問（字潛叔）來會，茶敘完畢以事辭去，李文田固留之並置酒作別。〔註58〕

由上段敘述可知，阮思僩至北京先主動送禮給李文田，表達結交之友好善意，得李文田以誠相待，親至下榻館舍拜會筆談，此後多次往來，阮思僩也因出入李文田寓所之故，而認識更多清廷京官文人，包括李文田咸豐九年己未科同年張丙炎，及多位和其一樣來自廣東且多為同治四年乙丑科金榜的嶺南才俊，甚至還有李文田的親弟李文問與後來結為親家的張蔭桓〔註59〕。至於阮思僩為何主動交好李文田，所作留別詩又特意兼呈潘祖蔭和翁同龢等人？首先，李文田和潘祖蔭、翁同龢是同光年間具領袖地位的文壇名士，從「至於同光之際，二三場重於頭場，則吳縣（潘祖蔭）、常熟（翁同龢）、南皮（張之洞）、順德（李文田）迭主文衡」〔註60〕之述即可知。而李文田因「賦

〔註58〕〔越南〕阮思僩：《燕軺筆錄》，《越南漢文燕行文獻集成》第十九冊，頁191
～196、202～203、208～209、218～219；《詞林輯略》，頁404、415、423、
424、427；房兆楹、杜聯喆合編：《增校清朝進士題名碑錄附引得》（北京：哈佛燕京學社，1941年6月），頁197。
〔註59〕李文田次女嫁給張蔭桓之子，兩人結為姻親。
〔註60〕〔清〕沈曾植：〈沈子敦先生遺書序〉，見錢仲聯輯錄：〈沈曾植海日樓佚序〉

甚閎麗」、「博覽能文，丹鉛不去手」及精擅金石、書畫、岐黃、卜算，而深受
翁同龢賞識，兩人訂為兄弟之交；又翁同龢與潘祖蔭乃世交摯友，共同引領
同治初年京師的金石風尚，而在同值南書房的文人學士中，李文田與潘祖蔭
被公認為碩學，以考訂文字相切磋，亦是莫逆之交。李文田的學問與金石、
書畫、岐黃、卜算之才，讓其結識大批京官，打入朝野交遊核心圈，約從同治
三年開始，李文田在北京的人際關係已經處理得非常自如，一連串的雅集紀
錄，正是其良好人緣的最佳注腳。〔註61〕李文田來自與越南相鄰近的廣東，
又名滿京師，且與家世顯赫的潘祖蔭（大學士潘世恩之孫）、翁同龢（大學士
翁心存之子）頗有交情，或因此故，阮思僩出使至北京，便積極與李文田交
往。

　　其次，李文田曾為阮思僩作〈燕軺詩草序〉，當中特別提及阮思僩能夠將
慶賀萬壽聖節的寧壽宮宴會，其「八音繁會，眾伎紛綸，魚龍曼衍之觀，鐘虞
砰訇之奏，錫之珍玩」的場面與細節，「加以纂組，考諸故事」，皆因越南使節
受清廷重視，「躋於公孤之列」，故得以「身依北極，賦盡西都」。〔註62〕同治
八年三月二十二日的寧壽宮宴會，李文田和越南使節皆受邀預宴，也正因為
阮思僩參加了這場王公大臣皆赴會的盛宴，而得與和李文田頗有交情、時任
國子監祭酒的翁同龢相識。考《翁同龢日記》有云：「是日寧壽宮聽戲，……
巳正二刻入座、申初一刻始退，乏極。安南使臣三人亦與，其人黃瘦，貌皆不
颺。正使阮思僩，〔註63〕彼鴻臚寺卿也，能詩，李若農稱之，其尤者如『殘
月久如曾識面，好山大半不知名。』『可堪天外秋無雁，坐憶霜前菊有花。』
『萬里波濤迷楚澤，五更風雨助江聲。』皆可誦。」〔註64〕顯然李文田曾向
翁氏提及阮思僩其人，並稱讚阮氏能詩，而從翁同龢舉出若干佳句稱之可誦，
則翁氏對阮思僩漢詩水準亦予以肯定，宴會之時兩方在詩文上或當有所交流，
也因此阮思僩的留別詩才會兼呈潘、翁等人，向其致意。

　　　　　　（上），《文獻》第3期（1990年），頁185。

〔註61〕李騖哲：《李文田與「清流」》（上海：上海社會科學院碩士論文，2013年），
　　　　頁12～18；王川、謝國升：〈李文田與晚清西北史地學研究〉，《史學史研究》
　　　　第1期（2015年），頁31～32；孫迎慶：〈翁同龢和潘祖蔭的藏書交往〉，《東
　　　　方收藏》第6期（2015年），頁121～123。

〔註62〕〔越南〕阮思僩：《燕軺詩文集》，《越南漢文燕行文獻集成》第二十冊，頁9。

〔註63〕阮思僩之身分為甲副使，翁同龢此處誤記為正使。

〔註64〕〔清〕翁同龢著、陳義杰整理：《翁同龢日記》（北京：中華書局，1989年4
　　　　月第1版），第二冊，頁686。

　　中越文人交遊多以詩歌相互酬作唱和，阮思僩既特意作留別詩予李文田，且至其寓所辭行，李文田當有和韻之作，阮思僩《燕軺詩文集》便錄有〈燕都諸公和留別詩元韻〉四首，李文田與其弟李文悶各和詩一首，兩度在李文田家中相遇的兵部主事廖鶴年則和詩二首，今引錄如下：

> 春盡垂楊作絮飛，珠崖迢遞忽言歸。
> 九霄湛露辭丹禁，萬里雄關接翠微。
> 嶺外瘴雲迎驛騎，日邊梅雨撲征衣。
> 憐君入洛聲名甚，惆悵南天送陸機。
> （探花李文田，號若農）

> 燕臺纔見柳寒飛，征旆忽忽故國歸。
> 細雨隨雲邊海淨，好風吹月遠山微。
> 喜看書卷充行篋，猶帶爐香滿錦衣。
> 此去南關銅柱在，中州回首息塵機。
> （生員李文悶，字潛叔，若農之弟）

> 珠崖南去接鳶飛，遠使今朝拜賜歸。
> 三郡詩書通楚越，五朝冠帶異髻微。
> 艾花鄉夢春生酒，梅子征途雨朴衣。
> 此去不需勞聚柝，富良江北息戎機。
> 南阮風流逸興飛，越裳花發使驂歸。
> 譯通白雉千盤遠，路入朱鳶一線微。
> 海外文章雄筆陣，天涯詩卷豔弓衣。
> 射蛟待奉威棱肅，好礙盧容石弩機。
> （乙丑會元兵部主守廖鶴年，字雲氅）〔註65〕

李文田將阮思僩比為西晉時期有「太康之英」美譽的文學家陸機，並以陸機與其弟陸雲至京師洛陽得大學者張華看重，因此名氣大增，時人甚至有「二陸入洛，三張減價」之說（「三張」指張載、張協和張亢），藉此形容阮氏燕行在北京所獲得的聲名；李文悶則寫出阮思僩行囊滿書、功成榮歸，揮別中州，返回國界的情形。至於廖鶴年之和詩，則提及漢時交趾、九真、日南三郡漢化習禮，與中土詩書相通，因此和髻、微等西南夷國衣冠服飾不同。艾

〔註65〕〔越南〕阮思僩：《燕軺詩文集》，《越南漢文燕行文獻集成》第二十冊，頁254～255。

花鄉夢據廖氏自註，越南艾山有仙艾花，故以艾花作為鄉里之象徵；而阮思僴此次出使，乃重新恢復因太平天國亂事致貢道受阻而中斷十六年的朝貢之行，此時兵戎已定，故其言不勞聚柝巡夜，富良江北的中國境土已然止戰。廖氏第二首和詩則讚美生長於海外之國的阮氏，其文章詩歌善於謀篇布局、令人驚豔，欲與稱雄筆陣的阮思僴切磋詩文，廖鶴年這個大清會元還得仿效漢武帝潯陽江射蛟那樣，拿出勇武的威嚴氣概，才能接下來自盧容〔註66〕的阮氏，所發出如石弩機一般的文章攻勢。廖鶴年或因任職兵部之故，因此和詩內容與用字遣詞，充滿軍事氛圍。

5. 范熙亮與寧明舉人甘夢陶、黎申產等文友

越南使節在北京除了與清朝的中央官員交遊往來外，也有少數非任官職的文友。如同治十年（1871）在北京的范熙亮，其客居四譯館舍時，有長白人名承繼，或字述堂，「能詩，特到館筆談，頗豁旅思」，范氏作有〈柬述堂，疊病中苦兩前韻〉以贈：「自來金闕五雲間，朔吹窗前日影殷。朝謁事稀常習靜，知交情重幸相扳。每懷雅調頻看菊（送好菊十二花，一本綽約可愛），卻怕離觴賦出關。萍梗若知歡會少，笑談應為共開顏」。〔註67〕此外，廣西寧明州舉人甘夢陶（字叫蘭）因前往京城參加會試之故，與范熙亮使部同行至南寧，後改道由廣東搭火船入天津抵京，〔註68〕並於同治十年九月初一日至館拜會，時中越邊境股匪亂事未靖，范熙亮因此向甘夢陶詢問邊事；九月初三日范熙亮禮尚往來，前往甘夢陶在北京的寓所相見，范氏就廣西奏疏、兩宮視朝、同治帝大婚及京城著名遊所等問題，向甘夢陶諮詢，這些內容在范氏燕行記事《范魚堂北槎日記》中皆可見。范熙亮另有〈疊甘夢陶詩留柬〉，言其抵京

〔註66〕　盧容是中國古縣名，西漢始置，縣治在今越南承天順化省順化市北部，屬日南郡。另據《大南一統志》卷五廣南省之記：「三岐府，漢盧容縣地，後為占城占洞之地，陳取之置華州」，則盧容縣故地為安南之三岐府（今越南廣南省），廖鶴年此處應以「盧容」作為越南之代稱。

〔註67〕　〔越南〕范熙亮：《北溟雛羽偶錄》，《越南漢文燕行文獻集成》第二十一冊，頁84。

〔註68〕　對照范熙亮《北溟雛羽偶錄》，〈菘江分路北上酬贈〉詩下有註「自言出廣東，搭火船抵天津以及會試，時至南寧」，可知此詩乃贈予甘夢陶。其詩句「客從遠方駕周原，君適辭家應計偕。天涯一見迺相憐，遮莫旁觀或饒舌」、「潺湲春水不洗愁，重逢遙約金臺闕」、「新相知兮驟相離，樂樂怒悲何泄泄。君先到此奪錦標，客亦接跡明堂列」，交代其相遇同行、分手相約、期待帝都重逢之事，及范、甘二人的相知相識之情。〔越南〕范熙亮：《北溟雛羽偶錄》，頁21～23。

後，乃知甘夢陶會試結果不幸下第，名落孫山，因與甘氏有交往之誼且曾送詩約遊不果，故有如下二詩：

> 會晤無因卻有因，到無因處轉相親。
>
> 長安歷覽皆新眼，千里歡逢即故人。
>
> 孤館鳥聲忙喚友，遠山雲影憶來賓。
>
> 歸轅從此添佳話，笑指緇衣共染塵。
>
> 爽笑高談幾日同，會離底事等窮通。
>
> 文章到底非憎命，雨露從來本至公。
>
> 一別卻孤新月館（曾約拓飲不果），並遊還戀梵王宮。
>
> 劇憐兩地相思後，猶訂書郵寄塞鴻。〔註69〕

越南使節范熙亮與清朝舉人甘夢陶在廣西相遇，因為赴京考試之故，讓甘夢陶得以在北京再度與范熙亮見面，雖然甘氏成了落第舉子，但功名與否並不妨礙兩人的異國友情。京都千里，故人重逢，高談爽笑，令人歡快，即使終須分別各奔前程、兩地相思，也要訂下書信之約。另外，值得一提的是，上引〈疊甘夢陶詩留柬〉之詩前自注提及甘夢陶乃與黎申產一同赴會試之考，兩人至梧州分路，又范氏在《范魚堂北槎日記》中，記其於北京再見甘夢陶時，詢及黎申產近況，得知黎氏已補廣西慶遠府教諭。〔註70〕黎申產究竟何許人也，讓范熙亮至北京仍記掛其人。黎申產（1824～1893？），號嵩山，一字蠡庵，南郭人。道光二十六年（1846）丙午科舉人，任慶遠府教諭，致仕後擔任寧江書院山長多年，以詩文誘掖後進，一時文風大盛，著有《寧明州志》及《菜根草堂吟稿》。曾與咸豐三年（1853）來華的越南使節劉亮、武文俊、范芝香，及同治七年（1868）來華的使節黎峻、阮思僩會面，相互酬唱，其中黎峻（字叔嵩，號蓮湖）回國後仍與黎申產詩文交往，囑託同治九年（1870）使華的正使阮有立途經寧明時，帶書信予黎申產，黎申產得信後隨即賦詩四首寄贈。〔註71〕再考察與阮有立一同出使的甲副使范熙亮之燕行著作《北溟雛羽偶錄》，當中〈酬寧明黎崧山孝廉〉、〈酬黎崧山旅夜聞雁〉二詩，即與黎申

〔註69〕〔越南〕范熙亮：《北溟雛羽偶錄》，《越南漢文燕行文獻集成》第二十一冊，頁85～86。

〔註70〕〔越南〕范熙亮：《范魚堂北槎日記》，據越南漢喃研究院所藏抄本 A.848 影印，葉52a。

〔註71〕劉玉珺：〈晚清壯族詩人黎申產與中越文學交流〉，《民族文學研究》第 3 期（2013 年），頁29～37。

產酬贈之作。而據范氏所記，黎申產中選已二十多年，為人文雅，「前使部諸君皆與之往來，抵使舟相筆談，因投以詩，依韻酬之」，其詩句「偉才得自友人箋」下亦註明「刑參黎蓮湖有書寄」，足見黎申產喜愛結交越南文友，並與黎峻維繫長久的詩文情誼，也因此讓范熙亮對於黎申產這位越南使節的共同朋友，留下深刻印象，掛念其考中舉人多年卻遲遲未能在會試金榜題名，故向同樣赴試的甘夢陶詢問黎氏此番再戰結果。

（三）龍文彬與王先謙

　　龍文彬和王先謙這兩位中國仕宦學者，因分別與光緒年間出使至北京的越南使節裴文禩與阮述有或深或淺的連結和交情，故獨立列點討論。龍文彬（1821～1893）字筠圃，江西永新人，同治四年（1865）乙丑科進士，授吏部主事，光緒六年乞假歸鄉，至各書院講學，成就甚眾，著有《周易繹說》、《明會要》、《明紀事樂府》、《永懷堂詩文鈔》。〔註72〕裴文禩光緒三年（1877）至北京時，龍文彬乃吏部主事，兩人往來，交談甚洽。裴文禩以越南所產西湖紙六卷贈予龍文彬，此紙「軟細而堅，松紋、鴉青不是過也」，堪稱品質甚佳，能助書畫，讓龍氏頗為感動，引黃庭堅（1045～1105）詩句「古田小紙惠我百，信知溪翁能解玉」（〈次韻王炳之惠玉版紙〉）以表受領誌謝之意，並送上圖章一紙。〔註73〕裴氏知龍文彬「文詞博雅，有功史學，古近詩體皆可觀」，且多項著作皆已印板，是值得切磋學問的中華友人，因此邀其為自己的燕行集《萬里行吟》作序，而龍文彬也與之交流，出示己作《明紀事樂府》，請裴文禩題詞以志翰墨之緣，裴氏因此作〈題龍筠圃國史部明史樂府集後〉如下：

> 麟經已遠班馬希，歷代史筆難擅奇。
> 何況樂府又變體，詩中有史無聲詞。
> 大雅不作誰嗣響，兩間至理盈是非。
> 譬如塵埃與野馬，生物以息常相吹。
> 筠圃胸中負豪氣，太行五岳高巉嶬。
> 篤志好古博探討，風雨幽窗書史隨。

〔註72〕　清國史館原編：《清史列傳（九）》，收入周駿富輯：《清代傳記叢刊・綜錄類》（臺北：明文書局，1985 年 5 月初版），第 104 冊，頁 345。
〔註73〕　〔越南〕裴文禩：《中州酬應集》，《越南漢文燕行文獻集成》第二十二冊，頁 147～148。

有明通鑑四十卷，廿年寢臥忘其疲。

質義一編盡精力，感發所餘為歌詩。

樵謳牧唱總天籟，鐵崖西堂鬱才思。

善惡褒貶寓書法，繁音促節其旨微。

按拍豈期盡協律，興曲鑒戒或庶幾。

揭來讀君此新曲，唾壺舉碎淋漓悲。

文章易世論得失，寸心萬里成相知。

江山使我豁聞見，千金可抵陸裝歸。〔註74〕

龍文彬既編纂《明會要》，又作《明紀事樂府》，史筆、詩歌皆有所成，裴文禩認為此乃其胸有豪氣，篤志好古之成果。裴氏並讚龍氏樂府之作詩中有史，寄託善惡褒貶、微言大義之春秋筆法，意在興發鑑戒之意，因此讓人讀來心有所感，悲憤淋漓。兩人雖為異國之交，然而「寸心萬里成相知」，此趟燕行得以和龍氏結交並相互切磋，的確令其增廣不少見聞。

事實上，龍文彬與裴文禩的交誼因緣來自兩人的共同朋友盛慶紱。盛慶紱（生卒年不詳），字錫吾，江西永新人，同治進士，同治七年（1868）芷江知縣，補用湖南直隸州知州，是裴文禩去程的湖南伴送官，著有《越南地輿圖說》。〔註75〕龍文彬與盛慶紱乃同鄉之友，盛氏曾自湖南寄信給龍文彬，大力稱揚裴文禩之詩，不久裴文禩使抵北京，拜會龍文彬並出示著作《萬里行吟》。裴氏表達其「平日讀書，慕中朝山川人物之美，今征軺所經紀之篇什，

〔註74〕〔越南〕裴文禩：《萬里行吟》，據越南漢喃研究院所藏抄本 VHv.849／2 影印，葉 21、22a。

〔註75〕盛慶紱在《越南地輿圖說》自序中，述其曾於書肆中得一「斷爛冊子」，記載越南郡國、州縣、山川、物產等內容，但因不全而束之高閣。光緒初年其任湖南知府奉命護貢，與越南使臣（即光緒二年使清的裴文禩、林宏、黎吉）詩酒往還迄二月之久，「嘗與講論彼中風土形勢險要，其陪臣輒若危苦惕怵，欲吐仍茹，不肯竟其說」，但酒酣耳熱，旁推側證，盛氏仍「得其三四」。光緒九年盛氏因聞法國入侵越南，有感「臥榻之側，豈容他人酣睡」，不願見到大清南方屏藩門戶的屬國越南陷於危境，遂參考典籍，完成是編，期能「於形勢險夷、用兵方略或有取焉」。而據學者葉少飛研究，盛慶紱所見的「斷爛冊子」極可能是廣東書商翻刻的《皇越地輿志》。參見葉少飛：〈《小方壺齋輿地叢鈔》越南史地典籍解題〉，《形象史學研究》第 1 期（2015 年），頁 200。又《越南地輿圖說》哈佛燕京圖書館藏之光緒九年刊本，可於「中國哲學書電子化計畫」網站點閱原書掃瞄檔，詳見網址 http://ctext.org/library.pl?if=gb&res=90235&remap=gb（2017 年 8 月 18 日檢索）

積而蓋多，俾他日臥遊，萬里江山，如在目前」，因此請求龍文彬為其作序，以誌中外翰墨之交。龍文彬閱覽裴氏之作，認為其此冊「懷古紀勝，憂世感事，噴薄激昂，足以知其志之所存矣」，而自己從前「洞逐衡嶽」、「風帆來往」，卻未及以詩紀之，讀裴氏之作，更增其南遊之懷也。龍文彬對裴文禩的燕行著作多有肯定，並認為題序一事可見「朝廷聲教之訖」、「友朋應求之雅」、「與國之多才」等面相，故樂而為之作序。〔註76〕

　　龍文彬相當珍惜與裴文禩這位越南文友之間的情誼，若因公務繁忙無法相見，往往去函表達惆悵與歉意，並呈上和詩、楹聯或送上禮物，再相約敘談以表衷心。在詩文交流上，除了酬作，更是真心研討，《中州酬應集》便收錄其「原唱炳蔚之蔚宜讀去聲，在未韻，惟蔚州、蔚藍方可讀入聲，似難假借，鄙意妄易『相映發』三字，高明酌之，以為何如」之文字，可見其用心。〔註77〕裴文禩出使北京，畢竟只是短暫客居，終須一別，兩人情誼之深從留別詩與和韻、辭別信之內容可以看出。裴文禩〈留別龍筠圃吏部〉詩如下：

> 人生非麋鹿，焉能聚一室。暫別還復見，歡會終不失。
> 君看臨行期，離懷尚難述。而況壯南隔，川原遠縈屈。
> 各在天一涯，重逢未以必。當其初相遇，便知有今日。
> 繾綣更仔益，鍾情誰則不。憶自黃梅天，揮塵清風拂。
> 題襟重意氣，論文滿紙筆。維君富書史，詩才亦奇逸。
> 悲壯杜少陵，警策王摩詰。樂府三百篇，明史紀故實。
> 博雅歸中和，曲折極纖悉。恰如清廟歌，宮商協諸律。
> 又如秋蟲鳴，空階聲唧唧。眾竅生自然，古音猶髣髴。
> 笑我謬題詞，和來更沉鬱。我有萬里吟，江山志風物。
> 深惟當日憂，性情自流出。吐辭不能文，瑕疵幸相質。
> 惠我以弁言，結構甚縝密。高謝誼所賞，對之悚且慄（慄）。
> 翰墨若宿緣，契合類膠漆。鴻爪愧莫留，歸馬驟馳軼。
> 尊酒一為別，何辰又促膝。海外長相思，縮地恨無術。
> 安得生兩翼，去來飛鳥疾。孤燈夜雨寒，同君聽筆瑟。〔註78〕

〔註76〕〔越南〕裴文禩：《萬里行吟》，《越南漢文燕行文獻集成》第二十一冊，頁161～163。

〔註77〕〔越南〕裴文禩：《中州酬應集》，《越南漢文燕行文獻集成》第二十二冊，頁145～149。

〔註78〕〔越南〕裴文禩：《萬里行吟》，據越南漢喃研究院所藏抄本 VHv.849／2 影

此詩寫出了珍惜相遇之情、以文會友之樂及相思綿綿無盡之感。朋友之間聚散離合並非罕事，即使暫別當有復見歡會之日，然而這樣的說法在中越跨國友人身上實難成立。離別本就傷懷，更何況今日一別，便是北京、越南天各一涯，未必能再重逢。而更令人傷感的是，這樣的分離之苦是當初相遇相識之時，便早已知會有的結果，如今交誼甚深，嘗到繾綣鍾情之苦，更令人忘不了相處的點點滴滴。裴氏回憶與龍文彬閱讀彼此著作、相互切磋的情景，對於因翰墨而得的美好宿緣，相當珍惜，知己難得，心相契合、膠漆相投的摯友更是難求。只是再怎麼相契，樽酒一別後實不知何時可再促膝長談，只能獨自懷人，「海外長相思」，苦恨無縮地之術、飛鳥之翼，在分離後迅疾相見。

裴文禩的留別詩情深意真，龍文彬有感裴詩「深情款款，殊難卒讀」，又「離緒紛披，未能忘情」，所以次韻和詩，藉此送別即將離京的裴氏。詩中自道「良朋苦難聚，機緣莫自必，況茲中外睽，覿面更何日」，雖喜於能與裴文禩這位來自越南的同文僑逸，「翰墨新結交，襟抱相激發」，可惜年歲已大、再見亦難，只能「我嘆霜盈鬢，難復前度漆」。不過分離即使悲傷，龍氏仍不忘期許有經邦之才的裴文禩崇德以事主，並以「折柳意無限，永好託瑤瑟」，銘記永以為好的友情。龍文彬對裴文禩的情誼，坦誠而真摯，甚至將自己近有歸田之志的人生規劃也告訴裴氏，恐數年後征輈復至，其未必在京。不過雖然相見不易，裴氏留別詩中「海外長相思」五字，他會永銘肺腑，並以「努力崇明德」來彼此共勉。此外龍文彬因期盼裴文禩為其樂府之稿加以正定，也期待下次貢使至京能帶來聯絡之信，因此還留下轉交書信的信式、地址，以便即使離京歸田也能收到來自越南的音訊，情真若此，令人感動。〔註79〕

至於阮述與龍文彬的文學因緣則較為特殊，非直接之會面交往與詩文唱和，而是偶然間閱讀到龍文彬為他人所作之傳，受託題詩以贈的間接交集。阮述《每懷吟草》中有詩〈題蔡氏貞烈合傳〉〔註80〕，據詩前小序所記，此「蔡氏貞烈合傳」乃記江西人蔡壽祺〔註81〕兩女貞烈事蹟。蔡之長女擇苕嫁

印，葉24b、25a。

〔註79〕〔越南〕裴文禩：《中州酬應集》，《越南漢文燕行文獻集成》第二十二冊，頁143～145、149～151。

〔註80〕〔越南〕阮述：《每懷吟草》，《越南漢文燕行文獻集成》第二十三冊，頁111～113。

〔註81〕蔡壽祺原名殿齊，字梅菴（梅盦），江西德化人，道光二十年（1840）庚子科

侍郎袁希祖之子袁晉，未成禮而晉歿，苕仍歸袁守節，立晉族子為嗣；次女
擇芝，歸知縣彭祖壽之子彭元善，甫半載元善卒，芝亦殉節而死，此二女事
蹟即由御史龍文彬為之作傳。阮述抵達燕京時，蔡壽祺便委人將是傳贈之並
請求賦詩，故阮述題長句以誌。蔡壽祺二女貞烈事，亦見於李慈銘（1830～
1894）日記所載。同治十一年（1872）二月十八日，李氏記蔡壽祺年甫五十
七，老態龍鍾、髮盡白矣，以其女守貞殉夫之事請求李慈銘題詩。據李氏所
述，蔡壽棋任官時因彈劾不實以致被降調，後居京師日遊坊曲，喜刻人詩文
以贈達官富人，藉此博微利。〔註 82〕準此，則蔡壽祺贈傳阮述並請求題詩，
正如其向李慈銘乞題一般，皆欲藉名人或異域使節之聲譽，以抬高自我身價，
從中博取名利。蔡壽祺求詩之舉，或恐別有心思，然其女貞烈事蹟是真，「以
聖人之道自淑」的龍文彬，斷不會因利而作傳，至於阮述受託題詩，乃出使
中土常見之事，〔註 83〕其詩句「貞非緩死重存孤，烈豈輕生感同穴」、「齊德
兼多林下風，連枝合苣閨中傑」、「發潛揚懿無餘詞，三復瑤編重嗚咽。軺軒
及此采風歸，願播清芬到吾越」，則透露出其對「存孤同穴」的烈女德行之肯
定。

接著再論越南使節與王先謙的交遊。王先謙（1842～1917），字益吾，號
葵園，湖南長沙人。同治四年（1865）乙丑科進士，選庶吉士，授編修。光緒
元年（1875）擢中允，充日講起居注官。光緒六年（1880），晉國子監祭酒。
歷典雲南、江西、浙江鄉試，搜羅人才，不遺餘力。光緒十一年（1885）督江
蘇學政，刊刻《續皇清經解》一千四百三十卷，功於文教，後稱病歸鄉，歷主
城南、嶽麓書院，培植人才無數。著有《尚書孔傳參正》、《三家詩集義疏》、
《漢書補注》、《荀子集解》等，撰述豐富。〔註 84〕光緒三年裴文禩奉使至北

進士，散館授編修，著有《夢綠草堂詩抄》。朱汝珍輯：《詞林輯略》，收入周
駿富輯：《清代傳記叢刊·學林類》（臺北：明文書局，1985 年 5 月初版），
第 16 冊，頁 359。

〔註 82〕金梁輯錄：《近世人物志》，收入周駿富輯：《清代傳記叢刊·名人類》第 62
冊，頁 191～192。

〔註 83〕阮述與蔡壽棋在北京有文學上之切磋交流，阮述《每懷吟草》越南漢喃研究
院所藏 VHv.852／1 抄本上，即可見蔡壽棋之評點，及蔡氏所作〈閱越南荷
亭宗伯每懷吟草書後〉七律一首。見〔越南〕阮述：《每懷吟草》，據越南漢
喃研究院所藏 VHv.852／1 抄本影印，葉 45b。

〔註 84〕趙爾巽等撰：《清史稿列傳（六）》，收入周駿富輯：《清代傳記叢刊·綜錄類》
（臺北：明文書局，1985 年 5 月初版），第 94 冊，頁 639～640；徐世昌纂、
周駿富編《清儒學案小傳（三）》，收入周駿富輯：《清代傳記叢刊·學林類》，

京，在即將歸國前，曾與官拜中允，充史館總纂的王先謙共飲，同席尚有多位翰林院官員，皆王先謙之門生，包括同治十三年（1874）甲戌科進士的編修諸可炘（號又朕，浙江錢塘人）、庶吉士陳光煦（字學黯，浙江錢塘人），以及光緒二年（1876）丙子恩科進士的庶吉士周材芳（字子留，雲南楚雄人）、庶吉士陶撎綏（字蓮生，江西南昌人）。裴文禩形容這場筵席「群仙高會，致足樂也」，因此即席賦贈併以留柬：「玉堂晝永午槐眠，乍轉南風拂倚筵。中外一家舊朋友，師生此日盡神仙。早朝花宴凝清露，夜值宮衣惹紫煙。萬里歸人縈別夢，蓬萊望隔五雲天。」〔註85〕本於同文書寫情誼而中外一家親的裴文禩，留柬乃待以博學著稱的王先謙有所唱和，然考察《中州酬應集》中未見王先謙之和作，不過卻有王氏來函一則，稱其因鄉人入覲，代為照料，俗務纏擾，未能即時和詩，但既已承命屬和，不敢推辭，並已告知其門生各作和詩，屆時將與其作合寫於一扇，贈予裴文禩，以記念雅集之樂。王先謙還保證在裴氏榮歸前必可送呈，且將連同新刻各書數本一併送上。〔註86〕

裴文禩與王先謙及其諸門人的雅集，是中越文人交流可供傳述的賞心樂事，而這樣的樂事不止一椿，光緒七年（1881）出使至北京的阮述，也曾與時任國子監祭酒的王先謙詩文往來。阮述有〈贈國子監祭酒王先謙〉二詩如下：

> 蔥蔥槐市廣傳經，當代人師峻典型。
>
> 詎待衣冠環璧水，直容觴詠列蘭亭。
>
> 神仙高會存真率，翰墨清談見性靈。
>
> 劇喜涵濡昌化日，一槎觀海到滄溟。
>
> 虎橋高柳覆書堂，談塵風生午轉涼。
>
> 避暑恰逢河朔飲，紉蘭近挹楚南香。
>
> 槐廳芝閣多同榜，經圃詞園各擅場。
>
> 越嶠可能成績草，熙朝文治洽炎方。〔註87〕

頁 499～501；支偉成：《清代樸學大師列傳》，收入周駿富輯：《清代傳記叢刊・學林類》，頁 704～705。

〔註85〕裴文禩所記與會之王先謙門生資料，字號、功名多有誤，筆者徵引時已改正。見裴文禩：《萬里行吟》，據越南漢喃研究院所藏抄本 VHv.849／2 影印，葉24；朱汝珍輯：《詞林輯略》，收入周駿富輯：《清代傳記叢刊・學林類》（臺北：明文書局，1985 年 5 月初版），第 16 冊，頁 446、452、457、462。

〔註86〕〔越南〕裴文禩：《中州酬應集》，《越南漢文燕行文獻集成》第二十二冊，頁191～192。

〔註87〕〔越南〕阮述：《每懷吟草》，《越南漢文燕行文獻集成》第二十三冊，頁 106

對於學宮傳經、培育英才的國子監祭酒王先謙，阮述讚其為人師典型，而能與之會面交流，翰墨清談、直見性靈，更是如神仙高會一般。與王先謙在書堂談笑風生，避暑酣飲，此番如沐春風的聚會，讓阮述感受到湖南儒者王先謙所散發出的高潔人品氣息。從上述裴文禩與王先謙的雅集聚會，可知王氏同榜門生眾多，而掌管國家最高教育機構後，必然會培養出更多各具專才的學士菁英，阮述也因此有所感思，希望地處南方炎國的越南，也能文治教化普及，接續這樣的昌盛榮景。

第二節　朝鮮使節之形象與交遊

一、衣著容貌

越南使節對於同樣前來北京朝貢的朝鮮使節相當關注，潘輝注《輶軒叢筆》便曾記載：「聞有朝鮮使來，遭風反飄在山東，約十月旬始抵京，不及與見。回憶先輩與伊國使唱酬，傳為佳話，弗獲再續雅遊，殊闕事也。」〔註88〕可見在北京與朝鮮使節唱酬來往，對越南使節來說是令人期待的佳話雅遊。如此，則同樣都是特殊身分的「觀光客」，越南使節眼中的朝鮮使節是何形象？試看以下同治八年正月二十九日阮思僩所記：

> 是日遇高麗使人於街上，詢之，云：「自去臘來此，有陪臣三，行人十七，隨人二十。」其人冠紗帽（內用單巾子包頭，外戴平頂紗帽，左右各三稜。中括髮，結珠項，分官品高下，隨人外戴廣簷圓頂帽），衣交領藍衣，亦有衣白綾衣領衣，外披長半臂，藍或醬色，衣腰間均用絲帶，垂至腳，狀貌溫雅可喜。〔註89〕

越南使節在北京街頭能立即辨認出朝鮮使節，顯然對朝鮮人的衣著特色十分熟悉，而其上前詢問得「去臘來此」，可見為歲末出發的朝鮮冬至使。〔註90〕

　　～107。按：此詩以《集成》版為主，校以 VHv.852／1 抄本，將「壁水」改為「璧水」，「劇喜濡昌化旦日」改為「劇喜涵濡昌化日」，「經庫」改為「經圍」。見阮述：《每懷吟草》，據越南漢喃研究院所藏 VHv.852／1 抄本影印，葉 47～48a。

〔註88〕〔越南〕潘輝注：《輶軒叢筆》，《越南漢文燕行文獻集成》第十一冊，頁 177。
〔註89〕〔越南〕阮思僩：《燕軺筆錄》，《越南漢文燕行文獻集成》第十九冊，頁 174。
〔註90〕阮思僩所見為同治七年（西元 1868 年）十一月初五日派出的冬至兼謝恩行使節團，正使為判中樞金有淵，副使禮曹判書南廷順，書狀官掌令趙秉鎬，使團於同治八年三月二十六日回至朝鮮復命。見《同文彙考補編・使行錄》，收

大陸學者陸小燕指出同治十年（1871）有蘇格蘭攝影家約翰・湯姆遜（John Thomson）拍攝了一幀朝鮮冬至使正使閔致庠和書狀官朴鳳彬的照片，與此次阮思僩所遇朝鮮使節時間只相差兩年，可有助於了解阮氏所描述的朝鮮使節服飾，故筆者亦於此段文末徵引圖片以利對照。〔註91〕

圖片說明：同治十年在北京的朝鮮使節〔註92〕

　　上述朝鮮使節的裝扮特點是戴紗帽，束髮，衣領為交領藍衣或白衣〔註93〕，腰間繫垂腳絲帶，服裝打扮依官階品次地位高低而有不同，反映出尊卑禮儀，這樣的服飾其實和大明朝的冠服相近。明太祖洪武三年（1370）制定了文武官員常服：一般為頭戴烏紗帽，身穿團領衫，腰間束帶。至於顏色，從漢、

　　　　入林基中編：《燕行錄全集》（漢城：東國大學校出版部，2001年），第27冊，頁356～357。

〔註91〕陸小燕：〈同治八年越南——朝鮮使臣交流初論〉，收入張伯偉編：《域外漢籍研究集刊・第十二輯》（北京：中華書局，2015年11月），頁242。

〔註92〕圖片來源〔英〕J. Thomson, F.R.G.S, *Illustrations of China and its people:a series of two hundred photographs, with letterpress descriptive of the places and people represented. Vol. 4* （London：S. Low, Marston, Low, and Searle, 1874），plateXVII.46 Coreans.

〔註93〕西方攝影家約翰・湯姆遜（John Thomson）描述同治十年所見到的朝鮮使節衣著時，對其「整潔到沒有一點瑕疵」的服裝留下深刻印象，並云「從頭到腳幾乎全是白色」，與阮思僩衣白衣之說法可相印證。見〔英〕約翰・湯姆遜（John Thomson）著，徐家寧譯：《中國與中國人影像：約翰・湯姆遜記錄的晚清中國（增訂版）》（桂林：廣西師範大學出版社，2015年5月第2版），頁554。

唐到宋，生員之服均為白色，明初亦如此，直到洪武二十四年（1391），才易白為玉色。明仁宗洪熙年間（1425），又易玉色為藍色。〔註94〕明代士人平時則還喜歡穿著道袍、直身、直裰等交領袍服。清初葉夢珠《閱世編》卷八記載：「前朝職官公服，則烏紗帽，圓領袍，腰帶，皂靴。紗帽前低後高，兩傍各插一翅，通體皆圓，其內施網巾以束髮，則無分貴賤，公私之服皆然。圓領則背有錦綉，方補品級，……。腰帶用革為質，外裹青綾，上綴犀玉、花青、金銀不等……」，〔註95〕這就是所謂的大明衣冠。回頭與阮思僩所描述的朝鮮使節裝扮相對照，確實頗為類似。事實上，李氏朝鮮謹守事大之禮，以接受明朝的賜服為榮，心甘情願地接受大明正統的華夏服飾文化，朝鮮人崔溥（1454～1504）便曾言：「蓋我朝鮮地雖海外，衣冠文物悉同中國」，朝鮮文人徐居正（1420～1492）亦有詩句曰：「明皇若問三韓事，衣冠文物上國同」。朝鮮的冠服制度、服飾禮儀幾近大明，李朝官員所穿的服裝亦與明代官員相同，皆頭戴烏紗帽，身穿團領補服，腰束革帶；婦女的禮服圓衫等，也都是模仿明朝服飾。〔註96〕

　　清廷對於國內薙髮易服雷厲風行，然而對於前來朝觀的外國使節，卻沒有嚴格規定，葛兆光教授稱之為「化外的豁免」，也因此朝鮮、越南、琉球等國之衣冠，仍保留前明的樣式，而上述阮思僩覺其所見的朝鮮使臣「狀貌溫雅可喜」，兩國相仿的衣冠服飾，或許也是讓他倍覺親切愉快的原因之一，其〈曉回驛館偶成〉詩便有「驚心鄉國烟花異，回首關河道路難。卻喜朝鮮門館近，相逢略識古衣冠」〔註97〕之語，此處「古衣冠」指的便是明朝冠服，相逢略識乃在於兩國皆襲明制服飾，因此有熟悉之感，更有衣冠文明所反映出的某種相似的文化認同。葛兆光教授曾引乾隆年間朝鮮使節金正中（？～1793）對安南使節服飾的記載：「高髻網巾，朝袍角帶，與我國恰似，且所著帽謂之『文公冠』」，來說明越南的冠服基本上與朝鮮大體相同，皆是「大明衣冠」的制度。〔註98〕而對於這樣的衣著文明，阮思僩在〈柬朝鮮使臣金有淵、南廷

〔註94〕周紹泉：〈明代服飾探論〉，《史學月刊》第 6 期（1990 年），頁 34～40。

〔註95〕〔清〕葉夢珠撰，來新夏點校：《閱世編》（上海：上海古籍出版社，1981 年 6 月第 1 版），頁 173。

〔註96〕竺小恩：〈「衣冠文物，悉同中國」——略論明代賜服對李氏朝鮮服飾文化的影響〉，《服飾導刊》第 1 期（2015 年 3 月），頁 4～10。

〔註97〕〔越南〕阮思僩：《燕軺詩文集》，《越南漢文燕行文獻集成》第二十冊，頁 113。

〔註98〕葛兆光：〈大明衣冠今何在？〉，《想像異域：讀李朝朝鮮漢文燕行文獻札記》（北京：中華書局，2014 年 1 月第 1 版），頁 141～164。

順、趙秉鎬〉一詩和詩前小序中再次表達：「僕昨日進館，於紅塵陌上邂逅相遇，車馳馬驟不及通揖，而衣裳古制，金玉盛儀，獲我心矣。」阮思僩對朝鮮使節的第一印象便是衣裳遵循古制，儀容端雅美好，心中頗具好感，其詩「箕尾分星象，衣裳見古風」，〔註99〕亦指出衣裳如古的形象打扮，可見在越南使節心中，朝鮮使節便是身著大明衣冠而古風得存，溫雅端莊而令人心喜的美好形象。

二、交遊往來

越南與朝鮮詩人在中國的往來交遊早自明代便已開始，日本學者清水太郎考察史料，認為這種交流始於十五世紀下半葉，〔註100〕而其中以萬曆二十五年（1597）朝鮮使臣李睟光（1563～1628）與安南使節馮克寬（1528～1613）筆談並詩歌酬答的文學交流最負盛名，可謂十六世紀東亞世界的外交盛事，兩人的跨國交流與情誼在李睟光的《芝峰先生集》與馮克寬的《梅嶺使華詩集》中皆有記載。〔註101〕清代則承明朝之例，亦見越南與朝鮮兩國使節之往來。乾隆二十六年（1761）二月抵達燕京的越南使節黎貴惇曾如此說過：「雅蒙中州士大夫，以言詞詩章相愛好，故是錄中於塘汛道里、山川風景、衙署聯額、官僚問對為詳核。又與東國使臣相遇，結縞紵之誼，尺簡往復。僕所撰書二編及與同幹唱酬《瀟湘百詠》，東使為弁卷並載於此，亦觀風一佳話也。」〔註102〕顯然，清代越南使節的北京行旅，除了與清朝士大夫交遊往來外，同樣有機會與前來朝貢的朝鮮使節相遇，譜出一段「情均縞紵，契比金蘭」的

〔註99〕　〔越南〕阮思僩：《燕軺詩文集》，《越南漢文燕行文獻集成》第二十冊，頁114～115。

〔註100〕　參見清水太郎：〈ベトナム使節と朝鮮使節の中国での邂逅（4）──16世紀以前の事例を中心として──〉，《北東アジア文化研究》第18號（2003年），頁63～83。

〔註101〕　有關馮、李二人的交往事蹟可參考清水太郎：〈ベトナム使節と朝鮮使節の中国での邂逅（3）1597年の事例を中心に〉，《北東アジア文化研究》第16號（2002年10月），頁35～54；鄭永常：〈一次奇異的詩之外交：馮克寬與李睟光在北京的交會〉，《臺灣古典文學研究集刊》第1期（2009年6月），頁345～372；清水太郎：〈北京におけるベトナム使節と朝鮮使節の交流：15世紀から18世紀を中心に〉，《東南アジア研究》（2010年12月），頁340～342；陸小燕、葉少飛：〈萬曆二十五年朝鮮安南使臣詩文問答析論〉，收入張伯偉編：《域外漢籍研究集刊・第九輯》（北京：中華書局，2013年7月第1版），頁395～420；清水太郎：〈漢字文化圏内での使節間交流：ベトナム使節と朝鮮使節を例として〉，《東アジア文化交渉研究》第7號（2014年3月），頁481。

〔註102〕　〔越南〕黎貴惇：《北使通錄》，《越南漢文燕行文獻集成》第四冊，頁7。

異國友情。如康熙年間來華的何宗穆，便有書贈朝鮮使臣李晟之詩；〔註103〕
又如乾隆年間的黎貴惇，其所著之《群書考辨》、《聖謨賢範錄》二書，及沿途
的酬唱詩集《瀟湘百詠》，便有朝鮮使節所作之序，為這場中土偶遇的同文之
誼留下紀念，並傳為美談。其實朝鮮與越南派往中國的燕行使節皆能文善詩
之士，道光二十五年冬燕行至京的越南使節范芝香〔註104〕，其〈贈朝鮮書狀
李學士裕元題扇〉的詩歌便云：「使星高照海雲東，王會衣冠萬里通。望國英
華瞻彩鳳，上都春色伴新鴻。儒書不為重溟隔，聲氣遙知率土同。相別可能
相憶否，客懷聊寄月明中。」〔註105〕朝鮮與越南使節的相逢出於藩屬國的朝
貢王會，而兩國之所以不為重溟所隔，更因其自古皆習儒家典籍，受中華文
化薰陶，故而得聲氣相通。范芝香因歲貢之故，與道光二十五年十月出發的
朝鮮謝恩兼冬至使行團書狀官李裕元〔註106〕於北京相遇，〔註107〕因此留下

〔註103〕 此詩出於《晚晴簃詩匯》之記載，詩歌內容如下：「周原萬里共馳驅，纔立談
　　　　　閒志意殊。道理淵源攸一揆，衣冠禮樂卻同符。畏天各謹侯朝度，任士同歸王
　　　　　會圖。流水高山琴載鼓，知音世有子期無」。見〔越南〕鄭克孟、〔韓〕仁荷大
　　　　　學：《韓越使臣唱和詩文》（首爾：仁荷大學出版社，2013 年 6 月），頁 153。
〔註104〕 《大南實錄》記載：「紹治五年（道光二十五年，西元 1845 年）二月，以
　　　　　鴻臚寺卿辦理戶部事務張好合補授禮部左侍郎充如清正使，翰林侍讀學士
　　　　　充史館編修范芝香改鴻臚寺卿，內閣侍讀王有光陞授侍講學士，充甲乙副
　　　　　使。」此行乃為例行歲貢和謝恩，使團於七月入關、歲末到達北京。《清實
　　　　　錄》道光二十五年十二月二十六日（癸丑）有「朝鮮國使臣李憲球等三人，
　　　　　越南國使臣張好合等三人，於神武門外瞻覲」之記。有關范芝香此次出使
　　　　　之相關研究，可參考夫馬進：〈越南如清使范芝香撰《郿川使程詩集》所見
　　　　　清代中國的汪喜孫〉，收入夫馬進著；伍躍譯：《朝鮮燕行使和朝鮮通信使：
　　　　　使節視野中的中國・日本》（上海：上海古籍出版社，2010 年 12 月第 1 版），
　　　　　頁 322～335；清水太郎：〈ベトナム使節と朝鮮使節の中国での邂逅（6）
　　　　　――19 世紀を中心として――〉，《周縁と中心の概念で読み解く東アジア
　　　　　の越・韓・琉――歴史学・考古学研究からの視座》第 6 號（2012 年 3 月），
　　　　　頁 51～54。
〔註105〕 〔越南〕范芝香：《郿川使程詩集》，《越南漢文燕行文獻集成》第十五冊，
　　　　　頁 181。
〔註106〕 李裕元（1814～1888），字景春，號橘山、墨農，歷任要職，在朝鮮高宗親
　　　　　政後擔任領議政。曾兩度出使中國，一次在道光二十五年（1845）任書狀官，
　　　　　另一次則在光緒元年（1875）擔任正使，此次出使留下燕行著作《薊槎日錄》，
　　　　　並與李鴻章建立關係，此後保持書信聯繫長達六年，然思想保守，反對開港，
　　　　　和李鴻章「以夷制夷」的開放門戶策略看法不同。光緒八年（1882）代表朝
　　　　　鮮與日本締結《濟物浦條約》，光緒十四年（1888）病逝，著有《嘉梧稿略》、
　　　　　《林下筆記》等。
〔註107〕 朝鮮李朝憲宗十一年六月乙卯日，以李憲球為謝恩兼冬至使團之正使，李同

上述贈詩題扇之作，以表交好之意。〔註108〕在清代，像黎貴惇和范芝香這樣與朝鮮使臣結交往來或贈詩表達友好之情的例子不少，以下便分別介紹。

（一）阮公沆與朝鮮使節俞集一、李世瑾

康熙五十七年（1718）十一月，朝鮮派出三節年貢行使團，正使俞集一、副使李世瑾、書狀官鄭錫三，〔註109〕同年安南派使節阮公沆前來告哀、求封，十月即抵達燕京。〔註110〕阮公沆（1679～1732）字太清，號靜齋，北寧東岸扶軫人，正和二十一年（1700）中進士，累官至兵部尚書、吏部尚書，其燕行集《往北使詩》中記錄了與朝鮮使節的詩歌唱和。阮公沆先作詩四首書呈朝鮮使節以求次韻，朝鮮正使刑部尚書俞集一（號守玄居士）與副使判官李世瑾（號靜軒居士，青丘人）則依次和韻。對於朝鮮文人的知識學問，

淳為副使，李裕元為書狀官，十月壬子陛辭起行。吳晗輯：《朝鮮李朝實錄中的中國史料》（北京：中華書局，1980年），頁5148～5149。

〔註108〕 日本學者清水太郎指出范芝香雖贈詩李裕元，但考李裕元之著作，其《林下筆記》卷二十五收錄的「春明逸史」之「安南使臣」一目，記錄燕行親睹越南使節之衣冠服飾，其所記越南使節即范芝香一行，但卻隻字未提自己與范氏的接觸和詩歌酬唱往來之事，因此推敲有可能是范氏單方面贈詩表達交好之意，而李裕元並未有所回應。見清水太郎：〈ベトナム使節と朝鮮使節の中國での邂逅（6）──19世紀を中心として──〉，《周緣と中心の概念で読み解く東アジアの越・韓・琉──歴史学・考古学研究からの視座》第6號（2012年3月），頁51～54。

〔註109〕 據《同文彙考補編・使行錄》之記載，俞集一等人於康熙五十七年十一月初一日使行。又考《聖祖實錄》，「康熙五十八年正月甲戌朔」條記：「朝鮮國王李焞遣陪臣俞集等，表賀冬至、元旦、萬壽節，及進歲貢禮物，宴賚如例」，清水太郎認為此賜宴場合朝鮮與安南使節可能有所接觸；《朝鮮李朝實錄中的中國史料》肅宗四十五年（康熙五十八年）三月乙未（二十二）日則有「冬至正使俞集一、副使李世瑾、書狀官鄭錫三等，還自燕京，世子召見」之記，再考量朝鮮使團燕行路程約需一個月左右時間，則俞氏等人應於康熙五十七年十二月抵達北京，停留四十多天，於康熙五十八年二月離京，三月回抵朝鮮。參見《同文彙考補編・使行錄》，收入林基中編：《燕行錄全集》（漢城：東國大學校出版部，2001年），第27冊，頁252；《清實錄・聖祖實錄》（北京：中華書局，1985年9月第1版），第六冊，卷283，頁762；清水太郎：〈北京におけるベトナム使節と朝鮮使節の交流：15世紀から18世紀を中心に〉，《東南アジア研究》（2010年12月），頁345；吳晗輯：《朝鮮李朝實錄中的中國史料》，頁4348。

〔註110〕 康熙五十七年十月戊辰有記曰：「安南國王嗣黎維裪遣陪臣阮公沆等訃告故王黎維正喪，並請襲封，表貢方物，宴賚如例」。見《清實錄・聖祖實錄》（北京：中華書局，1985年9月第1版），第六冊，卷281，頁751。

阮公沆如此形容：「聞道東韓宅海陬，風都山下漢江頭。文章風骨追三代，
義理淵源續九籌」，顯然頗為讚賞，能夠在北京遇見來自漢江的朋友，阮氏
表達「海國東南萬里餘，王京喜遇覲天家」的千里相逢之喜，並云「想是同
年辭赭案，共隨八月泛仙槎」，推算朝鮮與安南使團應是同年陛辭出行，才
得有今日之會，而相遇相識的美好緣分如此短暫，令人惆悵，「歸來想憶形
客夢，比擬于今更倍加」之語，道出別後懷念更深之情。以上為阮公沆所作
四詩中前兩首詩的內容，至於第三、第四首詩則引錄如下：

> 地各東南海際居，計程三萬有零餘。
> 威儀共秉姬家禮，學問同尊孔氏書。
> 好把文章通綮肯，休論溫飽度居諸。
> 使軺云遠重相憶，在子安知不我如。

> 滄海桑田幾度三，炎邦自昔宅交南。
> 六經以外無他道，一歲之中熟八蠶。
> 萬戶漁鹽常給足，四辰蘭草共敷罩。
> 歸來宣室如前席，似與觀光助一談。

此二詩也被晚清徐世昌（1855～1939）所編的《晚晴簃詩匯》收入，即卷二百
屬國詩人篇中〈簡朝鮮國使俞集一李世瑾〉詩二首，同時亦見於裴璧所編的
《皇越詩選》（卷五）中，〔註111〕顯見此二詩流傳甚廣，頗受中土與越南人士
喜愛。越南、朝鮮二國地各東南，相隔遙遠，然而「威儀共秉姬家禮，學問同
尊孔氏書」，作為中國的屬國、東亞漢字文化圈的成員，兩國皆習孔門禮樂詩
書，因此有共同的文化淵源，可以打破地理空間上的阻隔，相互溝通交流，
建立深刻的友誼。阮公沆向朝鮮使臣介紹的越南，是「六經以外無他道」的
文化之國，是「一歲之中熟八蠶」、「萬戶漁鹽常給足」、「四辰芝草共敷罩」的
衣食豐足、文明美好之國，而其燕行任務便是觀光采風，以資治國，因此甚
得國君重視。〔註112〕

朝鮮正使俞集一（1653～1724）和副使李世瑾（1676～1749）收到阮公
沆詩作後，各自和韻四首回禮。「故園於夢不憚餘，客貫經年便作家」，俞集

〔註111〕〔韓〕朴現圭：〈《皇越詩選》所載越南與朝鮮使臣酬唱詩〉，收入張伯偉編：
　　　　《域外漢籍研究集刊・第一輯》（北京：中華書局，2005 年 5 月第 1 版），
　　　　頁 299～300。
〔註112〕此段所引詩句皆出自〔越南〕阮公沆：《往北使詩》，《越南漢文燕行文獻集
　　　　成》第二冊，頁 28～30。

一自述對於出使客居之苦深有所感,卻也習以為常,然而「仙槎聞說君先返,可想歡心倍豁如」,聽聞阮公沆將先行返國,知其定然心中充滿回國之喜,他卻「玉樓寥盡惟吟日,銀渚春生未返槎」,因此不免有「同是旅人君更返,一般愁思應相加」的歸愁之思。「萬里竭來同土貢,一辰離合等萍浮。青春作伴君先返,此後思音尺素修」,說出朝鮮與安南使節同來朝貢、如萍聚散的短暫情分,然而客居之日「旅館何人慰索居,賴君相託四旬餘」,是阮公沆和俞氏在異域中土青春作伴,「綸經不有他門教,學道宜徵我聖書」,相互切磋孔門聖賢學問,因此即使各自歸國,也要以尺素寄相思,維繫彼此情誼。「手把瓊琚玩再三,詞壇聲價重雙南。從知萬國同文軌,更喜炎邦美稻蠶。經義自來多蘊奧,工夫須且極研覃。還相蕪語酬勤意,恍若晴窗玉座談。」俞集一對炎邦越南的物產豐足與同文同軌表達喜愛之情,也珍惜能得越南文友阮公沆真誠殷勤相待,更深覺經義奧妙,需要同儕之友共下工夫深入研討,想來俞、阮二人四十多天的相處中,有多次共坐晴窗之下討論儒學經典的美好時光。

　　副使李世瑾的和詩,同樣訴說客居思歸之感,如「經載行人留玉館,何辰博望返星槎。旅懷寫出瓊琚贈,共歎霜毛兩鬢加」、「悄然旅館等禪居,無限羈愁萬斛餘」、「聞道仙槎歸日近,出樊飛鳥具何如?」;而對於能與阮公沆詩文往來,「得此瓊章雙手盥,勝於梁几十年書」,內心頗為喜悅,認為安南「衣冠定襲文明制」,是可以和安南文人研詩論文,探討學問,故云「更把篇章欽典雅,即知風氣絕誇浮。經邦大法惟周孔,須向遺編字字修」、「遺風宜尚尊周孔」,同時李世瑾亦謙言:「顧我多慚專對命,知君為報席恩覃。還於遮莫傳酬唱,愧作他鄉撫掌談」,要阮公沆莫將其酬唱之作傳回安南,以免成為笑談。〔註113〕李世瑾「愧作他鄉撫掌談」之語實為客氣之詞,事實上安南之士對於能和中州或朝鮮文人切磋和詩甚感光榮,阮攸便曾言「我邦以文獻名素為中州所推重,故前代飽學之儒必以北使為盛選。蓋其週歷宇宙、品詠江山,吐胸中之奇以標譽于上國,此士大夫之韻事也」,〔註114〕「標譽上國」甚至是「聲傳朝鮮」實乃韻事一樁,《皇越詩選》收錄阮公沆寫給朝鮮使節俞、李二人的詩歌,恰好證明阮、俞、李三人的交往,在南交之國成為眾人津津樂道的傳世美談。

〔註113〕上段與此段所引朝鮮使節詩句,皆出自〔越南〕阮公沆:《往北使詩》,《越南漢文燕行文獻集成》第二冊,頁30～33。

〔註114〕〔越南〕阮攸:《星軺隨筆》,《越南漢文燕行文獻集成》第十六冊,頁77。

（二）黎貴惇與朝鮮使節洪啟禧、趙榮進、李徽中

　　黎貴惇（1726～1784）字允厚，號桂堂，太平延河人，後黎朝景興十三年（1752）壬申科一甲進士榜眼。黎氏乃越南後黎朝最傑出的學者，曾居相位，倡導改革，有「越南王安石」之美譽。其人自幼天資聰穎，十四歲時已遍讀五經四書、史籍傳記和諸子百家之書，人以宿儒稱之。而漢文素養深厚的黎貴惇，學問橫跨經學、文學、哲學、史學等多種領域，一生著述豐富，漢文著作至少有十多部。〔註115〕乾隆二十四年（1759）十一月，安南遣正使陳輝淧、副使黎貴惇和鄭春澍如清歲貢與告哀，使團於乾隆二十五年（1760）春渡關，十二月抵達北京，二十六年六月返抵安徽，二十七年春回到安南。〔註116〕至於朝鮮則有三節年貢行使團，正使吏曹判書洪啟禧（1703～1771）〔註117〕、副使禮曹參判趙榮進、書狀官持平李徽中於乾隆二十五年（1760）十一月二日出發，〔註118〕十二月二十七日抵達北京，翌年二月九日啟程返國，停留北京約四十多天。學者沈玉慧利用使團隨行人員朝鮮書狀官李徽中之子李商鳳〔註119〕所留下的燕行紀錄《北轅錄》〔註120〕，整理並說明朝鮮使節與安南、南掌和琉球官生在北京的交流情形，〔註121〕筆者據其研究，將乾隆二十五年至二十六年間，安南與朝鮮使節的北京互動重新整理如下表：

〔註115〕劉玉珺：〈越南王安石——黎貴惇〉，《古典文學知識》第 2 期（2010 年），頁 96～101。

〔註116〕陳荊和編校：《校合本大越史記全書》（東京都：東京大學東洋文化研究所附屬東洋學文獻センター刊行委員會，昭和 59 年 3 月），頁 1148；〔越南〕黎貴惇：《北使通錄》，《越南漢文燕行文獻集成》第四冊，頁 10、191、307。

〔註117〕洪啟禧，朝鮮王朝中期文臣，英祖時歷任吏曹、兵曹判書、兩館提學、判中樞府事等職，深造歷代國內外韻書而精於韻學，著有《三韻聲彙》。

〔註118〕見《同文彙考補編·使行錄》，收入林基中編：《燕行錄全集》（漢城：東國大學校出版部，2001 年），第 27 冊，頁 283。

〔註119〕李商鳳（1733～1801），字伯祥，號懶隱，後改名為義鳳，全州人。英祖四十九年（乾隆三十八年，西元 1773 年）庭試文科乙科及第，歷任副修撰、檢討官、經筵官、左承旨、司諫院大司諫、工曹參判等職。

〔註120〕凡五卷，收入成均館大學校大東文化研究院編：《燕行錄選集補遺》（首爾：東亞學術院大東文化研究院，2008 年）；亦見於《韓國漢文燕行文獻選編》第十六、十七冊。

〔註121〕沈玉慧：〈乾隆二十五～二十六年朝鮮使節與安南、南掌、琉球三國人員於北京之交流〉，《臺大歷史學報》第 50 期（2012 年 12 月），頁 109～153。

時　　間		交　流　情　形	補　充　說　明
乾隆二十五年（1760）	十二月三十日	朝鮮、安南使節同往鴻臚寺參與朝會演儀，雙方進行交談。演儀結束後，李商鳳受命前往安南使節館舍拜訪。	黎貴惇出示《群書考辨》一書，言欲以己著就教於朝鮮使節，待校正後再交給李商鳳，並以玟瑎筆、銀象毛作為評比之禮，贈予李商鳳等人。
乾隆二十六年（1761）	一月一日	朝鮮、安南使節一同參與朝會。安南三名使節致書朝鮮使節，盼有機會多來往。	
	一月二日	李商鳳往安南使節館舍途中，遇見正欲前往朝鮮使節館舍致謝的安南通事，雙方短暫交談後，各自前往對方館舍。	
	一月七日	安南使節令通事齎書與詩前往朝鮮使節館舍，致贈朝鮮使節。	送往朝鮮使節館舍之詩乃安南三名使節答謝李商鳳等人造訪之誼而作之詩，書則為《群書考辨》，希望朝鮮使節為之作序。
	一月十三日	朝鮮正使洪啟禧與書狀官李徽中，遣人將唱和安南使節之詩送至安南使節館舍。	
	一月十四日	安南三名使節聯名遣使致贈沿路所做《瀟湘百詠》一冊予朝鮮正、副使及書狀官，並向之求序。安南正使陳輝淧與副使黎貴惇贈詩，朝鮮正使和書狀官亦和其詩。	
	一月二十六日	安南使節致書慰問李徽中病況。	
	一月二十七日	安南使節獲朝鮮書狀官李徽中唱和安南正使之詩，隨後託書辦將沿路日記、劄記轉送朝鮮使節。	
	二月三日	李徽中完成《瀟湘百詠》之序文，送至安南使節館舍。安南正、副使陳輝淧、黎貴惇致書李徽中，以示感謝之意。黎貴惇再向李徽中求《聖謨賢範錄》序文。	
	二月七日	李徽中遣使將所作《聖謨賢範錄》序文送至安南使節館舍。	

　　由上表可知，朝鮮、安南兩國使節的交遊始於鴻臚寺演儀，黎貴惇《桂堂詩彙選》〈柬朝鮮國使洪啟禧、趙榮進、李徽中〉詩前小序便記：「朝鮮正使，丁巳文科狀元，吏部尚書洪啟禧；副使，丙子文科戶部侍郎趙榮進；書狀官，庚午文科春坊學士李徽中。時我國使演禮鴻臚，適遇之，伊使部該席寺門各通姓名，坐談片刻，既歸館，送以藥丸、方物，頗有厚意，因詩以贈。」演禮相遇，互通姓名，坐談片刻，獲贈禮物，這便是朝鮮與安南使節「瀛海東涯各一方，齊趨象闕拜天王」的最初接觸，而朝鮮使節的友善多禮和慷慨贈物，讓黎貴惇亦作詩相贈，以表「旅懷摺疊如君扇，新對素心為展揚」（朝鮮正使前以扇贈故云）的喜悅之情。〔註 122〕又對照李商鳳的《北轅錄》，則便可知黎貴惇與朝鮮使節「坐談片刻」，所聊內容乃朝鮮使節詢問安南至北京所需日程、何時啟程出發、何時將歸國等行期、路程問題；獲贈禮物除黎氏自述藥丸、扇子之外，還有別箋、雪花紙、大好紙及書信，乃朝鮮正使洪啟禧託李商鳳帶至安南館舍相贈。〔註 123〕而黎貴惇以詩向朝鮮使節表達感謝與結交之意，結果得正使洪啟禧與書狀官李徽中和詩回應，洪氏詩云：「南金美價擅離方，青瑣緋魚日侍王。玉節來觀中國壯，孤舟遠繫大洋長。天涯地角人相見，雁後墨前詩一章。緗帙虛勞玄晏托，愧無椽筆慶鋪揚」，來自南方的朝廷重臣，充當使者來到中國觀光，因此能與天各一方、地各一角的朝鮮使節相遇，並以詩歌翰墨往來；李氏詩曰：「塞外人來天一方，殊邦徂歲戀君王。星分箕斗三生□，地限蓬瀘萬國長。差幸同文論古字，共存舊制撫身章。越裳消息今聞否，猶似當辰海不揚」，表達同文論學之幸，與衣冠服飾皆為古制的認同。〔註 124〕

　　《桂堂詩彙選》中還錄有黎貴惇再依前贈詩歌之韻，所作送予朝鮮使節之二詩，言「異邦合志亦同方，學術從來本素王」，兩國學術皆本孔門儒學；又言「側釐白硾交投贈」，雙方互贈本國所產之紙，以利詩歌酬唱、筆談交遊的美好情誼，據黎氏自註：「南越以海苔為紙，其理斜側，號理紙，訛為側釐。

〔註 122〕〔越南〕黎貴惇：《桂堂詩彙選》，《越南漢文燕行文獻集成》第三冊，〈柬朝鮮國使洪啟禧、趙榮進、李徽中〉，頁 65～66。

〔註 123〕李商鳳至安南使節館舍轉送書信與禮物後，獲安南使節款待檳榔，並與副使黎貴惇、鄭春澍筆談，此部分詳參沈玉慧：〈乾隆二十五～二十六年朝鮮使節與安南、南掌、琉球三國人員於北京之交流〉，《臺大歷史學報》第 50 期（2012年 12 月），頁 119～126。

〔註 124〕〔越南〕黎貴惇：《桂堂詩彙選》，頁 65～66。

白硾，高麗紙名。……『硾』音隊，以石搗碎為紙」，安南側釐紙與朝鮮白硾紙上的交流文字，刻印著異國同文書寫的真情。「尚友四旬極信重，相思二月柳條長」，與朝鮮使節相處將近四十天，彼此信任、看重，已培養深厚友誼，二月歸期屆至，只能折柳送別長相思；兩國使節「猥因文字成佳好，還傳僕從寄短章」，既以文字結緣，又多次委託僕從傳遞書信、詩歌，可說是萬里同文而成他鄉知己。黎貴惇所言以文字相交，傳寄短章，回頭檢視上表，確實可見兩國使節多次詩歌、書信唱和往還。而洪啟禧與李徽中對於黎貴惇再贈之詩，仍分別答和，洪氏「奇遇只應通紵縞，拙文那得重班揚」，李氏「歸囊盎然皆越字，青山燕薊馬蹄揚」，寫出燕行結識安南友人，詩文互贈從而深化友情的奇遇。〔註125〕

另外，黎貴惇的《見聞小錄》亦有關於此次和朝鮮使節交流的記載，內容雖較李商鳳《北轅錄》簡略，然有關兩國使節會面的時間、地點之記，大致相同。即先於鴻臚寺會面並進行筆談，隨後朝鮮派兩名人員前往安南使節館舍拜訪、贈送土物。又朝鮮三位使節之子洪纘海、趙光逵、李商鳳皆隨同燕行，曾於新年時一起拜訪安南使節。兩國使節在京期間多次書信往返，《見聞小錄》記錄了朝鮮使節除夕與新年時致送安南使節的兩封書信內容，其中除夕信簡便提及朝鮮使節以紙、扇相贈，情意深篤。〔註126〕而由上表亦可知，安南使節除了向中土人士邀序外，亦積極向朝鮮使節請序，以此作為切磋、交遊的方式。前文曾引黎貴惇《北使通錄》之語，指出其所著之《群書考辨》、《聖謨賢範錄》二書，及沿途的酬唱詩集《瀟湘百詠》，皆有朝鮮使節所作之序。回證上表，朝鮮書狀官李徽中曾為《瀟湘百詠》與《聖謨賢範錄》作序，而《歷朝憲章類志‧文籍志》為黎貴惇與陳輝泌、鄭春澍聯吟更唱迭和的《聯珠詩集》所書提要，又記「《瀟湘百詠》卷有朝鮮正使狀元洪啟禧序。文格高古，評論三公詩，尤為確當」，則《瀟湘百詠》當另有洪啟禧之序。劉玉珺認為士人之間的文字交往，與其說是中、越、朝三國士人漢文學的相互交流，還不如說是越、朝使臣漢文化水準的競相展示，而黎貴

〔註125〕〔越南〕黎貴惇：《桂堂詩彙選》，《越南漢文燕行文獻集成》第三冊，頁67～70。

〔註126〕見〔越南〕黎貴惇：《見聞小錄》（胡志明市：越南教育出版社，2008年），頁692～697；沈玉慧：〈乾隆二十五～二十六年朝鮮使節與安南、南掌、琉球三國人員於北京之交流〉，《臺大歷史學報》第50期（2012年12月），頁127～128。

惇此次與朝鮮使節的交遊，已為越南漢文學贏得了重要的一席之地與相應
之聲譽。〔註127〕

（三）段阮俶、武輝珽與朝鮮使節尹東昇、李致中

乾隆三十六年（1771）十二月安南遣正使段阮俶、副使武輝珽（斑）、
阮暚等如清歲貢兼奏事，〔註128〕使團於次年冬到達北京，十二月乾隆帝陛
殿時，曾「入於百官班末行禮」，乾隆三十八年（1773）元旦朝會大典，與
朝鮮使臣一同隨班行禮。〔註129〕而與段阮俶、武輝斑有所往來的朝鮮使節，
乃乾隆三十七年（1772）十一月一日出發的進賀謝恩兼三節年貢行使團，包
括正使順義君李烜、副使禮曹判書尹東昇、書狀官執義李致中。〔註130〕《皇
越詩選》卷六即收錄安南正使段阮俶所寫的〈餞朝鮮國使尹東昇、李致中〉
之詩：

> 越甸山川儵弁辰，他鄉今幸把清塵。
> 曾瞻漢節徵星斗，更覯周堳炯鳳麟。
> 旅況有心皆尚友，文光無地不同倫。
> 相逢莫訝分鑣早，故國梅花今又春。〔註131〕

段阮俶，原名惟靖，瓊瑰海安人，景興十三年（1752）正進士，累官署副都御
史，性鯁介，景興三十五年（1774）辭官歸田。〔註132〕上引詩歌「越甸」指
安南，「弁辰」據段氏自註「高麗併有三韓之地，三韓，馬韓、弁韓、辰韓」，
則意指朝鮮，安南與朝鮮兩國使節有幸在他鄉北京相遇，一同體驗萬國使臣
齊聚中國朝拜天子，展現各自超群才華與文化素養的盛大場面。懷抱四海之
內皆兄弟的心情，在燕行旅程、客居北京的短暫時日中，識得來自朝鮮的同

〔註127〕劉玉珺：〈越南王安石──黎貴惇〉，《古典文學知識》第 2 期（2010 年），頁
　　　　101～104。

〔註128〕陳荊和編校：《校合本大越史記全書》（東京都：東京大學東洋文化研究所附
　　　　屬東洋學文獻センター刊行委員會，昭和 59 年 3 月），頁 1175。

〔註129〕《清實錄・高宗實錄》（北京：中華書局，1986 年 5 月第 1 版），第 20 冊，
　　　　卷 924，「乾隆三十八年正月壬辰條」，頁 410～411。

〔註130〕見《同文彙考補編・使行錄》，收入林基中編：《燕行錄全集》（漢城：東國
　　　　大學校出版部，2001 年），第 27 冊，頁 289。

〔註131〕〔越南〕裴璧編：《皇越詩選》，越南國家圖書館藏明命六年希文堂刻本 R.969，
　　　　卷六，葉 5。（可上「漢喃古籍文獻典藏數位計畫」網站 http://lib.nomfoundation.
　　　　org/collection/1/檢索，只要點擊掃瞄圖檔即可直接閱讀）

〔註132〕〔越南〕裴璧編：《皇越詩選》，卷六，葉 3a。

道文人，然而今日有相逢之喜，他日便有分離之愁，天下本無不散之筵席，一年容易又春天，故國梅花已然再次綻放，段氏理性說出分道揚鑣的事實，隱含了淡淡的哀傷之意在其中。

另外，安南副使武輝珽（1731～1789）〔註133〕的燕行集《華程詩》，也有〈贈朝鮮國使詩并引〉和〈附朝鮮國使答贈詩并引二首〉的使節往遊詩作，〔註134〕武氏對「雖東海南海，利地有萬千」但「心契道同」的「萍水良緣」十分珍惜，希望能「預接塵談，以領十年書之益」，只是「南軺早錫，行色匆忙」，自己歸期已定，因此以詩餞別，「式憑手札，代致面辭」，「聊以表涯角相逢之雅」，其詩云：「幸挹芝蘭覺宿因，醇杯未到易成醺。鴨江鳶嶺疆雖遠，麟籍龜書道不分。已喜衣冠無異制，更徵圖牒有同文。想應軺乘南歸後，座右台光窹寐殷。」武輝珽之詩透露出安南與朝鮮的使節之交，立基於相同的學術文化淵源與衣冠文明，這是兩國使者得以溝通交流、建立情誼的關鍵。而朝鮮國「二僉老圃尹東昇」感受到武氏的情意，在「似聞徒御夙戒，此中館門啟閉，亦未知能及於行軺未啟之前」的情況下，「夜燈潦草」回以詩作：「聞說春官罷餞筵，朱衣使者去翩然。來時禮樂延陵札，遊後文章太史遷。可道赫啼離思盡，虛行寶翠惠夙宣。參商此日懇懇意，珍重韓碑廟下船。」參加完歸國前的禮部宴，一身紅衣的安南使者即將踏上歸途，燕行記聞必多可讀可感的禮樂文章，人生本就動如參商，然而北京相逢的殷勤心意，令人珍重難忘。

朝鮮書狀官蒼南李致中亦云其得武輝珽瓊章三篇，「杯坐一讀，風風可喜，當攜託敝邦，將與嚮年陳黎諸公之酬唱匹休，感幸良深」，又「聞行舟早啟，禮宜趁和」，因此剪燭構成二詩曰：「秦城萬里喜萍逢，春泛歸槎憎燕蹤。肝膽豈輸輗舌裏，精神空注路班中。」、「南東海岳分星遠，文武衣冠古制同。牢落天涯他日思，三章璀璨在牙筒。」分屬遠地的兩國使者萍水相逢於燕京，國籍雖不同，然文武衣冠古制皆同，彼此間的距離似乎拉近不少，雖然從此只能各在天涯，但贈予往還的璀燦詩篇至少還能安慰一點寥落相思之意。乾隆三十八年安南與朝鮮使節的此次交流，亦見載於黎貴惇《見聞

〔註133〕 字溫奇，諡文忠，舊名仲恭，海陽唐安縣慕澤人。後黎朝景興十五年（西元 1754 年）甲戌科進士，奉使清朝回國後陞任兵部侍郎兼國子監祭酒。

〔註134〕 〔越南〕武輝珽：《華程詩》，《越南漢文燕行文獻集成》第五冊，頁 353～ 356。

小錄》中，主要原因乃安南使團成員阮暚為黎貴惇科考同年，而朝鮮使節李致中是曾與黎貴惇在北京交遊的朝鮮使李徽中之甥，〔註135〕若再加上武輝珽之子武輝瑨後亦繼承父親衣缽出使清朝，並與李致中之堂親李百亨相遇，此一因親人、舊友、故交羅織起的人際網絡交遊關係，讓燕行跨國交流記事，更增添幾分親切與傳承的意味。

（四）胡士棟、阮仲璋與朝鮮使節李垍〔註136〕、尹坊、鄭宇淳

乾隆四十三年（1778）安南遣使胡士棟、阮仲璋入貢，並慶賀平定金川，〔註137〕使團於該年孟春啟程，仲秋抵達北京，季冬奉旨回國，次年季秋回到安南國都。〔註138〕同年九月十一日，朝鮮原定正使河恩君李垍，副使金熤、書狀官李東郁為謝恩使團出使燕京，但因金熤和李東郁二人不合，九月十五日決定更換人選，由禮曹判書尹坊任副使，執義鄭宇淳任書狀官，於九月二十九日起行。乾隆四十四年（1779）二月七日朝鮮使團回抵國內，副使尹坊得正祖李祘召見，正使李垍則在還至平安道肅川時不幸已先過世。〔註139〕綜上所述，則胡士棟與李垍等三人應於乾隆四十三年冬十一、十二月，最晚在乾隆四十四年正月期間於北京相遇交流。胡士棟（1739～1785）字隆甫，號瑤亭、竹軒，後黎朝景興三十三年（1772）壬辰科進士，累官至戶部左侍郎、權府事。其使行集《花程遣興》有詩〈贈朝鮮使回國〉，內容

〔註135〕〔日〕清水太郎：〈北京におけるベトナム使節と朝鮮使節の交流：15世紀から18世紀を中心に〉，《東南アジア研究》（2010年12月），頁348。

〔註136〕中國史料《皇朝文獻通考》（卷294）作「垍」，朝鮮史料《李朝實錄·正祖實錄》（正祖二年九月丁酉條）作「垍」，越南史料《皇越詩選》、《花程遣興》作「珖」，今以朝鮮史料為準。

〔註137〕《皇朝文獻通考》記胡士棟為正使，阮仲璋（《文獻通考》誤為「鐺」）為副使，然據《邦交錄》和《欽定越史通鑑綱目》所載，正使乃武陳紹，武氏因不願為權臣鄭森夾帶篡立求封之表以進奏，行至洞庭湖託病，夜對使部將表焚毀後仰藥自盡，清朝地方官上奏清廷言武陳紹病逝，並留下隨從三人看護，俟副陪臣胡士棟等赴京事竣，過楚帶回。參見《欽定皇朝文獻通考》（臺北：臺灣商務印書館，1983年，據國立故宮博物院藏本影印），《景印文淵閣四庫全書》第638冊，卷296，頁676；汪泉：《清朝與越南使節往來研究》（廣州：暨南大學歷史學碩士論文，2008年），頁36。

〔註138〕〔越〕胡士棟：《花程遣興》，《越南漢文燕行文獻集成》第六冊，頁5。

〔註139〕〔韓〕朴現圭：〈《皇越詩選》所載越南與朝鮮使臣酬唱詩〉，收入張伯偉編：《域外漢籍研究集刊·第一輯》（北京：中華書局，2005年5月第1版），頁302；《同文彙考補編·使行錄》，收入林基中編：《燕行錄全集》（漢城：東國大學校出版部，2001年），第27冊，頁293。

與《皇越詩選》卷六所載〈贈朝鮮國使李珖、鄭宇淳、尹坊回國〉相同，與朝鮮文人柳得恭《並世集》所收之〈戊戌立春後一日奉呈朝鮮國使臣尹判書〉一詩內容亦同，〔註140〕如下所引：

> 公庭朝罷路分殊，遙指東瀛憶使乎。
>
> 志氣可能追縞帶，篇章奚管付醬瓿。
>
> 敷文此日車同軌，秉禮從來國有儒。
>
> 萬里相逢知匪易，六年王會一成圖。〔註141〕

朝鮮使節約於乾隆四十四年（己亥）正月上旬回國，對照詩題，則此詩乃胡士棟在朝鮮使節即將回國前的臨別贈詩，詩中表達王會朝罷後將各自歸國，日後只能遙指東方，回憶這段詩文相贈往來的異國情誼，萬里相逢自是不易，何管文章價值是否受重視，朝鮮、安南兩國皆是敷文秉禮，車同軌、書同文，國自有儒的文化之國，此番歡會實六年方得相聚的難得因緣。乾隆五十七年改議之前，安南一直是六年兩貢並進，因此對胡士棟來說，要再見朝鮮使節實有時間和空間的諸多限制，如此更凸顯其與朝鮮使節交往不易，相見自是有緣，所留下的交遊詩歌更是彌足珍貴。

另外，胡士棟贈詩的對象，《皇越詩選》記為正使李珖等三人，和《並世集》所記尹判書尹坊一人不同，檢視《花程遣興》中有〈他和答三律〉和〈海東李珖拜〉二首朝鮮和詩，其詩「地隔重溟驛屢殊，何如遠道使來乎？秋槎已自牛墟到，雲帆應知海若扶。風雅卷中同古軌，文章世外有真儒。燕臺邂逅終奇事，留與人間可繪圖」（〈他和答三律〉）、「天涯海角境相殊，南土之人逖矣乎。翠羽經年重譯到，鵬濤幾月片帆驅。文公禮法家同教，天子詩書俗尚儒。共播清篇今昔別，此生一見更難圖」（〈海東李珖拜〉），韻腳明顯乃和上引胡詩之韻，胡士棟若只贈予尹坊一人，李珖又何來和詩？故胡詩所贈對象乃李珖等三人無疑。至於作詩時間，《並世集》「戊戌立春後一日」之說，韓國學者朴現圭已據朝鮮史料《正祖實錄》指出此時間有誤，日本學者清水太郎則認為柳得恭彼時非朝鮮使團成員，所有消息乃間接得之，

〔註140〕〔越南〕裴璧編：《皇越詩選》，越南國家圖書館藏明命六年希文堂刻本 R.969，卷六，葉 11；柳得恭：《並世集》，收入林基中編：《燕行錄全集》（漢城：東國大學校出版部，2001 年 10 月初版），第六十冊，頁 182。

〔註141〕〔越南〕胡士棟：《花程遣興》，《越南漢文燕行文獻集成》第六冊，〈贈朝鮮使回國〉，頁 49。

因此可能將「己亥」（乾隆四十四年）發生的事誤記為「戊戌」（乾隆四十三
年）。〔註142〕清水太郎的推斷不無道理，再加上朝鮮正使李垍返國未至都
城便已身亡，只有尹坊一人獲國君召見，因此詩歌流傳過程或因此誤為胡
士棟書予尹坊一人，且雖然柳得恭《並世集》將時間與對象弄錯，但詩歌內
容無誤，證明此詩確曾在朝鮮流傳，為士人所知，正如和詩所言「燕臺邂逅
終奇事，留與人間可繪圖」，胡士棟與李垍等三人之燕京邂逅，是值得繪圖
留念的奇事，而漢詩同文的創作、流傳與閱讀，更見證兩國同古、同軌、同
教，皆為尚儒遵禮之邦。

　　《花程遣興》中尚有〈又三陪臣詩〉和〈海東鄭宇淳拜〉兩首詩，分別徵
引如下：

> 超遞星槎萬里通，輕飆高泛斗牛宮。
> 克生匪在絃裳外，為教寧殊載籍中。
> 瀛海東南天各別，燕臺玉帛地相同。
> 從來會晤多佳話，縞紵依依往哲風。（〈又三陪臣詩〉）
> 脈脈遙看意暗通，朝差並出太和宮。
> 孤槎溟渤要荒外，偏壤東南天地中。
> 言語由來雖有別，衣冠還喜與相同。
> 百年自此音容隔，溯往那堪每響風。（〈海東鄭宇淳拜〉）〔註143〕

檢視二詩韻腳，很明顯是唱和之作，一首表達東、南各別的兩國使節在燕臺
相會，既是佳話，也展現如往昔越南詩人馮克寬和朝鮮詩人李睟光那樣深厚
的友情；另一首則欣喜於朝鮮、越南雖語言有別，但衣冠服制相同，有共通
的文化背景，只可惜兩國使者雖有相逢之喜，卻也有話別後從此音容相隔難
見的分離之苦。〈又三陪臣詩〉除見於《花程遣興》，柳得恭《並世集》亦收錄
其中，詩題為〈奉呈朝鮮國使臣尹判書〉，署名「阮仲鎧」所作，〔註144〕準此

〔註142〕〔韓〕朴現圭：〈《皇越詩選》所載越南與朝鮮使臣酬唱詩〉，收入張伯偉編：
　　　　《域外漢籍研究集刊・第一輯》（北京：中華書局，2005 年 5 月第 1 版），
　　　　頁 302；〔日〕清水太郎：〈北京におけるベトナム使節と朝鮮使節の交流：
　　　　15 世紀から 18 世紀を中心に〉，《東南アジア研究》（2010 年 12 月），頁 349
　　　　～350。
〔註143〕〔越南〕胡士棟：《花程遣興》，《越南漢文燕行文獻集成》第六冊，頁 50～51。
〔註144〕清水太郎在其論文中已指出《花程遣興》中的〈又三陪臣詩〉內容與柳得恭
　　　　《並世集》〈奉呈朝鮮國使臣尹判書〉詩相同。〔日〕清水太郎：〈北京にお

則〈又三陪臣詩〉恐非胡士棟之作，而是與之同行的使團成員阮仲璫所寫，至於「尹判書」當是指「尹坊」，不過就書狀官鄭宇淳作有和詩的情形來看，阮仲璫該詩應與胡士棟〈贈朝鮮使回國〉一詩相同，皆書予朝鮮使團三位使節。胡士棟出使前，其同郡官員添差知刑二科給事中養軒范氏有「他日回朝，為我攜朝鮮及中州人詩來，看東北之人才何如」〔註145〕此餞行之言，結果胡士棟果然帶回了朝鮮李垙、鄭宇淳等人詩作，更有趣的是胡士棟寫給朝鮮使節的詩歌也被朝鮮人記錄流傳，展現越南與朝鮮使節以詩交流結友的美好因緣，當真是「此生一見更難圖」的珍貴友情。

（五）潘輝益、武輝瑨、段浚與朝鮮使節徐浩修、李百亨、朴齊家、柳得恭

前述都是安南後黎朝使節與朝鮮使節的交流，然自乾隆五十一年（1786）後黎昭統帝黎維祁被西山阮氏軍力所逼，倉皇出奔，其後向清廷求援；五十三年，乾隆派兩廣總督孫士毅率兵出關相助，卻於次年（乾隆五十四年，1789）遭阮文惠所敗，黎維祁再度北逃中國，清朝的「安南之役」失敗以終。阮文惠為穩定政局，向清廷叩關謝罪乞降，並改名阮光平，遣其兄子阮光顯齎表入貢，懇賜封號；乾隆以黎維祁再棄其國，是「天厭黎氏，不能自存」，故封阮光平為安南國王，將黎朝舊君臣歸入漢軍旗下，自此清朝與後黎朝的宗藩關係正式結束，轉而與西山阮氏政權建立新的外交關係。乾隆五十五年（1790），為祝賀乾隆帝八旬萬壽，阮光平率團於三月二十九日起程，四月十五日入關，七月十一日在避暑山莊朝覲大清天子，八月二十四日返國南歸。〔註146〕而此次隨行的安南使臣潘輝益、武輝瑨和段浚，分別有《星

けるベトナム使節と朝鮮使節の交流：15 世紀から 18 世紀を中心に〉，《東南アジア研究》（2010 年 12 月），頁 350。

〔註145〕〔越南〕胡士棟：《花程遣興》，《越南漢文燕行文獻集成》第六冊，頁 68。

〔註146〕《清實錄》和《朝鮮王朝實錄》有如下記載：「（安南）國王於三月二十九日起程。四月十五日進關」；「（七月）己丑。安南國王阮光平、陪臣吳文楚等……入覲，上御卷阿勝境召見。同扈從王、貝勒、貝子、公、大臣、蒙古王貝勒、貝子、公、額駙台吉等、回部王、公伯克、緬甸國、南掌國使臣、臺灣生番等賜食，並賜安南國王阮光平詩，餘各賞賚有差」；「安南國王及從臣，已於前月（八月）二十四日離發」。參見《清實錄·高宗實錄》（北京：中華書局，1986 年 4 月第 1 版），第 26 冊，卷 1353、卷 1358，「乾隆五十五年四月癸酉、七月己丑」條，頁 125、202；吳晗輯：《朝鮮李朝實錄中的中國史料》（北京：中華書局，1980 年），頁 4826。

槎紀行》、《華程後集》和《海翁詩集》等燕行集傳世。〔註147〕至於朝鮮方面，則有正使昌城尉黃仁點、副使禮曹判書徐浩修，與書狀官兼掌令、弘文館校理李百亨組成的進賀兼謝恩行使團，於乾隆五十五年（正宗十四年）五月二十七日出發，七月十五日抵達熱河，九月四日離開燕京，十月二十一日復命。〔註148〕朝鮮正使黃仁點（1740～1802），曾六度燕行前往北京，此次祝賀乾隆八旬萬壽，是其第五次赴燕；副使徐浩修（1736～1799）此前曾於乾隆四十一年（1776）赴燕。〔註149〕此外，使節團當中還有朝鮮著名的實學家柳得恭（1749～1807）和朴齊家（1750～1805）一同隨行。〔註150〕徐浩修《燕行記》、柳得恭《灤城錄》、《並世集》和朴齊家的《貞蕤閣集》皆可見安南與朝鮮使節交流之紀錄。〔註151〕

　　雖然朝鮮國王曾以「我國使行，每以早到見褒，今行如不阻水，必以早抵為期」〔註152〕叮囑進賀使，然此次祝壽之行安南使節搶得先機，先行抵達熱河朝觀。不過朝鮮使節贏得乾隆皇帝「字畫整齊，紙品潔精，朝鮮於事大之節敬謹如此，宜作他藩之儀式」的讚譽，就連在場的安南國王阮光平亦「屢回看過，稱歎不已」，算是扳回一城。〔註153〕而兩國使節真正有所接觸交流

〔註147〕　段浚個人詩文專集除《海翁詩集》外，另有《海煙詩集》，兩者所收錄之燕行文獻內容大致相同，但文字頗有異同。又《海翁詩集》較《海煙詩集》多抄錄了〈從幸萬壽山記〉等三篇北使期間所撰之長文。另外，潘輝益的《星槎紀行》和武輝瑨的《華程後集》部分作品，亦見雜抄於《燕臺秋詠》（A1697）中。

〔註148〕　《同文彙考補編・使行錄》，收入林基中編：《燕行錄全集》（漢城：東國大學校出版部，2001 年），第 27 冊，頁 300；吳晗輯：《朝鮮李朝實錄中的中國史料》（北京：中華書局，1980 年），頁 4822～4827。

〔註149〕　〔日〕清水太郎：〈北京におけるベトナム使節と朝鮮使節の交流：15 世紀から 18 世紀を中心に〉，《東南アジア研究》（2010 年 12 月），頁 351。

〔註150〕　朴齊家，字次修、在先，號楚亭、葦杭道人，晚年號貞蕤，朝鮮實學北學派代表人物之一，與李德懋、柳得恭、李書九被譽為朝鮮「四家詩人」。朴齊家一生著述豐富，撰有《貞蕤閣詩集》、《貞蕤閣文集》、《北學議》、《進疏本北學議》等，及收錄他與中國學者往來書函的《縞紵集》，這些著作全部被收錄於《楚亭全書》。柳得恭，字惠甫、惠風，號泠齋、泠庵、歌商樓、古芸居士、古芸堂、恩暉堂，朝鮮王朝歷史學家、實學家、詩人。

〔註151〕　正使黃仁點亦有《庚戌乘槎錄》，收入林基中編《燕行錄續集》（漢城：尚書院，2008 年），然筆者未見；而徐浩修之《熱河紀遊》則與其《燕行記》內容相同。

〔註152〕　吳晗輯：《朝鮮李朝實錄中的中國史料》（北京：中華書局，1980 年），頁 4815。

〔註153〕　〔韓〕徐浩修：《燕行記》，收入林基中編：《燕行錄全集》（漢城：東國大學校出版部，2001 年），第 51 冊，頁 21。

始於乾隆五十五年七月十六日，此部分越南方面的材料未見記錄，然可考之朝鮮燕行錄以還原兩國使節詩歌和答前的交往背景。先是安南國王阮光平親問朝鮮正使黃仁點有關朝鮮是否有國王親朝之例？又問副使徐浩修朝鮮與日本為鄰，兩國距離之遠近，及明萬曆年間平定豐臣秀吉搆兵之後，為何又交好等問題，藉此了解朝鮮、日本方面之情報。之後潘輝益則以明萬曆丁酉年間，馮克寬與李睟光玉河館唱酬的千古奇遇開啟話題，和徐浩修談論馮李二人之詩文集。而通過兩人對話，可知李睟光其個人別集多載馮克寬之詩與問答，馮克寬的萬壽聖節慶駕詩亦載李睟光之序文。徐浩修還指出「山出異形饒象骨，地蒸靈氣產龍香」、「極判洪濛氣，區分上下埌」分別為李馮二人之得意佳句，顯然對兩人交流事蹟和詩歌頗有研究。潘輝益則評以「芝峰詞致醇雅，毅齋意匠遒健，要可為伯仲爾」，認為馮李二人可堪匹敵，漢文詩歌水準乃在伯仲之間。潘輝益顯然欲以使節交流、同文酬贈之事來拉近與朝鮮使節之間的距離，因此再問乾隆庚辰年間，書狀官李徽中曾與安南使節多有唱酬，佳句至今尚傳，其人如今現況為何？徐氏答以「李公文詞在東方亦為翹楚，已作古人，而官止侍郎矣」，並反問潘氏安南之文風、疆域、氣候、物產與衣冠服制等問題。〔註154〕

接著七月十七、十八、十九連三天，安南與朝鮮使節都被安排參加慶壽筵宴，因此多有機會接觸相處，潘輝益以「朝鮮正使駙馬黃秉禮、副使吏曹判書徐洗（浩）修、書狀宏文館校理李百亨，與我使連日侍宴，頗相款洽」而投贈以詩：「居邦分界海東南，共向明堂遠駕驂。文獻夙藏吾道在，柔懷全仰聖恩覃。同風千古衣冠制，奇遇連朝指掌談。騷雅擬追馮李舊，交情勝似飲醇甘。」〔註155〕詩歌內容表達希望此次會面交遊、翰墨往來，能像馮李之交那樣成為風雅美事，建立深厚情誼。安南另一使節武輝瑨亦云：「舊例我國使與朝鮮國使，只於演儀與賀正旦兩番相見，今同到山莊侍宴連日相接，談笑甚諧」，因此有〈柬朝鮮國使〉詩曰：「海之南與海之東，封域雖殊道脈通。王會初來文獻共，皇華此到覲瞻同。衣冠適有從今制，縞紵寧無續古風。伊昔皇華誰似我，連朝談笑宴筵中」〔註156〕，敘述安南、朝鮮道脈相通、文獻相

〔註154〕〔韓〕徐浩修：《燕行記》，收入林基中編：《燕行錄全集》（漢城：東國大學校出版部，2001年），第51冊，頁23～26

〔註155〕〔越南〕潘輝益：《星槎紀行》，《越南漢文燕行文獻集成》第六冊，〈柬朝鮮國使〉，頁235～236。

〔註156〕〔越南〕武輝瑨、吳時任、潘輝益：《燕臺秋詠》，《越南漢文燕行文獻集成》

共，又同朝中國，再加上連日宴筵談笑為過往使節所無之例，故當效法古人藉詩歌投贈以建立友情。潘氏和武氏還分別附錄和詩，潘氏〈附錄徐判書和詩〉，明顯是徐浩修回贈之作，至於武輝瑨〈附朝鮮國使吏曹和詩云〉則未明確指出是何官吏和作，然對照徐浩修《燕行記》七月十九日「安南國吏部尚書潘輝益、工部尚書武輝瑨各送七言律一首求和……。余和送二詩，各致扇十柄、清心元十丸」〔註157〕所云，便可知是徐氏和詩。

徐浩修和潘詩：「何處青山是日南，灣陽秋雨共停驂。使華夙昔修鄰好，聲教如今荷遠覃。法宴終朝聆雅樂，高情未暇付清談。新詩讀罷饒風味，頓覺中邊似蜜甘。」和武詩曰：「家在三韓東復東，日南消息杳難通。行人遠到星初動，天子高居海既同。挏酒真堪消永夜，飛車那得溯長風。知君萬里還鄉夢，猶是鉤陳豹尾中。」〔註158〕說明公忙未暇深談，然讀獲贈詩篇心中甘甜，和表達同為使臣，了解萬里歸鄉之期盼，只是公務尚未結束，還得在鉤陳豹尾等儀仗中，進行一場又一場的朝覲儀式。潘、武二人贈詩朝鮮使節之事和兩首贈詩內容，除徐浩修《燕行記》有所述外，也見於同行的朝鮮使團人員柳得恭之筆下。其《灤陽錄》云：「輝益、輝瑨各以七律一首寄我正副使，和送以縞紵，以義贈扇子幾柄，清心元幾丸，輝益等以蜜香胰子牙扇一柄報禮」，寫出兩國使節以文會友、禮尚往來之事，同時柳得恭亦將潘、武二人之贈詩完整記下，並評「二詩聲律未暢，堪與日本相上下，但李芝峰與馮克寬唱酬，為其國流傳勝事，故輝益詩云爾」，以為安南漢詩水準與日本不相上下。〔註159〕另外，柳氏《並世集》所收錄題為〈奉呈朝鮮國進賀使徐判書〉，分別署名吏部尚書潘輝益，及「號一水居士，工部尚書灝澤侯」武輝瑨之二詩，與《灤陽錄》所記相同，即上引潘、武二人的〈柬朝鮮國使〉七律，〔註160〕足見此二詩在朝鮮之流傳。

第七冊，頁390；〔越南〕武輝瑨：《華程後集》，《越南漢文燕行文獻集成》第六冊，頁369。

〔註157〕〔韓〕徐浩修：《燕行記》，收入林基中編：《燕行錄全集》（漢城：東國大學校出版部，2001年），第51冊，頁60～61。

〔註158〕〔韓〕徐浩修：《燕行記》，頁61～62。潘輝益與武輝瑨之燕行集亦各自收錄，內容相同，只有一、二字有所出入。

〔註159〕〔韓〕柳得恭：《灤陽錄》，收入《史料續編灤陽錄、燕臺再游錄、松漠紀聞》（臺北：廣文書局，1968年5月初版），頁36～37。

〔註160〕〔韓〕柳得恭：《並世集》，收入林基中編：《燕行錄全集》（漢城：東國大學校出版部，2001年10月初版），第六十冊，頁183～184。

　　而除了副使徐浩修回贈和詩予潘、武二人，書狀官李百亨亦有和答潘氏之作。潘輝益《星槎紀行》有〈附錄李校理和詩〉曰：「天涯落落限東南，邂逅漁陽駐兩驂。鄉月扈奎侯度謹，需雲開席寵光覃。彬彬已喜同文物，默默難堪展筆談。所貴真情言外在，論交端合不求甘。」〔註161〕文物相同之喜、筆談真情之可貴，皆令李百亨認為足以論交，雖然求合不求甘之說看似冷淡，未呼應潘氏「飲醇甘」之語，但或許李百亨心中的君子之交，本就該淡而如水。潘輝益在收到徐浩修和李百亨的和詩後，又熱情地再書〈朝鮮徐判書和送，即席再柬〉、〈三柬朝鮮徐判書〉和〈朝鮮李校理和詩，再贈前韻〉等三首詩，「友聲豈為三韓隔，文脈從知四海覃」、「執玉位同王會列，鄰香情在御筵談。萍蓬邂晤非容易，珍誦來章道味甘」、「得逢客使締新好，歸與邦人作艷談。重觀幸酬吟思渴，譬從亢旱灑霖甘」，表達出同文四海為友、王會御筵締交之喜，及相逢不易、歸傳美談之想法，更自言珍惜徐氏和詩以贈的酬唱佳作，重觀再讀，彷如解渴甘霖。至於「使華前輩曾歡晤，御苑初筵更暢談。次第詩筒留雅好，香言投贈想同甘」，則道出自己與李百亨御宴暢談，如使華前輩一般相會歡晤，詩文投贈往遊，甚為美好之意。〔註162〕

　　無獨有偶，武輝瑨同樣珍惜與朝鮮使節和詩往來的機會，其《華程後集》尚有三首寫給朝鮮使節的詩作，並附錄所得和詩一首。〔註163〕乾隆的八旬萬壽慶祝活動，在避暑山莊揭開序幕，其後各國使節又移動至圓明園繼續參加各項慶賀活動，最終在皇都紫禁城上演慶壽禮儀大典後圓滿結束。武輝瑨在得知要先回圓明園待駕，未能與朝鮮使節同日啟行時，為維繫友好情誼，又依前韻再作詩相贈：「不岐南北與西東，聖道柔懷道各通。雅契一朝萍水合，斯文千古氣聲同。交情對照秋窗月，客思分攜玉塞風。酬和佳

〔註161〕〔越南〕潘輝益：《星槎紀行》，《越南漢文燕行文獻集成》第六冊，頁240。此詩亦見於安南使節段浚《海翁詩集》中，〈附朝鮮元作〉二首之一，雖未署名作者何人，但對照潘輝益所記即可知，然文字略有出入，今引錄如下以供對照：「天涯落落限東南，邂逅端陽駐兩驂。鄉國扈鸞侯度謹，需筵開宴寵光覃。彬彬已是同文物，默默難堪屢筆談。所貴真情之外在，論文端合不求年。」見〔越南〕段浚：《海翁詩集》，《越南漢文燕行文獻集成》第七冊，頁79～80。

〔註162〕〔越南〕潘輝益：《星槎紀行》，《越南漢文燕行文獻集成》第六冊，頁236、239～240。

〔註163〕下引詩句皆出〔越南〕武輝瑨：《華程後集》，《越南漢文燕行文獻集成》第六冊，頁369～372。

章多少曲，餘芳還盻御園中。」〔註164〕同聲相應、同氣相求，兩國使節皆
是斯文一脈，自然希望圓明園中尚能再續酬作之情。而武氏果然得到朝鮮
使節的回應：「君自南嶠我海東，相看脈脈點犀通。雖今言語諸方異，從古
衣冠兩地同。王會已成圓似月，使車相反轉如風。不須多少論逢別，也復神
交在夢中」，表達言語雖異、衣冠相同，即使離別，亦可神交於夢中之意。
可惜此詩題〈附朝鮮國使到圓明殿再復〉，並未指明為哪一位朝鮮使節所回
復，連帶武氏的〈三柬朝鮮國使〉，雖有「未見神交初匪舊，可知君子異而
同」的呼應之語，且可由「共忻海帖三年浪，相挹秋清八月風」之句看出作
於八月圓明園侍宴之時，卻未能清楚知道所贈對象是誰？詩末「萬里歸來
詢所得，三章璀燦旅囊中」之語，卻似乎又指向其贈詩酬作三章之對象應為
同一人，準此則或許以朝鮮副使徐浩修之可能性較大。

　　另外，武輝瑨尚有〈四柬朝鮮副使李校理〉一詩，為其書贈朝鮮書狀官
李百亨之作。據詩前小序所云，乾隆三十六年（辛卯，1771）安南所派出的
使部武輝珽乃武輝瑨之父，武輝珽當年與朝鮮書狀官李致中〔註165〕曾詩歌
唱和，交遊往來，李致中詩句「肝膽豈輸鞮舌裡，精神虛注路班中」傳誦安
南，現在武輝瑨來此又遇李百亨，且相詢之下發現李氏為李致中之堂親，兩
代後人北京再遇，堪稱「一奇邂逅也」，故其詩云：「我世南那君世東，生前
契合似相通。兩家親上遭逢舊，二十年前把握同。異日班聯親雅臭，連篇酬
和挹清風。歸村若與家賢語，好把奇逢使譜中」，記錄此難得的北京因緣。
〔註166〕而安南與朝鮮使節一連十日在圓明園中與宴、遊園、看戲，實有不
少接觸機會，潘輝益便曾言「圓明園赴宴，入宮門數層，到御溝，用小舟數

〔註164〕此詩詩題〈是日奉旨先回朝圓明殿，鮮使後二日方起程，因依前韻再柬〉之
　　　　「是日」，和朝鮮使節「後二日」方起程究竟為何日，考朝鮮史書所記：七
　　　　月十八日乾隆降旨要各國使節先回京以待，七月十九日赴宴；二十日朝鮮使
　　　　臣在禮部安排下，和安南國王和各國使臣同謁文廟；二十一日出發回京，二
　　　　十五日抵北京，二十六日前往圓明園待駕，三十日皇駕始回抵圓明園。八月
　　　　初一至初十各國使臣在圓明園侍宴看戲。據此，朝鮮使節在二十一日離開熱
　　　　河，安南使早其二日，應於十九日啟行，則詩題「是日」當指七月十九日，
　　　　然上記二十日兩國使節尚在熱河同謁文廟，此中日期未能兜合，不過可以確
　　　　定的是，兩國使節應非於同日出發回京。參見吳晗輯：《朝鮮李朝實錄中的
　　　　中國史料》（北京：中華書局，1980 年），頁 4823～4824。
〔註165〕武輝瑨誤記為副使。
〔註166〕〔越南〕武輝瑨：《華程後集》，《越南漢文燕行文獻集成》第六冊，頁 371
　　　　～372。

四，載勳貴列位及諸國使臣二里許，登清音閣，我使部與朝鮮每同舟並行」。
〔註167〕每每同舟並行，自然是結交唱和的最佳時機，朝鮮書記朴齊家便是
在「池塘一刻舟」中，主動攜扇詩贈予潘輝益，得潘氏即席和贈，兩詩並記
於《星槎紀行》中。〔註168〕又武輝瑨《華程後集》有五律如下：「信然文獻
地，片楮總堪傳。好禮知非俗，觀詩喜不眠。秋高松嶺月，日晚鴨江烟。金
轡歸來好，遭逢記此年」，〔註169〕詩名〈又和朝鮮使行人，內閣檢書模序家
詩韻〉，此「模序家」當為「朴齊家」之誤，〔註170〕則朴齊家顯然亦贈詩予
武輝瑨，兩人有詩歌唱和往來。

再考察柳得恭《灤陽錄》之記，其云：「余與次修在朝房中亦與輝益等相
熟，及至圓明園，次修書五律二首於兩扇分贈之，則使其翰林段阮俊者，奉
詩於使臣政省內書陶金鐘、張嘉儼等，和送次修詩隱然有待對之意。」〔註171〕
顯然柳得恭和朴齊家（字次修）與安南使節潘輝益等人因朝房相晤接觸，亦
頗相熟，而朴齊家至圓明園時，曾作五律題扇詩二首分贈兩人，其中一人是
潘輝益，另一人便應是和答朴氏的武輝瑨。至於柳得恭提到的翰林段阮俊其
人，《星槎紀行》中有乾隆五十五年冬日段氏於寧明舟次所作之文，敘其友潘
輝益此次出使之風光得意，文末自署「盟弟」，〔註172〕則段阮俊乃潘輝益頗
具交情之友，因此才會將潘氏所得朴齊家之贈詩，送予安南使節政省內書陶
金鐘和張嘉儼等人。而陶金鐘得朴齊家詩稿，果然答以和詩一首：「山川連赤
日，風物近滄洲。槎從天津路，筵陪御苑樓。馳驅梅驛客，邂逅桂宮秋。最是
朝東水，無情促去舟。」〔註173〕此詩被錄於柳得恭《並世集》中，和潘輝益、

〔註167〕〔越南〕潘輝益：《星槎紀行》，《越南漢文燕行文獻集成》第六冊，頁241。

〔註168〕〈侍宴西苑，朝鮮書記樸齊家攜扇詩就呈，即席和贈〉：「星辰環帝座，翰羽
上仙洲。曉露舄蒼柳，天香紫翠樓。歡同歌鹿席，彩燦舞霓秋。子我相逢處，
池塘一刻舟。」〈附錄樸齊家詩〉：「同文徵海徼（徵），異話說炎州。筒布輕
蟬翼，香烟起蜃樓。征衫梅子雨，歸夢荔枝秋。我欲傳書信，難逢萬里舟。」
見〔越南〕潘輝益：《星槎紀行》，頁241～242。

〔註169〕〔越南〕武輝瑨：《華程後集》，《越南漢文燕行文獻集成》第六冊，頁372。

〔註170〕〔日〕清水太郎：〈北京におけるベトナム使節と朝鮮使節の交流：15世紀
から18世紀を中心に〉，《東南アジア研究》（2010年12月），頁356～357。

〔註171〕〔韓〕柳得恭：《灤陽錄》，收入《史料續編灤陽錄、燕臺再游錄、松漠紀聞》
（臺北：廣文書局，1968年5月初版），頁37。

〔註172〕〔越南〕潘輝益：《星槎紀行》，頁264～266。

〔註173〕〔韓〕柳得恭：《並世集》，收入林基中編：《燕行錄全集》（漢城：東國大學
校出版部，2001年10月初版），第六十冊，〈敬和朝鮮國朴檢書〉，頁184。

武輝瑨書贈朝鮮使節之詩，一起在朝鮮境內流傳。

另外一位和朝鮮使節有翰墨因緣的安南使節是段浚，其《海翁詩集》有六首書贈朝鮮使節之詩。〔註174〕〈次韻柬朝鮮判書徐翰林李〉為兩首七律，考其韻腳，與武輝瑨、潘輝益第一次贈詩朝鮮使之韻腳相同，而其所附朝鮮原作，一為徐浩修和武輝瑨之詩，一為李百亨和潘輝益之詩，則其次韻對象為徐浩修和李百亨。對於朝鮮，段浚認為「箕子賓周大道東，淵源千古一條通」，兩國文化淵源相通，而這樣的異國友人，對「日來賓旅淹淹臥」臥病在床的自己，「屢訪慇懃」，讓段浚心中感動，「咀嚼佳詩食始甘」，讀著朝鮮使節詩作以慰身心，方覺食之有味。段浚並未明指屢來探病的朝鮮使節為何人？然其該詩所和為李百亨之韻，則或許為李氏其人。段浚兩首七律次韻之作送給朝鮮使節後，「朝鮮得詩云甚好，好詩好詩，數日奉和」，但「竟不見動靜」，因此段浚「復詩催之」，〔註175〕再作兩首七律以贈，希望朝鮮使節「不嫌巴里」，「一訪回音慰旅中」，並言自己「鄉心遙逐雁投南，客旅那堪久繫驂」，思鄉之情深濃，「支撐病骨憑欄重，邂逅文人索紙談」，能支撐病體的唯有精神食糧，即相見恨晚的朝鮮使節所作和詩。只是段浚期盼的和詩回應，似乎不太順遂，其〈朝鮮書狀以詩請教，余代人和之，亦迄不復見〉兩首五律，考其韻腳，和朴齊家所作五律贈詩相同，再檢視其後附錄朝鮮原作，正是朴齊家贈予潘輝益之題扇詩，則或許便如柳得恭《灤陽錄》「和送次修詩隱然有待對之意」所言，潘輝注請段阮俊將朴詩交給其他安南使節，便是希望有人和韻其作，相互切磋，建立翰墨情誼，而段浚或受同僚請託，代為和作，〔註176〕只可惜遲遲等不到回音，其北京交遊之行，最終以遺憾收場，只能帶著微微的哀傷踏上歸途。

（六）阮偍與朝鮮使節李亨元、徐有防

安南西山朝所派燕行使節中，尚有阮偍其人留下與朝鮮使節交遊的紀錄。乾隆六十年（1796）十二月二十一日（戊戌），「上幸瀛臺。安南國使臣

〔註174〕下引詩句皆見〔越南〕段浚：《海翁詩集》，《越南漢文燕行文獻集成》第七冊，頁77～81。

〔註175〕〔越南〕段浚：《海煙詩集》，《越南漢文燕行文獻集成》第七冊，頁30。

〔註176〕段浚其中一首和詩「山川違赤日，風物異滄洲。槎泛大行路，筵陪御花樓。後光梅驛信，左右桂宮秋。最是朝東水，無情從此舟」，和上引陶金鐘的〈敬和朝鮮國朴檢書〉非常相似，每句詩只有改換一、二字之不同，兩詩模擬仿作痕跡明顯，是否即為陶氏代作，而後陶氏再行修改，此點存疑。

阮光裕等於西苑門外瞻觀」,〔註177〕此次安南使團由正使阮光裕、副使杜
文功與阮偍組成,為歲貢、謝恩與慶賀嘉慶帝登極而來。安南使節上表慶賀
乾隆帝禪位於嘉慶帝,得新帝眾多賞賜,並得恩眷,獲邀參加嘉慶元年正月
於寧壽宮皇極殿舉行的千叟宴,與朝鮮、暹羅、廓爾喀等外國使節一同入宴
「觀光」,體驗皇朝盛事。〔註178〕此歲朝鮮方面則先後派出三使團,其中與
安南使節有所交流的兩個使團分別是十月初十日出發的三節年貢兼謝恩行
使團(正使閔鍾顯、副使李亨元、書狀官趙德潤),以及十一月二十一日出
發的進賀兼謝恩行使團(正使李秉模、副使徐有防、書狀官柳畊)。〔註179〕
閔鍾顯使團《清實錄》乾隆六十年十二月七日(甲申)有於西華門外道旁瞻
觀之紀錄,李秉模使團則是出使前受命「觀風上國,且當授受盛禮,卿等此
行,可謂壯觀矣。先來出送時,凡百聞見,勑行遲速,細細詳探,必趁正月
初二日間發送也」。〔註180〕且就李秉模嘉慶元年(1796)二月十九日(乙
未)馳奏朝鮮國王所言,朝鮮兩團使節皆於正月十九日時,與安南使節一同
參加太上皇乾隆與嘉慶帝在圓明園所設之宴席,獲賜饌、賜茶並觀賞戲劇
演出。〔註181〕

　　阮偍,原名儞,字進甫,號省軒,別號文村居士,是越南撰作《金雲翹
傳》且曾北使的著名文人阮攸之兄,後黎朝景興四十四年(1783)舉人。乾隆
六十年(1795)是其第二度使行至中國,因萬國朝賀乾隆禪位、新君登極,故
有機會與朝鮮使節交遊往來。其燕行集《華程消遣集》卷四有與朝鮮國使臣
李亨元、徐有防酬唱之詩,共計九首。〔註182〕阮偍先作〈柬朝鮮國使臣〉詩:
「漲南修阻渤溟東,邂逅惟相帝闕中。經史前傳無所異,衣冠古制有相同。

〔註177〕《清實錄・高宗實錄》(北京:中華書局,1986 年 6 月第 1 版),第 27 冊,
　　　　卷 1493,「乾隆六十年十二月戊戌」條,頁 979。
〔註178〕汪泉:《清朝與越南使節往來研究》(廣州:暨南大學歷史學碩士論文,2008
　　　　年),頁 47。
〔註179〕《同文彙考補編・使行錄》,收入林基中編:《燕行錄全集》(漢城:東國大
　　　　學校出版部,2001 年),第 27 冊,頁 303;吳晗輯:《朝鮮李朝實錄中的中
　　　　國史料》(北京:中華書局,1980 年),頁 4896~4897、4903。
〔註180〕《清實錄・高宗實錄》(北京:中華書局,1986 年 6 月第 1 版),第 27 冊,
　　　　卷 1492,「乾隆六十年十二月甲申」條,頁 965;吳晗輯:《朝鮮李朝實錄中
　　　　的中國史料》,頁 4904。
〔註181〕吳晗輯:《朝鮮李朝實錄中的中國史料》,頁 4912~4913。
〔註182〕下引詩歌皆見〔越南〕阮偍:《華程消遣集》,《越南漢文燕行文獻集成》第
　　　　八冊,頁 265~268。

比肩喜得趨蹌近，對面對憑說話通。別後欲知懷望處，一年一度挹春風」，表達邂逅帝京，喜逢經史同源、衣冠同古的朝鮮使節，一同比肩行禮、對面交談；得朝鮮三節年貢兼謝恩副使禮曹判書李亨元和韻詩一首：「扶桑積水在南東，喜在乾坤一氣中。海月星槎賫玉遠，驛梅瀛沼飲水同。赫蹄珍重三行問，象舌依稀兩地通。他日漢儀森去目，遙將牙扇奉仁風」，言共處天地，同行燕都，皆習漢官威儀，他日歸去，則贈扇以表珍重之情。阮偍得李亨元和詩後，或因珍惜同文酬唱之誼，因此作〈再柬朝鮮國使臣〉詩：「綠鴨朱鳶千萬里，悠悠滄海限東南。碧津風浪愁遙隔，玉闕衣冠喜近參。心裏情真須見照，口頭音異每懷慙。輶旋豈有重逢日，相遇無辭抵掌談」，強調對結識朝鮮使節的真情，和回輶歸國難再重逢的遺憾；並再得李亨元和詩一首，安慰「萬里衣冠一席參」所建立的交遊情誼，似鐵一般，歸亦不隔，燕京相會的種種雪泥鴻爪之跡，夢裡亦將相談。

　　阮偍對於和李亨元一來一往的詩歌贈答似乎頗感興味，於是又作〈再柬朝鮮國使臣李亨元〉：「異地同風元自古，日東文物似天南。封疆迢遞勞相慕，殿闕趨陪幸並參。往復情深尤覺感，唱酬辭拙每忘慚。歸來收拾瑤章訂，留作炎方一笑談」，再次重申朝鮮與安南自古同風、文物相似，同至北京朝觀而得相識，詩歌往復更覺情深，如此佳誼瑤章自當帶回南方傳述，使之成為眾人津津樂道的美事。可惜第三度贈詩，李亨元「謝以公忙，不能屬和」，反而是進賀兼謝恩使團副使吏曹判書內閣學士徐有防代為和韻，表達「莫惜方音難解意，憑將文字替酬談」的漢字同文書寫交流之意。而阮偍得徐氏回應，便寫〈和答朝鮮國副使徐有防〉詩答贈，直言「道合情親兩所堪，箕東不以異交南」，既然「孔門禮樂原相與，燕闕旌輶偶比參」，不如一同相互切磋，以「心照無妨筆舌談」的方式，共探「三韓道學今何在」，阮偍顯然對與朝鮮使節詩歌唱和、交流學問極富熱情，只是徐有防「亦謝以公忙，不能屬和」。李亨元與徐有防和韻一、二首後以公務繁忙為由，未再答和，或許和前述提及出使前受命細探見聞的要求有關。〔註183〕乾隆歸政，嘉慶登基，此乃清朝舉國共慶的盛典大事，朝鮮使臣奉命詳細記錄盛典見聞，且要在時限內發送回國供呈國王御覽，責任之重、公務之忙自可想見，考朝鮮李朝實錄見使團多有馳奏之報便可為證，故而其無法撥冗酬作亦合情理，只是阮氏族人所編《驪

〔註183〕李標福：《清代越南使臣在華活動研究──以《越南漢文燕行文獻集成》為中心》（廣州：暨南大學碩士論文，2015年），頁95。

州春僊阮家世譜》中云「朝鮮國使臣亦以詩札推獎，遂知名上國」之述，則未免有誇張之嫌。〔註184〕

最後，阮偍在與朝鮮使節同赴禮部餞別宴後，又作〈贈別朝鮮國使臣〉詩，訴說「詢諏完幹各歸鞭，東國南邦人一天。今世豈能重會晤，兼旬當惜少周旋」的離別難再相見之感，徐有防答以和詩：「鯤鳶風不及長鞭，忽謾相逢折木天。溝柳黃前隨詔去，石榴紅後解帆旋。三旬信息行人館，萬里分張禮部筵。臨水登山從古惜，況堪涯角各茫然。」亦言禮部筵宴後山水迢遞，行人各將歸國，天涯海角各在一隅，茫然離愁，自當難忍的依依別情，而阮偍與朝鮮使節的友情，也在此畫下後會無期，不得不然的句點。

（七）阮思僩、黎峻、黃竝與朝鮮使節金有淵、南廷順、趙秉鎬

越南阮朝在同治七年（嗣德二十一年，1868）六月再度派出中斷十六年宗藩外交關係後的歲貢使，「以署清化布政使黎峻（寔授翰林院直學士）充正使，鴻臚寺少卿辦理戶部阮思僩（陞授鴻臚寺卿）充甲副使，兵部郎中黃竝（以甫陞改授侍讀學士）充乙副使。先是，清國南太兩郡軍務未平，經展丁巳、辛酉、乙丑三次使部，至是遣使（次年己巳屆期），竝將前三次貢品同遞，臨行賜詩勉之」，〔註185〕因太平天國亂事未靖，再加上貢道受阻而被展延三次的越南歲貢使團，終於成行。使團六月二十四日獲頒御製詩，二十九日於文明殿陛辭；〔註186〕八月一日出鎮南鎮北上，翌年（同治八年）正月二十九日抵達北京，四月十日出京，十一月十三日返抵鎮南關，總計去程一百八十一日，回程二百零六日，在北京停留兩個多月。〔註187〕此次燕行有署名黎峻、阮思僩、黃竝所撰之《如清日記》，及阮思僩所著之《燕軺筆錄》與《燕軺詩文集》。〔註188〕而與阮思僩有所交流的朝鮮使團為同治七年

〔註184〕鄭幸：〈《華程消遣集》提要〉，見阮偍：《華程消遣集》，《越南漢文燕行文獻集成》第八冊，頁104。

〔註185〕許文堂、謝奇懿編：《大南實錄清越關係史料彙編》（臺北：中央研究院東南亞區域研究計畫，2000年11月初版），正編第四紀卷三十八，頁322。

〔註186〕〔越南〕阮思僩：《燕軺筆錄》，《越南漢文燕行文獻集成》第十九冊，頁58。

〔註187〕朱莉麗：〈《如清日記》提要〉，見〔越南〕黎峻、阮思僩、黃竝：《如清日記》，《越南漢文燕行文獻集成》第十八冊，頁71。

〔註188〕《燕軺詩文集》由《燕軺詩草》（上下兩卷）、《燕軺文集》（僅存卷上）和《中州瓊瑤集》組成。有關《如清日記》、《燕軺筆錄》、《燕軺詩文集》此三種燕行文獻之版本介紹與內容簡述，可參考陸小燕：〈同治八年越南——朝鮮使臣交流初論〉，收入張伯偉編：《域外漢籍研究集刊·第十二輯》（北京：中

（1868）十一月初五日出發〔註189〕的冬至兼謝恩使節團，正使金有淵，副使南廷順，書狀官趙秉鎬。金有淵等人在十二月十六日到達北京，〔註190〕同治八年二月九日出京回國，〔註191〕三月二十六日復命。

黎峻（1819～？），字叔嵩，號蓮湖，河靜奇英人。嗣德三年（1850）舉人，累官至尚書。阮思僩（1823～？），原名文富，字恂叔，東岸榆林人。紹治四年（1844）進士，官至寧太總督。黃竝（1822～？），字偕之，承天廣田人。舉人，嗣德二十一年（1868）任兵部郎中。〔註192〕而據阮思僩《燕軺筆錄》所記，朝鮮正使金有淵，號藥山，甲辰文科進士，官判中樞府事（相臣）；南廷順，號芝雲，戊申文科進士，官禮曹判書（禮部尚書）；趙秉鎬，號石蕩，丙寅狀元，翰林學士。〔註193〕阮思僩同治八年一月二十九日抵京時，便在京師街頭看見朝鮮使節，前文已述及，二月初一至初八兩國使節多有往來紀錄，今整理如下表：

時　間	往來情形與詩文內容	出　處
二月初一	1. 午時，朝鮮書狀官趙秉鎬投束相問，阮思僩以問答名帖答之。 2. 透過來訪四譯館官員陳熷之言，得知朝鮮每歲冬來朝，及趙秉鎬為狀元，年甫二十二歲；又清廷因洋人之故，而嚴禁閒雜人等擅自出入使節館舍，陳氏因言「若朝鮮人諸君貢務完，每可相見」。 3. 晚上，朝鮮廕補二品官都通事韓文圭送帖求書對聯，阮思僩書贈「所謂故國非喬木也，吾聞東海有神山焉」。	《燕軺筆錄》頁177～179
二月初二	阮思僩因趙秉鎬與韓文圭前日之主動交好，故禮尚往來，委遞詩束以通問朝鮮使臣。	《燕軺筆錄》頁180

華書局，2015 年 11 月），頁 238～241。

〔註189〕《燕軺筆錄》記朝鮮使節回答越南使節之問時，言其同治七年「十二月初二日發程」（頁 183），然考《清穆宗實錄》卷 249，同治七年十二月庚午條云：「朝鮮國使臣金有淵等三人於午門外瞻觀」，朝鮮使節十二月二十七日便在北京行瞻觀禮，推算路程，不可能十二月初二才出發，因此本文採《同文彙考補編・使行錄》的「十一月初五日」出發之說。

〔註190〕〔越南〕阮思僩：《燕軺筆錄》，《越南漢文燕行文獻集成》第十九冊，頁 183。

〔註191〕阮思僩《燕軺筆錄》有「該國以貢禮還好，奉旨以初九日出都還國，復命故也」之記。見〔越南〕阮思僩：《燕軺筆錄》，頁 189。

〔註192〕朱莉麗：〈《如清日記》提要〉，見〔越南〕黎峻、阮思僩、黃竝：《如清日記》，《越南漢文燕行文獻集成》第十八冊，頁 71。

〔註193〕〔越南〕阮思僩：《燕軺筆錄》，頁 181、183。

	詩束言:「投館以來,貢務未遑,出門有礙,致未能投帖請見,不謂先施之雅。紅帖忽來,兼承盛意,教以書聯,深惟天涯比鄰之義,弗敢以淺力辭」,又言「閣下列位,如復留此旬日,公事之暇,相對筆話,必可指日以待也。」並有五律一首如下: 邈爾東南海,相逢燕薊中。候門未半面,問俗本三同。箕尾分星象,衣裳見古風。春風憑砑水,莫早促歸鴻。	《燕軺詩文集》〈柬朝鮮使臣金有淵、南廷順、趙秉鎬(狀元)〉頁 114～115
二月初三	1. 朝鮮書狀官趙秉鎬送和詩來,並據來柬回覆,書答越南使臣所問朝鮮世系、版圖疆界等問題。又致贈好海墨五螺,本地色箋十幅,真琉子十個,扇子三把,清心丸十丸。 2. 阮思僩應趙秉鎬之求,書對聯:「風流張翰黃花句,月夜東坡赤壁船」,及「百川東」大字三。紙尾又附記云:「己巳春,奉命入貢北京,換館於正陽門內,與貴价接字,而一揖之難。幾此河清,乃蒙不棄,既賜和詩,又折柬微書,未見君子,聊借此以識天涯翰墨緣耳。」其中「一揖之難」、「未見君子」之語,可知兩國使節尚未見面,只以翰墨來往。 3. 當晚,越南正使黎峻、乙副使黃竝亦送詩贈予趙秉鎬,趙氏委送土儀諸物項回贈。	《燕軺筆錄》頁 181～182
	趙秉鎬之和詩如下: 琅琅瓊玉句,雅意在其中。交契三生重,車書四海同。長途堪雨雪,上國望春風。那得分驪日,一般悵燕鴻。	《燕軺詩文集》〈三陪臣趙秉鎬和〉頁 253～254
二月初四	越南使節接到朝鮮國三使臣於館前之玉成參店拜會的邀請,阮思僩等人因此前往相見問話,良久方回。	《如清日記》頁 177
	申時,阮思僩等前往玉成參店與朝鮮三使相見,詢問朝鮮之輿圖、使程行期與路程、使團規模、貢品、章服;朝鮮使節則問越南之輿圖、官制、科目,及入貢程途、進貢方物,阮氏等隨事酬答完畢便告辭。	《燕軺筆錄》頁 183～184
二月初五	接到朝鮮使臣派人遞送之物件和土物。	《如清日記》頁 178
	午時,朝鮮正使金有淵致贈清心丸十丸,竹青紙二十張,彩箋二十張,彩摺紙五十幅,別油摺扇三把,筆二十枝,竹籠十個,並和詩一篇。	《燕軺筆錄》頁 185
	金有淵和詩如下: 海濱各有國,但識輿圖中。證契奇緣合,論詩逸格同。春回鯷域樹,路闊鶯颿風。惆悵羈遊客,一般即雪鴻。	《燕軺詩文集》〈朝鮮大陪臣金有淵和復〉頁 253

二月初六	未時,接到朝鮮使臣遞送之物件,給發來人象牙扇壹把。	《如清日記》頁179
	未時,接到朝鮮副使南廷順委送土物摺扇各二把,清心丸各五丸,色筆各五柄,墨各五個,精紙各五幅,兼送和詩,因此回贈象牙酒杯三只,象尾毛三條,肉桂三片,白荳蔻三兩,象牙扇三,班竹扇三把,光竹扇三把。	《燕軺筆錄》頁188
	南廷順和詩如下: 落落東南客,忽逢似夢中。山河應有異,翰墨自相同。 高蓋停遲日,歸衫肅晚風。那堪分送悵,天闊斷孤鴻。	《燕軺詩文集》〈二陪臣南廷順〉頁253
二月初七	阮思僩密書問朝鮮使臣洋船是否來擾,及捍禦之道,朝鮮使臣答言丙寅秋有洋船來侵,隨機捍禦,洋人未能得逞,因而畏縮。至於制敵之道,則答言「以其國之伎倆,臨辰處變」,重在當場隨機應變。	《燕軺筆錄》頁188~189
二月初八	委遞詩草吟筒至朝鮮使節公館,送朝鮮使臣歸國。	《燕軺筆錄》頁189
	阮思僩表達與朝鮮使節「萍蹤偶合」,欣喜於能「藉翰墨通慇懃」。回顧來往之旬日間,只覺「纔得雰時晤對,今又永言別矣」,此種「客中送客」的心情,如何可喻?因此以詩文相贈,待「他日天涯憶別,各展贈章」時,可為良晤。阮氏贈詩如下: 傾蓋燕臺樂未終,泥鴻去影已匆匆。 歸心鴨綠花開外,清夢龍池柳色中。 萬里關山難送客,四洲人物幾同風。 別君更憶虬髯傳,西海如今漸向東。	《燕軺詩文集》〈送朝鮮使臣金有淵等歸國并柬〉頁116~117

同治七年十二月中旬即到北京的朝鮮使節,比越南使節抵達北京的時間早了一個半月左右,因此當正月底越南使節初至北京忙於貢務時,朝鮮使節的任務已近尾聲,故而有書狀官趙秉鎬於二月初一率先投柬,主動向越南使節表達交好之意。而通事韓文圭送帖求書對聯一事,陸小燕認為像通事這樣的翻譯人員在朝鮮注重等級的社會中,地位不高,其投帖求書或出於朝鮮正副使之授意,欲藉此探明越南使節的態度。而阮思僩所書「所謂故國非喬木也,吾聞東海有神山焉」之對聯,乃至二月初三應趙秉鎬要求所寫的「風流張翰黃花句,月夜東坡赤壁船」及「百川東」,用典老道嫻熟,古雅精緻,既符合朝鮮使臣的身分品味,又有讚美之意,突出其「東國有人」的自我認知,〔註194〕因此能得朝鮮使臣青睞,而有其後接連幾日的交遊往還。

〔註194〕陸小燕:〈同治八年越南——朝鮮使臣交流初論〉,收入張伯偉編:《域外漢籍研究集刊‧第十二輯》(北京:中華書局,2015年11月),頁249。

　　至於阮思僩二月初二所作的〈柬朝鮮使臣金有淵、南廷順、趙秉鎬（狀元）〉之詩，考其「中」、「同」、「風」、「鴻」之韻腳，與上表所引朝鮮三使和詩之韻完全相同，乃相互唱和之作。〔註195〕阮詩內容點出「箕尾分星象，衣裳見古風」的衣冠古制，呼應其一到京見朝鮮使節便覺「狀貌溫雅可喜」，及「卻喜朝鮮門館近，相逢略識古衣冠」、「衣裳古制，金玉盛儀，獲我心矣」之寫。而朝鮮三使之詩，則以「同文」為主題，言「交契三生重，車書四海同」、「證契奇緣合，論詩逸格同」、「山河應有異，翰墨自相同」，陸小燕認為避開「衣冠」、選擇「同文」之旨來和詩，應是朝鮮三使協商的結果。〔註196〕不過，朝鮮書狀官趙秉鎬在《同文彙考・原編續》「使臣別單二」同治八年條，「己巳冬至兼謝恩行書狀官趙秉鎬聞見事件」記中，倒是寫下了：「越南國使臣去年七月初一日發行，今正月二十九日入皇城。朝服與明制近似。三使與我國一規，而例貢在十年一次云是白齋。同治八年四月初五日」，內容提及越南之朝服仍近大明衣冠之古制。〔註197〕

　　在經過幾天書信和贈禮往來，二月初四日越南與朝鮮使節終於會面直接交流，只不過會面地點不在雙方下榻館舍，而是在館外的「玉成參店」。對此，阮思僩解釋道：「該使所駐會同四譯館，與本國使館相去只四五十步。初請來館拜會，他辭以中國法嚴，不敢來，故於參店相會云」，距離相近原本有利密切聯絡，未料朝鮮使節以中國管制嚴格，婉拒前往越南使節館舍拜會，而選擇地點較不敏感的商店。事實上，二月初一阮思僩便已從陳熷口中知曉清廷因洋人之故，而加強外國使節館舍門禁管制之事，《燕軺筆錄》當日甚且抄錄了內務府諭示之文書。對於清廷為洋人而或多或少限制了朝貢使節自由的作法，阮思僩有如下感想：

〔註195〕朝鮮金有淵等三使之和詩未與阮思僩通問朝鮮使臣之詩抄於同處，而是列於《燕軺詩文集》中收錄阮思僩燕行酬唱之作的《中州瓊瑤集》內，日本學者清水太郎以韻腳相同之實，斷定為相互唱和之作。則《燕軺筆錄》所提朝鮮三使之和詩，即和阮思僩〈柬朝鮮使臣金有淵、南廷順、趙秉鎬（狀元）〉此詩。見〔日〕清水太郎：〈ベトナム使節と朝鮮使節の中国での邂逅（6）──19世紀を中心として──〉，《周縁と中心の概念で読み解く東アジアの越・韓・琉──歴史学・考古学研究からの視座》第6號（2012年3月），頁60。

〔註196〕陸小燕：〈同治八年越南──朝鮮使臣交流初論〉，收入張伯偉編：《域外漢籍研究集刊・第十二輯》（北京：中華書局，2015年11月），頁247。

〔註197〕〔日〕清水太郎：〈ベトナム使節と朝鮮使節の中国での邂逅（6）──19世紀を中心として──〉，頁60。清水太郎同時也指出趙氏所書越南例貢十年一次有誤。

使館之東隔數店，有洋人屋，屋上作十字架形，不知洋人駐此多少。
中國自與洋約和以後，氣挫勢屈，雖京師根本重地，他亦雜處，不
能禁。恐諸國窺其淺深，護其輕重，故於本國使與朝鮮使，雖不顯
禁其往來，而每每拘閡，不得如從前之寬簡。觀於直隸督部官之戒
飭，飭與朝鮮使之不敢來會，蓋可見矣。〔註198〕

顯然對於清朝讓京師重地雜處洋人而不能禁的作法，阮思僴頗不認同，直言
是約和之後「氣挫勢屈」的表現。確實，自咸豐十年（1860）與英、法、俄等
國簽訂北京條約後，西方列強在中國取得更多權益，外人得以在北京設立使
館和租界之劃定，都嚴重損害中國主權與領土的完整，清朝「上國」、「天朝」
的威勢已加速凋零衰弱。而清朝雖不明言禁止越南與朝鮮使臣往來，但卻有
所限制，交流空間已未如從前寬簡，阮氏由內務府之告戒諭示和朝鮮使節的
顧忌，便敏感地察覺出「西事受虧，恐惹外人耳目」〔註199〕的清廷，不願朝
鮮、越南等藩屬國「窺其淺深」。

　　而從上表所整理越南、朝鮮使節或書信問答、或見面筆談所提問之問
題，二月初三趙秉鎬書答越南使節提問之朝鮮世系、版圖疆界等問題，十八
世紀黎貴惇與朝鮮使節交流時，便已有過類似問答與紀錄。〔註200〕至於二
月初四，越南使節的提問仍以一般性問題居多，值得注意的只有朝鮮使臣
回答輿圖之問時，提到「日本、琉球雖是鄰邦，隔層溟，未詳里數」，顯然
越南使節對朝鮮之外的日本、琉球等國，亦有試探性的輿情打探。還有，越
南使節亦問及「章服」此反映認同意識的衣冠服制問題，可惜朝鮮使節只言
「是古式樣」，未有較為深入的談話或討論。不過，在收齊朝鮮三使三人之
和詩並回贈禮物後，阮思僴隔日便密書詢問朝鮮使節較為敏感且關鍵的洋
擾問題，而得知所謂的「丙寅洋擾」一事。

　　被西方視為「隱士之國」（the Hermit Nation）的朝鮮，鎖國攘夷，至十
九世紀中葉為止，西方世界對朝鮮的了解尚處於模糊不清的階段。法國因為
宗教因素，是最早對朝鮮半島產生興趣的西歐國家。1836年，三名法國天主

〔註198〕〔越南〕阮思僴：《燕軺筆錄》，《越南漢文燕行文獻集成》第十九冊，頁184
　　　　～185。
〔註199〕〔越南〕阮思僴：《燕軺筆錄》，頁139。
〔註200〕〔日〕清水太郎：〈ベトナム使節と朝鮮使節の中国での邂逅（6）——19世
　　　　紀を中心として——〉，《周縁と中心の概念で読み解く東アジアの越・韓・
　　　　琉——歷史学・考古学研究からの視座》第6號（2012年3月），頁57。

教傳教士潛入朝鮮；1839 年，包括三名法國傳教士在內約八十名的天主教徒被殺，史稱「己亥邪獄」。然而法國傳教士依舊持續進入朝鮮傳教，教會勢力的迅速發展讓朝鮮李朝政府感受到威脅，於是據大院君頒布的《禁壓邪教令》，在 1866 年大規模搜捕天主教徒，導致九名法國傳教士被殺，十二萬教徒被捕，八千名教徒遇害，此即「丙寅邪獄」。法國為此先透過清政府向朝鮮抗議，並揚言派兵攻打。1866 年（朝鮮高宗三年，同治五年）十月法國正式發動武裝攻擊，雖一度佔領江華島，但在朝鮮軍民齊心抵抗下，十一月十日決定撤軍，臨走前從江華島掠奪無數金銀與包括《李朝實錄》在內的貴重典籍，此即「丙寅洋擾」。〔註201〕此役朝鮮看似獲得勝利，卻也損失慘重，而且只是「暫時」阻擋了西方勢力的入侵，因為除了宗教因素外，通商等經濟利益的吸引，仍將驅使西方列強不斷前來叩關，朝鮮使節對於洋人未能「肆毒」反而「畏縮」的說法，反映出其對西方帝國主義侵略之本質認識不清，以致目光不免短淺。

　　另外，值得一提的是，二月初七在朝鮮使節處打聽到法國侵略朝鮮的「丙寅洋擾」事件，其後五日，即二月十二日，阮思僩又在與清朝官吏李文田會談過程中，聽到如下敘述：

> 伊又言洋夷自為計則亦左，年年口岸愈多，則生計薄，人分則兵力寡，一旦有事，則起而殲之，獨不見齊人殲于遂故事耶！昨丁卯之戰，該夷大為朝鮮所懲。夷攻之，該國祇以一弩十矢法破之，其國命軍士人各負一囊沙戰壘如山，夷礮亦無如之何。及力倦還師，則大弩起而乘其後，夷人死者數千人云。〔註202〕

李氏所謂的「丁卯」之戰，當為「丙寅」之誤，〔註203〕該夷則是指法國。丙寅洋擾的對法之戰，朝鮮僅以一弩十矢之法便攻破敵軍，就連夷炮也不管用，夷人戰死數千，此說法顯然過分誇大。然而正如李文田與阮思僩談及洋務運動時，「以天意人事計之，似可有轉機」之語，〔註204〕和洋人爭取愈多通商

〔註201〕曹中屏：《朝鮮近代史（1863～1919）》（北京：東方出版社，1993 年 1 月第 1 版），頁 3～21。

〔註202〕〔越南〕阮思僩：《燕軺筆錄》，《越南漢文燕行文獻集成》第十九冊，頁 195。

〔註203〕〔日〕清水太郎：〈ベトナム使節と朝鮮使節の中国での邂逅（6）——19 世紀を中心として——〉，《周縁と中心の概念で読み解く東アジアの越・韓・琉——歴史学・考古学研究からの視座》第 6 號（2012 年 3 月），註27，頁 59。

〔註204〕此內容參見本論文第六章。

口岸，致使人力分散、兵力變寡，一旦有事可群起殲滅的言論，李文田對洋
人勢力入侵中國乃至朝鮮的態度，是較為樂觀的。反觀阮思僩，則似乎不然。
在聽聞朝鮮成功制服洋船之擾，便立即追問「捍禦之道」，可惜朝鮮使臣所謂
「臨機應變」之說，若非敷衍之詞，〔註205〕便是有所保留。

　　處於南圻六省已然全數淪陷，落入法人之手的嚴峻局勢中，阮思僩對洋
人侵略的看法堪稱洞見：

　　大抵洋人之於朝鮮，是初來彼相幾，未可大得志，故暫退耳。我國

　　未與洋約和之前，他亦屢來屢去退，其情蓋亦類此，所謂他反畏縮，

　　不無張大其辭，狃小安而忽遠圖，他日之患，正未可送觀也。〔註206〕

朝鮮以為的勝利果實，其實只是洋人初試水溫的暫退之舉，就像法國對越南
的侵略也是一步一步進逼，至 1862 年（同治元年、嗣德十五年）被迫簽訂
「壬戌和約」（第一次西貢條約），喪土失權。因此阮氏批評認為洋人畏懼退
縮的朝鮮使節，只見眼前小安而忽略洋人圖謀目標之深遠，難保沒有他日之
患。歷史的發展正如阮思僩所料，朝鮮後來又發生辛未洋擾，遭美國軍艦攻
擊，〔註207〕西方甚至鄰國日本，侵略勢力一波一波襲來，終究讓朝鮮不得
不全面開港通商。阮思僩對洋擾反思的感慨在二月初八送給朝鮮使節的贈別
詩中亦體現出，其「別君更憶虬髯傳，西海如今漸向東」之語，言兩國使節
為萍水相逢的紅塵之友，正如虬髯客與李靖、紅拂女此風塵三俠為紅塵相逢
之友一般，而俠義之友貴在相知相助，阮思僩對朝鮮使節的情誼，便是提出
「西海如今漸向東」的警語，西方勢力已猛烈侵入東方，中國、越南、朝鮮
無一倖免，朝鮮朋友當有所警惕，「他日之患」或將如大浪來襲，沉緬丙寅
洋擾之勝利，最終下場便是「此局全輸矣」！

（八）范熙亮與朝鮮使節李容肅

　　阮朝嗣德帝二十三年（同治九年，1870）冬十月遣使如清，以署工部右
侍郎兼管翰林院阮有立充正使，光祿寺少卿辦理刑部事務范熙亮充甲副使，
侍講領按察使陳文準充乙副使，此行乃為感謝清廷派兵協助鎮壓股匪吳鯤
（一名亞終），故命阮有立等齎表函方物，並馴象往謝。出使前，嗣德帝還

〔註205〕陸小燕：〈同治八年越南——朝鮮使臣交流初論〉，收入張伯偉編：《域外漢
　　　　籍研究集刊‧第十二輯》（北京：中華書局，2015 年 11 月），頁 251。
〔註206〕〔越南〕阮思僩：《燕軺筆錄》，《越南漢文燕行文獻集成》第十九冊，頁 189。
〔註207〕下文介紹越南使節范熙亮與朝鮮使節李容肅的交流時，再詳細討論。

叮囑使者如何回答清廷詢問越法之事，越方實有意隱瞞與法國之間的戰爭和所受之侵略。此外，嗣德帝也交代阮有立等人，「在使館如遇高麗、日本、琉球使臣，初見宜以同文之誼往來談敘，以探其情」，此命令反映出在西方列強愈趨激烈的侵略態勢下，漢字文化圈諸朝貢國有意蒐集彼此對列強態度的情報之事實。〔註208〕關於此次謝恩之行，現存可見之燕行材料有范熙亮所著之《北溟雛羽偶錄》與《范魚堂北槎日記》。范熙亮（1834～1886），字晦叔，河內壽昌南魚人，阮朝嗣德十八年（1865）進士，官光祿卿。據其作《范魚堂北槎日記》所載，越南使節一行於同治九年十月二十五日於文明殿向嗣德帝拜命辭行，十二月十三日過鎮南關北上，同治十年八月二十三日抵京，十一月初十日出京，同治十一年九月初八日回到越南國都，停留北京近三個月。〔註209〕

考察范熙亮的兩部燕行著作，皆有其與朝鮮使節李容肅的交流紀錄。據〈東朝鮮領曆官李容肅〉一詩所記，李容肅「字菊人〔註210〕，亦能為詩，朝鮮每歲冬孟差官領正朔」，〔註211〕則李容肅乃因朝鮮每年冬季派員前來中國領取次年的標準本日曆，而因此來到北京。朝鮮奉清正朔，用清曆書，故每年自清朝領取大皇曆一本供國王用，小皇曆一百本供政府機關用，順治十八年起朝鮮便專差譯官至北京領曆，名曰「曆咨」，為每年定期使命。曆咨官於五月初吉任命，八月望後辭出，十月一日前至京。其成員有秩高譯官一名，小通事一名，馬頭、奴子各一人，馬夫九名，帶公私馬十匹，並有若干公私商人隨行。〔註212〕前文探討越南燕行使所往遊的朝鮮使節，多為三節年貢或進賀謝恩使行團之正、副使與書狀官等三使，像李容肅這樣領曆官的身分則較為少見。日本學者清水太郎考察記載朝鮮王朝外語專業考試合格者

〔註208〕許文堂、謝奇懿編：《大南實錄清越關係史料彙編》（臺北：中央研究院東南亞區域研究計畫，2000年11月初版），正編第四紀卷四十三，頁349～350；〔日〕清水太郎：〈ベトナム使節と朝鮮使節の中国での邂逅（6）——19世紀を中心として——〉，《周縁と中心の概念で読み解く東アジアの越・韓・琉——歴史学・考古学研究からの視座》第6號（2012年3月），頁61。

〔註209〕〔越南〕范熙亮：《范魚堂北槎日記》，據越南漢喃研究院所藏抄本 A.848 影印。

〔註210〕「菊人」當為李容肅之號。

〔註211〕〔越南〕范熙亮：《北溟雛羽偶錄》，《越南漢文燕行文獻集成》第二十一冊，頁84。

〔註212〕張存武：《清韓宗藩貿易（1637～1849）》（臺北：中央研究院近代史研究所，1985年6月再版），頁24。

名單的《譯科榜目》〔註213〕，其卷二可見道光乙未（道光十五年，1835）
年曾進行臨時考試，有「一等三人、二等五人、三等十一人」的「增廣」合
格名單，其中李容肅便名列第一位，為一等第一人。又此榜目之合格人員皆
有簡單之生平記述，因此吾人可知李容肅，字敬之，其父李東植，生於嘉慶
二十三年（戊寅，1818），本籍全州，任司譯院「漢學教誨正」之職〔註214〕。
精通漢語的李容肅，此後便以譯官身分，成為活躍的外交使節團成員，前往
中國和日本公幹。〔註215〕如同治五年（高宗三年，1866），美國商船沙曼號
（General Sheman）在大同江上游停泊，其擔任朝鮮朝廷代表團之譯官與美
國人談判；光緒元年（高宗十二年，1875）六月、二年七月，以副司直官銜
任齎咨官使清，一謝飛咨先通法美兩國欲助日本兵船事並兼請曉諭各國，一
報與日本商辦開港等條約；光緒二年（高宗十三年，1876）亦隨同修信使金
綺秀前往日本視察。〔註216〕

　　上述提及范熙亮一行同治十年（1871）八月下旬到達北京，李容肅抵京
的時間，據《范魚堂北槎日記》「（十月）初六日就永盛店局與朝鮮差官李容

〔註213〕哈佛燕京圖書館 2016 年已將所藏《譯科榜目》卷二原書影印本（漢城：司
　　　　譯院，1890 年）提供給「中國哲學書電子化計劃」網站使用，讀者可上網閱
　　　　讀古籍原文的數位化掃描檔。網址如下：http://ctext.org/library.pl?if=gb&file
　　　　=109663&page=3（2017 年 3 月 23 日檢索）

〔註214〕司譯院是朝鮮王朝時期，官方設置的學習外國語、培養翻譯人材的專門機構，
　　　　有時也被稱為「譯學」，具有翻譯學校的性質。司譯院設有「四學」，即漢、
　　　　蒙、倭、女真學，分別教習漢語、蒙古語、日本語、女真語。康熙六年（1667）
　　　　開始「四學」又被稱為漢、蒙、倭、清學，其主要變化在於女真語學改習滿
　　　　語。又據《通文館志》記載，司譯院本院官員總額數，「漢學八十七員，教
　　　　誨二十三員」；司譯院在京祿官及品級「正一員，為正三品、副正一員，為
　　　　從三品」。參見烏雲高娃：〈14～18 世紀東亞大陸的「譯學」機構〉，《黑龍江
　　　　民族叢刊》第 3 期（2003 年），頁 80～83；烏雲高娃：〈朝鮮司譯院「漢學」
　　　　研究〉，原刊《元史及民族史研究集刊》第 16 輯（2003 年 9 月，南方出版
　　　　社），後作者授權於中國社會科學院歷史研究所中外關係史研究室網站「歐
　　　　亞學研究」刊登全文。論文網址如下：http://www.eurasianhistory.com/data/
　　　　articles/a02/72.html（2017 年 3 月 23 日檢索）

〔註215〕〔日〕清水太郎：〈ベトナム使節と朝鮮使節の中国での邂逅（6）──19 世
　　　　紀を中心として──〉，《周縁と中心の概念で読み解く東アジアの越・韓・
　　　　琉──歷史学・考古学研究からの視座》第 6 號（2012 年 3 月），頁 61。

〔註216〕《同文彙考補編・使行錄》，收入林基中編：《燕行錄全集》（漢城：東國大
　　　　學校出版部，2001 年），第 27 冊，頁 361～362；〔清〕董文渙編著；李豫、
　　　　崔永禧輯校：《韓客詩存》（北京：書目文獻出版社，1996 年 4 月第 1 版），
　　　　《海客詩鈔》之「李容肅人物小傳」，頁 24。

肅會，云年例來領年憲書，八月起行，十月朔方到」〔註217〕所記，可知朝鮮領曆官例來八月起行，十月初一日才到達北京，而若再借李容肅與清人董文渙〔註218〕之交遊來考察，其同治十年八月十一日至十一月十一日此段時間，確定已在燕京，〔註219〕，則其此次曆咨之行，較以往提早了約兩個月。李容肅在北京，既與清朝文士交流，也與來自越南的范熙亮往遊。范熙亮《北溟雛羽偶錄》中有四首贈予李容肅之詩，〈柬朝鮮領曆官李容肅〉表達了「天涯締雅好，宇內慰同文」的結交意願，李容肅也善意回應，回贈詩歌並楹聯，且言「懇錄諸作，登之海內苔岑集」，范氏因此再作〈菊人和詩即疊酬之〉，「鳥聲頻喚友，梅影每思君」、「詩識三韓秀，書看兩晉文」，透露出對朝鮮友人李容肅的想念與詩才之肯定。而異地友情，最恨相聚短暫，離別匆匆，〈出京留柬朝鮮李容肅、長白述堂、湖北委員伍學熙、繼勛之子〉，范熙亮與李容肅在內的一眾異國朋友道別：「天安門外即人間，暗柳丹楓望盡殷。故國路從驅駕穩，知交愁繫鳥聲扳。最難一話投機樂，卻為多情抵處關。若個帝城分袂後，相思兩地到頹顏」，談話投機，其樂無窮的知交之友最是難尋，既因客居北京而識得知心友人，然多情如范氏等人，恐怕帝都分別後將盡嘗兩地相思頹顏之苦，范氏此詩情感真摯動人，表現出其對李容肅等異國之友的深情。范熙

〔註217〕〔越南〕范熙亮：《范魚堂北槎日記》，據越南漢喃研究院所藏抄本 A.848 影印，葉 56b。

〔註218〕董文渙（1833～1877），字堯章，號研秋、研樵，硯樵山房、藐姑射山房為其室名號，山西洪洞人。咸豐六年進士，同治七年三月以前，皆在京任官，後外放至山西、甘肅任職，光緒三年歿於秦州官所。著有《硯樵山房詩集》、《硯樵山房文存》、《硯樵山房日記》、《秋懷唱和集》、《聲調四譜圖說》、《唐詩品彙批校》等近二十種著作。董氏咸豐十一年因與朝鮮使節申錫愚、徐衡淳、趙雲周相識，幾番交遊往來而產生編輯《韓客詩錄》之想。此工作自同治元年開始，持續進行至同治十一年，其從多年來所搜集之歷代朝鮮詩人詩集中，篩選優秀之作並加以評點編輯，當時此書形式僅為董文渙手稿及書僕所抄之稿。惜同治七年後其外放任職，多不在京師，與朝鮮友人接觸機會變少，再加上公務繁忙、頻於奔波、妻妾又相繼去世，此書最終未能完成，手稿今已亡佚。

〔註219〕據清人董文渙所輯《韓客詩存》與其《硯樵山房日記》之詩歌與日記內容所載，李容肅曾於咸豐十年（〈繡山年丈招同朝鮮李菊人鴻臚飲分韻得「進」字〉），同治元年一月（4、17、18、26、28、29 日）、二月（4、5 日），同治二年一月（6、7、10、12、14、16、18、20、23、25、29 日）、二月（1、2、3、4 日），同治四年一月（4、6、8、11、14、18 日）、二月（1 日），同治十年八月（11、19 日）、十一月（11 日）在北京與董文渙等清朝仕紳文友交遊往來。參見〔清〕董文渙編著；李豫、崔永禧輯校：《韓客詩存》（北京：書目文獻出版社，1996 年 4 月第 1 版）。

亮十一月十日將離京踏上歸途，李容肅後數日亦將東歸，范氏有〈口占贈朝鮮李容肅〉留別詩：「旅館茶甌柳影斜，行人次第各驅車。此情尚訂天邊月，海隔東南自一家。」各自驅車歸國，但此情明月可證，即使海隔東南，仍是一家，四海皆為兄弟交。〔註 220〕

　　日本學者清水太郎在其論文中指出，越南使節范熙亮與朝鮮使節李容肅的交流，越南和韓國學界幾無人論及，但清水太郎之論文亦只提到《北溟雛羽偶錄》此四首詩，並未注意到《范魚堂北槎日記》中亦有范氏與李容肅會面相談之材料，筆者今將此部分內容引錄並討論如下：

> （十月）初六日就永盛店局與朝鮮差官李容肅會，云年例來領年憲書，八月起行，十月朔方到。問以洋事，答以今夏迷唎國船來求通商，相持數月，彼知無法揚去。問迷唎是否英吉利？曰道光十年，稱英人者，船來該國，經奏天朝，飭兩廣總督嚴斥，使英人無得再擾余。四五年或稱英、或稱法，迭來留該國西海泛稱通商，已屢與申說，亦漠不聞，可怪可恨，雖蒙天朝嚴禁，終難過其狼毒，此實天為之，亦待上蒼回心而已。問該官制試法，言官有九官品，內有六部，外八道巡察。使為文官，節度使為武官，文科三年一比，詩賦策論三場，武試弓馬兵書。問入京里路，言三千餘里，皆旱路，茶後各回。〔註 221〕

范熙亮與李容肅的談話，「入京里路」和「官制試法」之問，一為燕行寒暄之語，一為了解朝鮮國家體制與取士制度之問，重要的是身處東亞世界遭受西方列強侵略的變動世局，越南與朝鮮使節在北京的會面不免談及洋事，更何況范氏還肩負蒐集朝鮮等朝貢國有關西洋情事的皇命在身。李容肅所言同治十年夏的「迷唎國」要求與朝鮮通商未果之事，應是指朝鮮「辛未洋擾」，即美國以追究同治五年（1866）「舍門將軍號事件」（General Sheman，即上文所述「沙曼號」）遭擊沉，船員全數罹難的責任為由，企圖打開朝鮮國門與之通商，而於同治十年（1871）二月通過清廷禮部照會朝鮮政府，聲言將率兵船與朝鮮簽約，五月派軍隊開赴朝鮮，六月與朝鮮軍隊發生衝突。美軍在朝鮮

〔註 220〕本段所引范熙亮詩句，見〔越南〕范熙亮：《北溟雛羽偶錄》，《越南漢文燕行文獻集成》第二十一冊，頁 84～87。

〔註 221〕〔越南〕范熙亮：《范魚堂北槎日記》，據越南漢喃研究院所藏抄本 A.848 影印，葉 56b、57a。

奮力抵抗下不得不先止戰退守，雙方經過二十天的對峙和「書翰外交」，最終美國艦隊撤出朝鮮。〔註222〕從李容肅對道光十年以來英國、法國以通商為名迭來叩關之事，或「上奏天朝」、或「屢與申說」，甚至「蒙天朝嚴禁」，皆未能擋住列強不斷進逼的力道，其「可怪可恨」之感與「狼毒」之形容，足見對西方勢力入侵的深惡痛絕，及朝鮮面對西方強國入侵之時，仍舊遵循宗藩體制，採取「事大」原則，向宗主國清廷求援，但清廷卻未能有力扼阻，「實天為之」、「待上蒼回心」之語，看似宿命愚昧之言，卻也道出朝鮮處於近代東亞變動之局的無可奈何。至於范熙亮「迷唎」是否「英吉利」之提問，可知越南方面對美國（美立堅）並不熟悉，因為對越南而言，恐怕其最想了解的情報是清廷與諸朝貢國和法國之間的關係與發展。

第三節　形象與友情的背後：燕都人物與交遊的未完故事

越南使節黎貴惇的〈北使通錄題辭〉有如下一段話：

> 憶僕八九歲時，家大人訓讀論語，至「行己有恥，使於四方，不辱君命，可謂士矣」，問僕曰：「汝能之乎？」應曰：「知恥為難耳！使而光國家、重君命，有何難？」僕臘度南關，即遇查儉堂送詩索和，沿途見中州官僚士大夫，問難談辨，殆如遇敵。又有朝鮮貢使、欽差伴送官，皆一時文豪，不以海外見鄙，累相接語。僕仰仗洪福，文字酬答之間，幸免輕哂，更見稱揚。《群書攷辨》、《聖謨賢範錄》，皆僕三十歲前所作，諸名公愛之，不啻拱璧，乃知人心不異，以誠正相待，以文字相知，即四海皆兄弟也。〔註223〕

除了上述「使於四方，不辱君命」之外，《論語‧子路》中孔子所言的「誦《詩》三百，授之以政，不達；使於四方，不能專對。雖多，亦奚以為？」和《論語‧季氏》「不學《詩》，無以言」等說法，是越南燕行使奉為圭臬，並企圖在出使過程中題詠撰作，宣揚本國文教，同時力求應對得宜、可彰國體的某種使臣情懷。〔註224〕黎貴惇的中國之行，所遇不論是中朝士大夫或

〔註222〕曹中屏：《朝鮮近代史（1863～1919）》（北京：東方出版社，1993年1月第1版），頁21～26。

〔註223〕〔越南〕黎貴惇：《北使通錄》，《越南漢文燕行文獻集成》第四冊，頁10～12。

〔註224〕王國良：〈越南北使詩文反映的中國想像與現實〉，收入張伯偉編：《域外漢

是朝鮮使節，甚至是沿途伴送的官員，都盡力以其漢文素養酬贈問答，由此而得海外稱揚名聲，其著作亦深受異國友人肯定，並因此產生以誠相待、人心皆同，同文書寫、四海之內皆兄弟的感想。本章前兩節探討了越南燕行使在北京所見與交遊的人物形象和友情，可以了解其作客北京的短暫時日中，觀察到的清代帝王、朝鮮使節，和詩文往來的中國與朝鮮友人，也得到正如黎貴惇所言，異國之友仍可聲氣相通、翰墨同文可超越國籍，以文字成就如兄弟手足般的摯友情誼。然而「歷史是一個延伸的文本，文本是一段壓縮的歷史。歷史和文本構成了生活世界的一個隱喻。文本是歷史的文本，也是歷時和共時統一的文本。」〔註225〕只將視角停留在相遇年代的北京，對於充滿生命力且具時間流動性質的友情來說，似乎太過單一、片段，忽略唯有歷時性與共時性統一，方能看清歷史和文本在生活世界建構出的某種隱喻。因此本節除了援引朝鮮方面的文本討論朝鮮使臣眼中的清朝帝王與越南使節，增加看清真實形象的對照性外，更有意延伸時間、擴展空間，將中越／朝越文人間的友情，置於更長的時間脈絡下，觀察歷史變化帶來的新文本，及其交互共構出的生活真相與隱喻。「相將華驛閱三時，縞紵風情未足奇。鄭重臨岐無以贈，朝鮮扇寫日南詩。」〔註226〕這是越南使節武輝瑨在朝鮮扇上書題贈予中國伴送官的詩作，中國、朝鮮、越南三國文人在北京的交會，正如此詩乃由「朝鮮扇」／「日南詩」／「中國官」所組成值得稱奇的縞紵風情，本節亦將探究曾經如此鄭重以待的異國情誼，在表象之外的背後，在北京相遇之後的歲月中，是否仍有可傳的未完故事。

一、朝鮮使臣眼中的清朝帝王與越南使節

（一）清朝帝王

　　越南燕行使眼中的清朝皇帝，如乾隆、道光、同治等，已如本章第一節所述，此處則有意對照朝鮮使節的燕行紀錄，看看其眼中的清朝帝王形象為何，與越南使節之記是否相同。大陸學者徐東日和劉廣銘曾分別於其個人論著探究朝鮮使臣筆下順治、康熙與乾隆皇帝之形象，其中可以拿出來與越南

　　　　籍研究集刊·第十輯》（北京：中華書局，2014年10月），頁228～230。

〔註225〕朱立元主編：《當代西方文藝理論》（上海：華東師範大學出版社，2005年4月第2版），頁396。

〔註226〕〔越南〕武輝瑨：《華程後集》，《越南漢文燕行文獻集成》第六冊，〈寫朝鮮扇留贈張伴送〉，頁394～395。

使節之寫對照的是乾隆皇帝的形象。對比越南使節並未直接描述乾隆其人，只能從側面勾勒出其為文治武功盛大昌明，享受萬邦來朝並柔懷遠人的最高統治帝王，朝鮮使節倒是寫出乾隆正反兩面的人物形象：勤於政事的理想化君主，藹然有春風和氣的仁慈和善之君，威儀整肅的一朝天子，這是朝鮮使臣眼中正面形象的乾隆皇帝；個人生活奢侈腐化、行事專橫獨斷，則是朝鮮使臣眼中乾隆皇帝的負面形象，而不論正面或負面，朝鮮使節有關乾隆形象的記載，已較前期對順治、康熙的記錄客觀副實多了。〔註227〕越南使節的燕行之作以詩集為多，書寫客居北京生活的詩歌當中，又有不少關於朝覲儀節的篇章，自然容易凸顯乾隆四海歸一的天朝君主形象，而朝鮮燕行記則多為散文記事體裁，對人物的外在形貌與行事作為當可詳細記述，這樣也就容易清楚描繪出乾隆其人形象與帝王風格，此當為兩者記錄或別有側重的根本原因。

至於道光皇帝，越南使節除肯定其恭儉作風，寫其執鎗斃賊、有勇有謀，更有其人中年牙齒盡落此一中國未見的珍貴記載，那麼朝鮮使節眼中的道光皇帝呢？據楊盼盼研究，節儉、勤政是朝鮮使臣所勾勒出的道光皇帝形象。節儉方面，他們形容道光帝不寶遠物、不重儀仗排場，性好簡便，黜華崇實，簡易以行，並記錄具體作為，如罷虎圈於西苑、蠲燈貢於浙省已有年所、宮室苑囿頹毀老舊卻不修新、服飾器皿切禁奢侈。勤政方面，年過六十尚圖勵精之治，躬覽萬機，手決庶務，如民生多艱則每思稠賑之政，邊警有急則必詢彌縫之策；再如時常與經筵諸臣開坐設講，日西方罷；又如勒令罷歸「精力衰頹、辦事遲鈍」之官員，務使內外官員能得其人。〔註228〕越南與朝鮮使節對道光帝的儉約形象之記頗為一致，顯然身為皇帝卻能恭儉而治，對異國使節來說是令人欣賞且值得肯定的。至於越南使節的「齒已盡落」之記，朝鮮未見記載，則或許越南使節對涉及帝王的隱私秘辛，抱持更多書寫「奇聞異事」的探究心理，因此能無畏皇權威嚴而加以記錄。

（二）越南使節

「古稱才俊簇中收，豈意南郊出巨儒。八百蠻荒皆瑣蠢，一方炎土產魁

〔註227〕 徐東日：《朝鮮朝使臣眼中的中國形象》（北京：中華書局，2010 年 12 月第1 版），頁 191～204；劉廣銘：《朝鮮朝語境中的滿洲族形象研究》（北京：光明日報出版社，2013 年 7 月第 1 版），頁 191～200。

〔註228〕 楊盼盼：《朝鮮使臣眼中的道光朝——以《燕行錄》為中心》（濟南：山東大學碩士論文，2008 年 4 月），頁 42～44。

梧。奎婁秀異人猶有，金玉風流世舉無。握手笑談懷恨少，懷君君亦且懷吾。」(〈北國人賀南使回國詩一首〉)〔註229〕這是康熙年間清人送越南使節阮公沆歸國的詩作，詩中以「巨儒」、「魁梧」、「金玉風流」來讚美越南使節，足見其漢文素養獲得清人認同。那麼同樣前往中國朝貢的朝鮮使臣，其心中的越南使節又是何形象，有何看法？檢視越南和朝鮮兩國使節在北京相遇時所作的交遊酬贈詩歌，朝鮮使節有詩句如下：「從知萬國同文軌」、「衣冠定襲文明制」、「南金美價擁離方」、「差幸同文論古字，共存舊制撫身章」、「文武衣冠古制同」、「風雅卷中同古軌，文章世外有真儒」、「文公禮法家同教，天子詩書俗尚儒」、「衣冠還喜與相同」、「彬彬已喜同文物」、「從古衣冠兩地同」、「莫惜方音難解意，憑將文字替酬談」、「車書四海同」、「論詩逸格同」、「山河應有異，翰墨自相同」……。歸納詩句可發現有兩大主題，一是「同文共禮」，一是「衣冠古制」，顯見朝鮮使節眼中的越南燕行使與越南其國，是和朝鮮有共同文化淵源的同文、同儒、同禮之國，越南使節的形象是知書識禮，有學有才，衣冠遵古從明，可與之翰墨交流、文字酬談，是「來時禮樂延陵札，遊後文章太史遷」、「朝服與明制近似」的「朱衣使者」。

對照前文論述越南使者眼中的朝鮮燕行使形象，及越南使節贈詩朝鮮使之作所言：「威儀共秉姬家禮，學問同尊孔氏書」、「異邦合志亦同方，學術從來本素王」、「己喜衣冠無異制，更徵圖牒有同文」、「敷文此日車同軌，秉禮從來國有儒」、「斯文千古氣聲同」、「經史前傳無所異，衣冠古制有相同」、「異地同風元自古，日東文物似天南」、「孔門禮樂原相與」、「衣裳見古風」、「宇內慰同文」，同文、同禮、同儒、同軌、文物衣冠似古相同，則越南使節心中的朝鮮使節形象，同樣也是身著大明衣冠而古風得存，溫雅端莊、同文同學且有才的文化之人。兩國使節對彼此形象看法如此類似，原因在於都受中華文化和華夏衣冠文明影響，以「華」為尚自然相似，道光年間使華的越南使節范世忠，其〈奉北帝旨問安南風景原答〉詩曰：「客問安南景若何？安南風景異中華。緇塵不染山河瑩，八節皆春草木花。食少麥麻多菽粟，衣輕毛革重綾羅。雖然亦有相同處，禮樂文章自一家。」〔註230〕從末句所言禮樂文章自一家，可見越南使節自認為其國亦屬禮樂文章之國，乃濡染禮樂文明之「華」。

〔註229〕〔越南〕阮公沆：《往北使詩》，《越南漢文燕行文獻集成》第二冊，頁33。
〔註230〕〔越南〕范世忠：《使清文錄》，《越南漢文燕行文獻集成》第十四冊，頁145。

　　然而在越南、朝鮮兩國以相似形象看待對方的一貫認知下，卻有一、二個插曲，從中可以看出朝鮮使臣心中的自我優越感，及對大明衣冠的深深眷戀與華夷認同。乾隆五十五年（1790）安南國王阮光平率員前來朝覲大清天子並賀萬壽，此次燕行與朝鮮使節在避暑山莊和圓明園多有接觸，只不過看似和諧且友好酬贈的背後，卻有針對衣冠服制的交鋒。七月十六日乾隆帝賜宴避暑山莊清音閣，安南君臣不僅呈上〈欽祝大萬壽詞曲十調〉，更請求乾隆皇帝允其穿著清朝衣冠朝見，讓天子龍心大悅寫下〈安南國王阮光平乞遵從天朝衣冠，嘉允其請，并詩賜之〉，而阮光平與其臣子「奉穿戴天朝冠服，愓然感懷」，並作詩以記。〔註231〕早在乾隆五十四年（1789）十月十六日，朝鮮派出進賀謝恩兼三節年貢行使團，其書狀官成種仁回國後進呈的「聞見別單」報告中，形容所見之安南燕行使六人，「雖解文字，而貌甚屫劣，俱著戲子蟒袍，與該國舊制大異云」〔註232〕，已對安南來使的服制頗為關心，認為西山阮氏政權的朝服為戲子蟒袍，大異舊制。而對於安南君臣更進一步改易大清服色的輸誠之舉，朝鮮使節非常訝異，徐浩修《燕行記》如此記道：

> 曾聞安南使臣束髮垂後，戴烏紗帽，被闊袖紅袍，拖飾金玷瑁帶，穿黑皮靴，多類我國冠服。今見其君臣皆從滿州冠服而不剃頭，余怪而問諸潘曰：「貴國冠服本與滿州同乎？」潘曰：「皇上嘉我寡君親朝，特賜車服，且及於陪臣等然，又奉上諭在京參朝祭用本服，歸國返本服，此服不過一時權著而已。」語頗分疏，面有愧色。〔註233〕

束髮、戴烏紗帽、穿黑皮靴，這是大明衣冠服制，是以往安南和朝鮮使節所著之冠服，徐浩修對安南君臣改變舊例而著滿服一事感到奇怪，因此詢問潘輝益，潘氏答以改服色為權宜作法，意謂乃「因時制宜」，以此表現對清朝心

〔註231〕葛兆光：〈朝貢、禮儀與衣冠──從乾隆五十五年安南國王熱河祝壽及請改易服色說起〉，《想像異域：讀李朝朝鮮漢文燕行文獻札記》（北京：中華書局，2014年1月第1版），頁241～242。

〔註232〕《同文彙考補編‧使行錄》，收入林基中編：《燕行錄全集》（漢城：東國大學校出版部，2001年），第27冊，頁299～300；吳晗輯：《朝鮮李朝實錄中的中國史料》（北京：中華書局，1980年），頁4808。

〔註233〕〔韓〕徐浩修：《燕行記》，收入林基中編：《燕行錄全集》（漢城：東國大學校出版部，2001年），第51冊，頁26～27。

悅臣服的效忠態度。徐浩修的冠服疑問，讓潘氏面露慚愧神色，換言之，衣冠服制背後代表的華夷與文化認同，安南使節當亦知曉，且對此背叛「文明」而「從夷」的權宜作法感到愧疚。

　　朝鮮使團另一成員柳得恭，對安南君臣改著滿服一事亦有詩云：「戈船萬舳振皇威，南國君臣叩謝歸。三姓如今都冷了，阮家新著滿洲衣。」並記「光平君臣俱著滿洲衣帽。或云光平自請薙髮，皇帝不許，只賜衣帽，解髻而辮之。……滿洲衣帽渠頗有羞愧之心，自言歸國則不然。」〔註234〕顯然柳得恭對棄古從新、改著滿服之事也不認同，而其筆下所記的安南使節，對自己身穿滿洲衣帽的打扮亦感羞愧，「歸國不然」之語透露出此乃權宜之計、一時特例。事實上，朝鮮使節對於阮光平新建立的西山朝多少和清朝士大夫一樣，抱持「得國不正」的鄙視看法，尤其對阮光平接受福康安指導朝觀禮儀時，不敢與中朝大臣抗禮的跪答諂鄙之態無法苟同，認為由此可看出其人「無所不為」，而對於安南帶樂工十餘人前來慶賀萬壽，也評曰「媚悅之道，靡不用極」。〔註235〕準此，則安南君臣為討好乾隆皇帝而改易滿洲服色之舉，在朝鮮使節心中，或許也就成為一種「無所不為」的「媚悅之道」。

　　不過，朝鮮使臣對衣冠服制的關心與追問探究的態度，似乎對安南使節產生了些許影響，因此向朝鮮使臣表達八月十三日太和殿之宴，「當以本國舊儀入參」。果然，該次筵宴安南君臣所著「頓改前觀」，柳得恭描述他們的裝扮為「幞頭金帶，其袍或紅或碧，有蟒龍文，但袍耳過高，叩頭時突出兩肩之上，儼然雙角網巾以絲結之。其網太疏又不能緊裹，第圍之而已」；徐浩修則記「其王頭匝網巾，戴七梁金冠，身穿絳色龍袍、束白玉帶，從臣亦匝網巾，戴五梁烏帽，穿蟒袍，而色或用青、或用紫，束金帶，袍文駁雜詭怪，類倡優服，與安南古制判異」。〔註236〕只是對於安南所謂的「本服」，朝鮮使節似乎仍覺奇特，尤其徐浩修「駁雜詭怪，類倡優服」的評論，流露出輕視意味，而異於安南古制的結論，背後更隱藏了安南古制即朝鮮之制，即大明衣冠的文化優越感。

　　有趣的是，安南使節雖在衣冠服色上遭到朝鮮使節質疑，但潘輝益贈予

〔註234〕〔韓〕柳得恭：《灤陽錄》，收入《史料續編灤陽錄、燕臺再游錄、松漠紀聞》（臺北：廣文書局，1968 年 5 月初版），頁 33～37。
〔註235〕〔韓〕徐浩修：《燕行記》，收入林基中編：《燕行錄全集》（漢城：東國大學校出版社，2001 年），第 51 冊，頁 43；〔韓〕柳得恭：《灤陽錄》，頁 34～35。
〔註236〕〔韓〕徐浩修：《燕行記》，頁 44～45；〔韓〕柳得恭：《灤陽錄》，頁 36。

朝鮮使臣之詩，卻仍有「同風千古衣冠制」之語，表達安南與朝鮮衣冠同制；武輝瑨更有詩註自言「他見我使披著奉賜衣冠，舉以為戲，故五句及之」，〔註237〕而以「衣冠適有從今制，縞紵寧無續古風」之句，來試圖解釋其著滿服以「從今」，當不妨礙兩國使者如前人一般建立深厚的友情。只是安南使節雖有心消除因著滿服造成的尷尬，但考察徐浩修的和答之作，只就獲贈同文詩歌表達喜悅，並談公務未完，萬里歸鄉之感，一字未提衣冠之事，顯然不願再談，因此潘、武二人之後所作再贈詩篇，也就改以書寫同文歡會為主題。閱讀安南與朝鮮使節相互酬贈往來的詩篇，會有萍水相逢、情誼美好之感，然而潘輝益和武輝瑨卻永遠不會知曉，徐浩修在和珅之子「安南人決不可深交」之語，和清朝刑部郎中大罵「阮光平真逆賊，此輩皆黨與也」的氛圍下，對其評價為「從臣則雖稍解文字，而軀材短小殘劣，言動狡詐輕佻」，將其解釋阮光平於黎氏並無君臣之義，和其未仕黎朝的得國正統之說，形容為「語刺刺不休，蓋中有所忸怩也」。〔註238〕至於柳得恭，則形容潘、武二人外形「軀材短小，顏色焦枯，齒疎而黑」，「外貌則固不足以動人」，然彼二人者，「草莽危疑之際，水陸萬里，扈從入朝，所謂善辭令、足智謀，緩急可仗之士歟」，顯然是較為持平客觀之論。只是柳氏對於安南使節不斷誇耀其進貢之物除金鶴一雙、金猣猣一雙外，又有通犀、肉桂許多對斤的言論，感到「可厭」；對於阮光平與朝鮮使節問答，欲復再言，潘輝益等人卻「瞅眼而禁之」的舉動，感到「殊可駭也」。〔註239〕

　　乾隆五十五年的熱河與北京，上演了一場東亞外交高峰會，政權的正統性和衣冠服制反映出的文化高低、華夷認同，都在此次相會中有所觸及，安南與朝鮮使節之唱和一如既往，只是在看似友好的交誼之下，看似同道中人的形象背後，因安南改服媚清事件，與西山取代後黎政權的正當性問題，朝鮮方面多有鄙夷之意和負面評價，更有論者因此認為乾隆六十年（1796）西山朝使節阮偍北使時，朝鮮使節徐有防、李亨元多次辭以公忙未作和詩，除了真的忙於記錄乾隆歸政、嘉慶登基的盛典見聞，以便發送回國供國王御覽

〔註237〕〔越南〕武輝瑨、吳時任、潘輝益：《燕臺秋詠》，《越南漢文燕行文獻集成》第七冊，頁390。

〔註238〕〔韓〕徐浩修：《燕行記》，收入林基中編：《燕行錄全集》（漢城：東國大學校出版部，2001年），第51冊，頁44。

〔註239〕〔韓〕柳得恭：《灤陽錄》，收入《史料續編灤陽錄、燕臺再游錄、松漠紀聞》（臺北：廣文書局，1968年5月初版），頁35～36。

外，更深層的原因恐怕是阮偍身分為受朝鮮所鄙視的西山朝使節，因此無心與之頻繁和詩往來。〔註240〕其實，若要探究朝鮮使節為何如此拒斥改易滿服之事，而越南方面卻能接受「一時權著」的作法，兩者態度之差異，可以借用學者陸小燕討論安南使節陶公正等人的《北使詩集》，與後黎朝在吳三桂事件中的行為時，所得出安南後黎朝乃以國家利益為上的「兩個中華」態度，來面對明清鼎革、華夷交替的中原變動之局，和朝鮮王朝尊周思明的「小中華」想法與行為相異之結論來加以解釋。〔註241〕亦即安南自後黎到西山兩朝，皆自認其為「中國」，而明、清兩朝亦為「中國」，乃兩家「中華」之體系架構，清朝滅明雖有「華夷交替」，然新建之清朝與其同為「中華」，毋須因華夷交替而產生過多的行為與思想對抗，重點仍在積極尋求國家發展和利益最大化，此種「兩家中華」的思想，與朝鮮在明朝滅亡後，仍有一連串追思大明的活動，〔註242〕鄙視清朝為夷而以「小中華」自居的態度，〔註243〕即是其對衣冠服制能否妥協改易一事想法不同的根本原因。

　　記錄衣冠服制是朝鮮使節燕行書寫一向關注的主題，徐浩修《燕行記》便詳細記錄從皇帝到王公大臣的滿州冠服之制，更有「今天下皆遵滿洲衣冠，而獨劇演猶存華制」之感嘆。〔註244〕而也就是透過衣冠記述，我們得以看見朝鮮使臣眼中的越南使節形象。道光二十五年（1845）十月出發前往北京的朝鮮使節李裕元，描述其所見之越南使節的裝扮與其國相似：「團領、胸褙、

〔註240〕李標福：《清代越南使臣在華活動研究──以《越南漢文燕行文獻集成》為中心》（廣州：暨南大學碩士論文，2015年），頁95。

〔註241〕陸小燕：〈康熙十三年安南使者的中國觀感與應對──兼和朝鮮燕行文獻比較〉，收入張伯偉編：《域外漢籍研究集刊·第十輯》（北京：中華書局，2014年10月），頁260。

〔註242〕據劉廣銘研究，乾隆初年（朝鮮英宗時期）仍有追思大明皇恩的活動，直至十八世紀末葉，朝鮮對滿清政權才終於邁出接受的艱難步履，「胡人」、「胡皇」等詞語在其統治階級的文本中不復存在，雖然堅持春秋尊王攘夷大義的「義理派」聲音始終還在，但隨著朝鮮與清朝關係日益密切，這樣的聲音也越來越微弱了。見劉廣銘：《朝鮮朝語境中的滿洲族形象研究》（北京：光明日報出版社，2013年7月第1版），頁121～215。

〔註243〕關於朝鮮人在明清易代後視清朝為蠻夷，不待其為「中華」的論題，可參考葛兆光：〈時代背景：十七世紀中葉後朝鮮對中國的觀察與想像〉，《想像異域：讀李朝朝鮮漢文燕行文獻札記》（北京：中華書局，2014年1月第1版），頁29～60。

〔註244〕〔韓〕徐浩修：《燕行記》，收入林基中編：《燕行錄全集》（漢城：東國大學校出版部，2001年），第51冊，頁20、27～34。

犀帶、網巾之屬俱大同小異。紗帽如我東樂工所著,而前後飾金花」,「冠帶制度如我國」,又云「其人短,人小羸黑,善文能書」。曾發出「噫!一自用夏變夷之後,弁髮紅帽遍滿中土,漢官威儀無地可睹」如此感嘆的李裕元,終於在見到「衣冠文物猶傳皇明舊制」的越南使節後,〔註245〕復見漢官威儀,則越南使節的形象無疑是大明王朝、乃至華夏文明的再現。不過,隨著清朝統治日益穩固和長時間的風俗浸染,「衣冠服制」已不再是會成為引發論戰的關鍵;再隨著清朝由強轉弱,西方勢力逐漸壓迫東亞文化圈的中國、朝鮮、越南三國,「衣冠服制」又或者「翰墨同文」所凸顯的華夷形象與文化認同,更已無東亞內部的「中華」之爭,而是轉變為拉近彼此關係藉以打探消息、同仇敵愾的媒介。往昔同文交流,相互競爭超越,比賽漢文水準高下的日子已然逝去,同受洋人侵擾、同病相憐的漢字同文書寫交流,成為某種排遣情感的出口和獲取情報的方式,衣冠服制下的形象之貌,從此褪下被關注許久的光環。

二、歷史長河下的友情發展

越南使節阮思僩與中國寧明舉人黎申產往遊時,「夜深江寒,萬籟俱寂,忽得送行長篇相示,挑燈朗誦,不覺擊節者久之」,因此有「河梁握手,一往情深,乃知聲同氣同者,固不必地同也」之感。〔註246〕阮思僩與黎申產的相知相契,讓他對友情產生了新的想法:真正的朋友聲氣相通,即使國別不同,異域友朋也可以是深情摯友。若將阮思僩的這番體悟置於時間向度下,在歷史的前進發展中,檢視越南使節與其在北京訂交的中土友人之情誼,則在越南使節返國後,時間、空間拉長拉遠,政情局勢不斷變化,當年作客北京所建立的往遊交情與相處時光點滴,是否依然可堪詠懷深念?而當清越雙方受迫於現實壓力必須各為己方考量時,「固不必地同」的說法是否依然可以成立?以下分點敘述之。

〔註245〕 上引文句皆出自〔韓〕李裕元:《林下筆記》,轉引自〔日〕清水太郎:〈ベトナム使節と朝鮮使節の中国での邂逅(6)──19世紀を中心として──〉,《周縁と中心の概念で読み解く東アジアの越・韓・琉──歷史学・考古学研究からの視座》第6號(2012年3月),頁53。

〔註246〕 〔越南〕阮思僩:《燕軺詩文集》,《越南漢文燕行文獻集成》第二十冊,〈答寧明舉人黎申產〉,頁27。

（一）阮思僩／李文田、張蔭桓

阮思僩與李文田相識於同治八年，次年李文田便外放江西學政，同治十三年（1874）回京任職，因其母年事已高，奏請開缺回籍養親，此後八年主講廣州應元書院，光緒十年（1884）丁母憂期滿後，重回京城任官。〔註247〕就在此年十二月初六，兩廣總督張之洞（1837～1909）致函李文田，言「法人不道，吞噬越裳，擾犯中華。朝廷命將出師，遏寇字小」，劉永福「僑寓越境，首倡義旗，屢挫狂虜」，因此獲授提督。劉軍勇猛，「屢次殺敵奪船，虜勢已蹙，計日可下」，只是「廣、滇、桂三省出關官軍百餘營，餉需浩大」，劉永福「前戰勁敵，後籌軍糧，經畫為勞，尚未能從容展布」。再加上「法艦力困臺灣，增兵來越，意欲盡有越地，直抵邊關」，雖有各省官軍分道進戰，仍須「土著勁兵，以為犄角鄉導」。張之洞認為若能助劉永福一臂之力，「必能縱橫蕩決，數月之內，掃清北祈」，故欲「助成功烈」，也認為「兩粵紳民，尤應桑梓相關，唇齒相衛」。「大集義捐，資其餉械」是張之洞想出的「破虜安邊之上策」，因此希望出身廣東「誼屬同鄉，勸導較易」的李文田，能會同廣東諸紳宦，在省城設立義捐局，刊發捐簿，並廣作書函，佈告兩粵與沿海、沿江各省通都大鎮。〔註248〕

光緒十年中法越南戰爭全面爆發，對於張之洞所提出的廣勸義捐以助抗法之事，李文田大力支持，其家鄉順德一縣「盡捐最多」、「禾港紳商捐助餉械數逾巨萬」、「省城勸捐各行戶，補平防費」，因此光緒十一年十一月，張之洞上奏稱揚李氏「以同仇大義開諭，股商多為感奮，間有民隱未能上達必為臣等暨司道各發剴切言之，俾軍食與情兩無詬病」。〔註249〕李文田不僅籌餉籌械幫助劉永福黑旗軍，又保舉馮子材出任軍務，〔註250〕而得大敗法軍於鎮

〔註247〕〔美〕恒慕義主編：《清代名人傳略（下）》（西寧：青海人民出版社，1990年2月第1版），頁410。

〔註248〕此段所引文句見〔清〕張之洞：〈咨李學士廣勸義捐〉，收入苑書義等主編：《張之洞全集》（石家莊：河北人民出版社，1998年8月第1版），卷九十一，第四冊，頁2441～2442。

〔註249〕〔清〕張之洞：〈前翰林院侍讀學士李文田奉調督辦廣州府團練捐輸事畢請准其銷差回京供職片〉，轉引自李驚哲：《李文田年譜長編》，見氏著：《李文田與「清流」》（上海：上海社會科學院碩士論文，2013年），頁161～162。

〔註250〕吳道鎔〈禮部右侍郎李公神道碑銘〉云：「服闋，將入都，值中法役起，欽使彭剛直公，粵督張文襄公，奏留辦防務，籌餉籌械，接濟西師，力陳提督馮子材忠勇可倚任，使得行其志，卒奏諒山之捷。」見〔清〕吳道鎔：《澹盦文存》，收入沈雲龍主編：《近代中國史料叢刊續編‧第二十輯》（臺北縣：

南關，攻克文淵、諒山，對中越抗法一事，頗盡心力，此當如張之洞所言，乃基於「遏寇字小」、「同仇大義」、「桑梓相關、唇齒相衛」的宗藩情義與地緣情感，也是李文田乃至於多數中國知識分子的思想態度，即「柔懷遠人」、「字小存亡」的宗藩外交價值觀，與排斥西方列強侵略的愛國思想和同仇敵愾心理，而也正因為這樣的想法及助越舉動，李文田和阮思僴之間在國家利益立場上並無衝突，兩人友情可相維繫，倘若再見仍是聲氣相通的異國摯友。

　　另外，可再附記的是，阮思僴在北京因與李文田交遊，而得以認識清朝更多文官雅士，其中一位便是李文田後來的親家張蔭桓。張蔭桓（1837～1900），字皓巒，號樵野，廣東南海縣人。早年科舉不第，投身洋務，同治初年北上濟南入山東巡撫閻敬銘、丁保楨之幕，因通曉時務，辦事幹練，不斷升遷。光緒十年調京，在總理各國事務衙門學習行走，次年六月被任命為出使美國、秘魯、西班牙三國欽差大臣，有出使紀錄《三洲日記》。〔註251〕其中光緒十五年（1889）十月十七日記有內容如下：「越南北甯省大壯社同人寺僧阮清高自法回越，以玉桂三枚求售，又出觀贈行詩劄一束，約百數十首，擇其尤雅者錄之。今日舟行蘇彝士河，……午窗蕭寂，記茲詩翰以識同文之雅，亦以見越南近狀，猶紀元設科未改步也。間詢阮思僴，仍健在，越南詩人之翹楚。同治己巳納貢來京，曾於李仲約齋中相與倡和，回首前塵，不無今昔之感耳。」〔註252〕張蔭桓與阮思僴同治八年（1869）在李文田家中有過唱和之緣，僅此一次雅集聚會卻讓張氏牢牢記住阮思僴這位越南翹楚詩人，二十年後出使西方，猶在「同文之雅」的文化親近心理下，相詢其人近況。彼時越南早已淪為法國殖民地，與清朝的宗藩關係徹底瓦解，世局風雲之變，讓張蔭桓回首往事也不勝唏噓啊！

（二）裴文禩／唐景崧

　　裴文禩與唐景崧曾於光緒三年在北京交遊往來，兩人的異國友誼在燕京展開，卻也不得不因裴氏回國而告一段落，沒想到日後越南再遭法國侵略，

文海出版社，1975 年 8 月影印版），頁 69。

〔註251〕尹德翔：《東海西海之間——晚清使西日記中的文化觀察、認證與選擇》（北京：北京大學出版社，2009 年 6 月第 1 版），頁 242。

〔註252〕〔清〕張蔭桓：《三洲日記》，據光緒丙申年（1896）京都粵東新館刊本影印，葉 80～82。哈佛燕京圖書館提供的書籍原文掃瞄檔，可見於「中國哲學書電子化計劃」網站，網址如下：（2017 年 4 月 14 日檢索）http://ctext.org/library.pl?if=gb&res=87285。

裴文禩竟然與唐景崧之兄唐景崶在越南相見，有所接觸。光緒八年（1882）
法國與越南發生衝突，唐景崧主動請纓抗法，自薦前往越南，招撫劉永福及
其黑旗軍。唐景崧先至廣東拜謁曾國荃，得其資助出關，次年到達越南保勝，
會見劉永福，成功勸其內附。〔註253〕裴文禩則為越南主戰派代表，光緒八年
時擔任北圻經略副使，〔註254〕後任參贊，協助總督張登憛〔註255〕聯合清軍
對抗法國。〔註256〕兩人於光緒九年在越南北寧省碰面。唐景崧《請纓日記》
光緒九年正月二十八日記其抵達北寧，北寧總督張登憛留飲，當時參贊裴文
禩亦在座，又云「文禩常充貢使，在都與崶弟相識」，顯然唐景崧對裴文禩與
其弟之交往有所了解。二月十一日再記裴文禩約飲，張登憛以法人將取南定，
乞唐氏留北寧，唐景崧答以「此來重在晤劉，孤身羈此何益？」又記「六月在
北寧，張登憛、裴文禩送花數盆，月夜同集黃統領營中，送曲妹唱曲，越官

〔註253〕趙爾巽等撰，楊家駱校：《清史稿》（臺北：鼎文書局，1981年），〈列傳二百
　　　　五十〉，頁12733。

〔註254〕裴文禩《輶軒詩草》有〈壬午奉春充北圻經略副使適年五十自述一首〉：「愁
　　　　髮三千餘丈白，驚心四十九年非。恩深似海酬難稱，事大如天願屢違。去燕
　　　　無家依客渡，飛鴻有約帶春歸。老來幾得身長健，又此風塵掛戰衣。」詩題
　　　　「壬午」即光緒八年，詩歌最末句可見其投入抗法之戰事。見〔越南〕裴文
　　　　禩：《輶軒詩草》，據越南漢喃研究院所藏抄本VHv.849 / 2影印（附於裴文
　　　　禩《萬里行吟》卷三、卷四之後），葉2b。

〔註255〕張登憛（1833～1914），廣義省思義府平山縣人，建福帝即位後，因避諱改
　　　　名張光憛，字子明，號菊溪，其父為輔政大臣綏盛郡公張登桂。嗣德三十二
　　　　年（光緒五年，西元1879年），署寧太總督，兼充靖邊副使，總督諒平寧太
　　　　軍務，時稱「三印節度使」。在法國軍隊侵略北圻期間，協同清朝軍隊對抗
　　　　法軍入侵，但被法軍擊敗，北寧失陷。

〔註256〕裴文禩對戰事十分關心，更曾直接領軍殺敵，其《輶軒詩草》中有三首敘寫
　　　　光緒九年抗法戰爭之詩，包括第二次紙橋之戰，茲引錄如下，以供參考：1、
　　　　〈二月十九、二十連日官軍與法交戰〉：「河北水湯湯，東風掃戰場。先聲□
　　　　賊虜，殺氣薄穹蒼。恨不乘其後（二十日法人渡江與官軍交戰，自辰至申方
　　　　罷，倘有一支兵擬其後，則彼無歸路矣，失此機會惜哉），誰云莫可當。出
　　　　師經一載，兩試亦差彊。」2、〈三月九、十連二日北道官軍又與法賊戰于需
　　　　德江次信筆紀寔〉：「文士還臨陣，偏師屢伐戎。長江能設險，午兩即收功。
　　　　雖未歌三捷，猶為第二攻。何當急乘勝，逐出海之東。」3、〈十三日聞得紙
　　　　橋之戰大捷誌喜〉：「珥水何憂不革鴞，昇龍王氣未全銷。曉霜散白（自寅至
　　　　卯法人大敗）千鋒合，戰血翻紅萬馬驕。牙卒似非唐魏博（劉團道兵戰勝之，
　　　　此翻用裴度用蔡人為牙兵事），將軍應是漢嫖姚。鹹原敗狄（春秋敗狄于鹹，
　　　　其屍橫畞，法賊華利掌大易常，故以擬云）今猶昨，十一年來此紙橋（癸酉
　　　　年鹹安業，今殺華利均在此地）。」見〔越南〕裴文禩：《輶軒詩草》，據越
　　　　南漢喃研究院所藏抄本VHv.849 / 2影印，葉14～15a。

喚妓無禁」。〔註257〕

　　唐景崧與裴文禩在越南乃因軍事公務而有所交集，但因唐景崶的緣故，兩人亦有詩文唱和，裴文禩《輶軒詩草》中有〈答和唐維卿主政見贈元韻〉二首，並附錄唐景崧原作，現分別引錄如下：

　　　　大纛高牙綠野前，坐花兩度醉瓊筵。
　　　　羅衣病骨微風怯，畫閣清陰小雨鮮。
　　　　靖國雲仍飛將健，曲江風度相公賢。
　　　　書生借箸慚無補，且結天南萬里緣。
　　　　幾多居士泣新亭，極目河山蜃霧腥。
　　　　自是大千開蜃海，側聞尺一下明廷。
　　　　沙陀結陣軍容黑，洱水無聲鬼火青。
　　　　獨倚南關籌遠略，一枰棋劫付冥冥。

　　　　（〈附錄維卿元韻〉）

　　　　咫尺關河馬不前，黃龍未飲強開筵。
　　　　坐圍竹影人俱淡，吟過花間韻亦鮮。
　　　　國士深懷藩服遠，將軍本出世家賢。
　　　　會看勒石燕然上，豈獨江山翰墨緣。
　　　　不聞鶴唳到華亭，痛恨河山戰血腥。
　　　　要使齊人歸魯地，有如申子哭秦廷。
　　　　當年浪泊懷新息，一夜崑崙憶狄青。
　　　　好倩秋風吹萬里，海天谺盡霧冥冥。

　　　　（〈答和唐維卿主政見贈元韻〉）〔註258〕

詩作未標明時間，然從唐景崧「坐花兩度醉瓊筵」一語，或許作於兩人二月十一日再度聚飲時。唐氏詩中提及的靖國飛將與曲江賢相，就其詩註乃指明末靖國公之後的清朝記名提督統領黃桂蘭（安徽合肥人，號卉亭），和越南北寧總督張登衢，兩人齊為對抗法國出力，唐氏因此謙稱自己一介書生，出謀畫策似無所補，然既到前線戰地，也算是與南方諸人有緣，才能萬里相結。

〔註257〕〔清〕唐景崧：《請纓日記》（臺北：文海出版社，《近代中國史料叢刊》據
　　　　　光緒癸巳年臺灣布政史署刊本影印），頁85、90、146。
〔註258〕〔越南〕裴文禩：《輶軒詩草》，據越南漢喃研究院所藏抄本VHv.849／2影
　　　　　印，葉16b～17。

又云有志之士憂國傷時，山河迷茫、血腥之戰一觸即發，清廷屢下詔旨籌護藩服，軍隊結陣以待，肅殺氣氛已成，唐氏遠赴南關籌畫謀略，幫辦防邊軍務，爭戰之局勢不可免。

唐景崧之詩既談緣分，也說時局；裴文禩則感念唐氏深懷藩國，為上籌護藩邦奏摺，並讚黃桂蘭本出賢才世家，能得如斯英才相助，必可破敵建功，刻石以記，屆時唐景崧與越南的關係，不僅僅是與裴文禩的萬里江山翰墨知交之緣，更是破虜殺敵的大功臣。裴氏的憂國愛國之心，從痛恨河山爭戰染血和欲如申包胥哭秦廷為國解難之語可看出。當年伏波將軍馬援平交趾二徵之亂〔註259〕受封新息侯，狄青智奪崑崙關一夜退敵，裴文禩也盼望秋風高吹，將籠罩越南的戰事霧霾全部吹散，還其一片明朗的大好河山。裴文禩與唐景崧的唱和交遊，已與當年和唐景崧在北京的時空完全不同，然國事紛擾下，因為協同抗法，立場一致，所以同文友情仍可建立並維繫。只是隨著戰情與局勢不斷變化，唐景崧對越南問題的思考也有所權衡。

光緒九年（癸未，1883）七月二十三日越南朝廷與法國簽訂〈癸未和約〉（第一次順化條約），越南接受法國保護，與外國交涉之事須由法國作主，當時越南北圻尚有唐景崧駐兵於山西，廣西布政使徐延旭駐軍北寧，劉永福黑旗軍則駐紮於馮屯，越南朝廷雖要求官員撤軍返回順化，但仍有黃繼炎（原名黃佐炎）、張登憻等多人不肯還京，欲與中國軍隊共禦法軍。〔註260〕《請纓日記》中記載光緒九年八月，唐景崧以中國不肯失和及順化朝廷已舉國降寇為由，拒絕黃佐炎乞兵相助之求，並遊說劉永福乘越南國破君降之際，倡舉義旗，號召北圻七省督撫，告之「越社再興仍歸故主，不能則將率土來歸，聽候天朝部署」，此番言論可見出唐氏已有切割與拋棄越南朝廷之心。而據徐延旭（1818～1884）〔註261〕之奏報，裴文禩於八月二十四日起程回都，聞法

〔註259〕東漢光武帝建武十五年（39），交趾太守蘇定為政貪暴，殺害雒將之女徵側的丈夫，徵側及其妹徵貳起兵造反，攻陷州治，九真、日南、合浦之蠻皆響應，寇略六十五城，徵側並自立為王。十七年（41）光武帝拜馬援為伏波將軍，率兵平亂，十九年（43）斬徵側、徵貳，平靖九真，立銅柱於漢極界。

〔註260〕〔越南〕陳重金著，戴可來譯：《越南通史》（北京：商務印書館，1992 年 12月），頁 396～397。

〔註261〕徐延旭，字曉山，山東臨清人，咸豐十年進士。同治九年知梧州，光緒八年晉廣西布政使，因法人謀越，南定淪陷，而受命出關，與提督黃桂蘭、道員趙沃籌防。光緒九年升任廣西巡撫，仍駐軍越南諒山。十年二月以邊防調度乖方，革職留任，三月北寧失守，遭解交刑部治罪，原議斬首，後改發配新疆，

人留兵輪四艘在順化監守其國君臣，便與總督張登懁等商議，為免北圻各軍遠距國都而鞭長莫及，擬奉太妃與宮眷遷避北圻清化等省，避免投鼠忌器。〔註262〕則裴文禩在越廷投降後，仍不願放棄抗法武裝，希望以北圻為根據地，聯合尚在北圻的清軍、越軍與黑旗軍繼續奮戰，而尚留在越南山西的唐景崧，於公於私，都仍是裴文禩可以倚靠信任的朋友。

只不過唐景崧對越南的看法，不僅僅只是拯救越南免於法人侵略，其考量重點實為確保中國邊疆無虞，其十月二十日便有上都中諸大臣書，言：「越南君臣昏愚悖謬，實萬無可扶持，若我不見機早圖於北圻沿邊各省，收其土地人民，勢必全委於法人，即不論越社之存亡，當顧我邊隅之要害」，並感嘆劉永福因拘泥自己身為越官，未能採取其「據北圖南、在越稱王」之計，「眼見南交二千年來同軌同文之土地，阮氏不能有，劉氏不能有，中國亦不能有，終歸於非我族類之人而已矣！傷心痛恨，曷有既極」。〔註263〕唐景崧不願兩千年來同文同軌的越南落入法人之手，因而有圖謀收取北圻沿邊各省以保中國邊防之想法，這當然不符合在宗藩名義下，期待清廷相救的越南士大夫如裴文禩等人之期望，《清史稿》還記唐景崧曾上書曰：「越南半載之內，三易國王，欲靖亂源，莫如遣師直入順化，扶翼其君，以定人心。若不為藩服計，不妨直取為我有，免歸法奪，否則首鼠兩端，未有不敗者也。」〔註264〕此說亦見載於其《請纓日記》光緒九年十二月三十日除夕夜。唐氏認為能為越南

然未出都便病逝。著有《越南輯略》，為其同治九年、十年兩度出關，在越南居住八個月考察與蒐集情報所得成果。共分兩卷，卷一為地圖、世系沿革、歷代年號、國朝貢品、朝儀、賜予、迎送、市易、禁令、道路、越南吞併他國、中越交界各隘卡；卷二為越南古地名、山川、風俗、前朝貢品、古跡、名宦、人物、文學、土產、奏疏、雜記等。其中，世系沿革、中越交界各隘卡等篇目，為徐延旭撰寫，其餘內容依據越南朝貢使臣之述，或輯錄越南相關文獻而成。此書於光緒三年（西元1877年）在梧州正式刊印，徐延旭自謂「倘若後有因事出關者，或亦有小助云爾」。見趙爾巽等撰：《清史稿列傳（六）》，收入周駿富輯：《清代傳記叢刊·綜錄類》（臺北：明文書局，1985年5月初版），第94冊，頁19～21；清國史館原編：《清史列傳（八）》，收入周駿富輯：《清代傳記叢刊·綜錄類》，第103冊，頁280～282；閆斐：《徐延旭與中法戰爭》（山東：山東師範大學碩士論文，2012年5月），頁6～13。

〔註262〕〔清〕唐景崧：《請纓日記》（臺北：文海出版社，《近代中國史料叢刊》據光緒癸巳年臺灣布政史署刊本影印），頁175～176、183。

〔註263〕〔清〕唐景崧：《請纓日記》，頁211～213。

〔註264〕趙爾巽等撰，楊家駱校：《清史稿》（臺北：鼎文書局，1981年），〈列傳二百五十〉，頁12734。

謀者僅剩兩策，其一乃不再視越南為藩屬國，明言直取北圻沿邊各省，避免
坐失於人；其二為仍顧藩服名義，重在圖存，派官軍直入順化，以大清天子
之威端正越南皇室血脈，使內外臣皆知其國有君，而後民心安定，關外防軍
亦可名正言順，士心得壯。〔註265〕早年便與朋友在窮廬風雪中「時時以越南
為說」的唐景崧，其關注越南時日甚長，加之親與戰局、置身前線，必有其個
人應對越南問題之心得，然身為下僚，究竟是否該堅守清越宗藩關係與情義，
決策之權不在其手，只能提出守與不守之應變作為。而不管是否顧念藩服名
義，其直取越南邊土和掌控越南皇室、朝廷的建言，恐怕都會讓雖為中國屬
國，卻自認越南實為獨立國家的阮朝知識分子如裴文禩其人，產生被朋友算
計的悲涼之感吧！

　　事實上，裴文禩對於在越法構兵時刻前來相助的中國舊友，如作為援越
桂軍統帥，率軍出鎮越南北寧以保藩固圉的徐延旭〔註266〕，和以知府銜充營
務使參籌的張秉銓（生卒年不詳）〔註267〕，皆有詩歌唱和。光緒九年與徐延
旭相會於芹驛時，裴氏作詩云：「昔我與公臨別期（昔年奉使與徐公相別於梧
州府），只言到老長相思。重逢豈料如今日，笑指頭鬚各出師。」徐延旭回龍
州籌奏邊事時，在月德江大雨目送，作詩曰：「八年前是識荊州，今日籌邊築
畫樓。壯志欲填南海外，雄風長挾北江流。漫傳何處標銅柱，會見成功破鐵
舟（徐公方募水勇暗破鬼舟）。憂國深心兼別緒，頓教飛雨一天愁。」〔註268〕

〔註265〕〔清〕唐景崧：《請纓日記》（臺北：文海出版社，《近代中國史料叢刊》據
　　　　光緒癸巳年臺灣布政史署刊本影印），頁233～237。

〔註266〕光緒二年（西元1876年）裴文禩北使，和徐延旭相遇於梧州，時徐氏任梧
　　　　州知府，裴文禩《萬里行吟》有回程時所作〈次韻徐曉山太守送別〉詩一首，
　　　　其《中州酬應集》則錄有徐氏贈詩二首。見〔越南〕裴文禩：《萬里行吟》
　　　　卷四，據越南漢喃研究院所藏抄本VHv.849／2影印，葉43b；裴文禩編：
　　　　《中州酬應集》，《越南漢文燕行文獻集成》第二十二冊，頁76～77。

〔註267〕張秉銓，字幼亦，福建侯官人，同治十年辛未科進士。光緒二年（西元1876
　　　　年）裴文禩出使中國，在前往北京的路程中，與時任靈川縣令的張秉銓唱和
　　　　交遊，裴氏燕行集《萬里行吟》中有〈贈靈川大尹張進士併以留別〉詩一首，
　　　　為去程時所作，另有〈次韻張幼亦明府送別長歌并序〉詩一首，為回程時所
　　　　作，又《中州酬應集》裡亦收錄多篇張氏所贈詩文，可見張秉銓有結交越南
　　　　使節之心。見〔越南〕裴文禩：《萬里行吟》，《越南漢文燕行文獻集成》第
　　　　二十一冊，頁223～224；裴文禩：《萬里行吟》卷四，葉44～46a；裴文禩
　　　　編：《中州酬應集》，頁80～97。

〔註268〕〔越南〕裴文禩：《輶軒詩草》，據越南漢喃研究院所藏抄本VHv.849／2影
　　　　印，〈粵西徐方伯延旭奉旨籌邊出關，往北相會於芹驛，口占一絕〉、〈徐方

重逢之喜與再別之愁，兼之國事憂煩，笑指頭鬢和漫天飛雨之下，訴說的是裴文禩與徐延旭中國締交、越南相見的不變情誼。至於「興戎醜類忒無端，遙識軍中有一韓。已策焚舟驅海若（公曾言火攻計），會看飛劍斬樓蘭。夜聞鐃吹河聲壯，日照旌旄霧氣乾。笑我參籌同幕府，輸君名將獨登壇」一詩，則是張秉銓因協辦軍務出關至越時，贈予裴氏之作。裴文禩自言其於嗣德二十九年（光緒二年，1876）奉充貢使而與張氏相遇，酬唱頗多，間隔七年再次相遇，張氏依然熱情贈詩，裴文禩亦作詩答和：「籌邊詔下五雲端，喜得參軍舊識韓。行色春深（三月出關）開粵嶠，壯心海外失樓蘭。霜橫筆陣吟無敵，峽倒詞源墨不乾。萬里德星今夜聚，將壇近處築騷壇。」〔註269〕以詩文相交的兩人，時空推移卻能再度唱和，確實難能可貴。只不過戰火無情，清越宗藩關係與中法、法越之間又各有複雜的利益和外交考量，唐景崧越南謀策的中國本位立場，和徐延旭最終因北寧失守而遭論罪、病死北京，友情在外交權衡與殘酷戰爭中，終究只是無關全局的點綴之物，一旦風雲色變，各人自有前程、志業與家國存亡之考量，同文情誼在個人與國家等諸多利益之前黯然失色，隨著時空變換默默走向凋零之路。

（三）阮述／唐景崧、陳啟泰

在越南和唐景崧再度往來的還有阮述。阮述光緒七年在北京曾與唐景崧同席唱和，光緒八年十二月初四唐景崧抵達順化。隔日，時任內閣參知的阮述向越南禮部侍郎兼機密院陳叔訒告知其與唐景崧曾在北京相識；十二月初七唐氏作〈上沅帥書〉交由欲前往廣東投遞國書的阮述帶呈；初八日唐氏往拜阮述等人，至其衙署，覺「陳設稍華」；初九日得阮述所贈之肉桂、豆蔻、碑拓及妙蓮、葦野詩集。之後唐氏與招商局官員馬復賁、周炳麟會合阮述，一同啟程前往廣東。十二月十三日夜，阮述至唐氏寓舍探慰，談及越南宜遷都之話題；十四日，阮述贈唐氏寧平范暘所著《象郡銅柱各攷》一書，唐、阮二人與馬復賁和越南官員等同遊五行山三台寺；十六日唐氏告知阮述，李鴻章要求越南派大臣前往天津備詢的消息，後得阮述餽贈炙豚全具、餅餌三色。十七日，唐、阮等人搭招商局海南輪離開廣南；十九日唐、阮二人筆談，言及越人所稱「士王」的士燮其人；二十、二十一日，因船未開，唐、阮在舟中啜

伯回龍籌奏邊事偕至月德江，適大雨，即目奉送〉，葉16。
〔註269〕〔越南〕裴文禩：《輶軒詩草》，〈附錄幼亦元韻〉、〈答和幼亦張明府即事有贈元韻〉，葉15。

茗筆談，提到越南葦野公與其子洪蔘，兩人皆是風雅之士，唐氏惋惜未能相見，並問其國現今賢才。二十三日抵香港，唐景崧先搭船回廣東省城向曾國荃報告，與阮述就此分別。唐氏因曾國荃之囑仍回越南，阮述則停留香港，後轉往天津以備諮問。〔註270〕

　　唐景崧與阮述二人因公事而再見於越南，甚至共舟直至香港，兩人在越南和赴港途中談詩論文並贈書，再續當年北京的翰墨之緣。對於得贈妙蓮、葦野之詩集，唐氏記云：「妙蓮為國王女弟，曰梅菴公主，余在京題其詩集曰：『妙蓮麗句傳名遠，更說詩媛有范胡。天末未能窺指爪，此心遙願拜麻姑』。不料今至其都，可窺環珮矣，而仍未見。葦野為宗室，曰倉山公，古文、駢體、詩詞俱可觀。」〔註271〕雖然唐氏誤葦野（綿寊，明命帝第十一皇子）、倉山（綿審，從善王）為一人，〔註272〕但其對妙蓮、葦野等越南名士賢才的關心，充分體現文化交流之意。至於阮氏為何特意致贈《象郡銅柱各攷》此考證疆界之書？王國良先生指出，越南使節對馬援銅柱和中越邊界的考察與探討，可看出其對中國的敬意從乾隆晚年起漸漸消退，法國對越南的覬覦和中國國力的衰弱，讓越南使節武輝瑨、潘輝泳等人激發出越南的本土意識，〔註273〕則銅柱和象郡所涉及的疆界問題與國家認同，都使此書別具意義，尤其阮述在法人侵略的敏感時機贈予唐景崧，則其藉舊疆之考所欲傳達的護土之心，恐怕正是其中蘊含的深意。

　　阮述在結束光緒七年的北京朝貢之行返國後，不到八個月便再度奉命赴天津公幹，原因是北洋大臣李鴻章要求越南派遣大臣二三人往天津備詢，共商法國之事。充任欽差副使的阮述和正使范慎遹於光緒九年二月初九抵達天津，在津滯留八個半月，此段期間越南局面日益惡化。而其為備李鴻章咨詢前來，卻僅得見兩次，第二次還是辭行性質，中法外交談判未有結果，留津備詢又無法發揮作用，國家情勢日益險峻，阮氏心中實甚艱熬痛苦。《往津日記》云其二月二十八日知法人攻掠南定省城，「不勝憂憤」；四月二十六日

〔註270〕〔清〕唐景崧：《請纓日記》（臺北：文海出版社，《近代中國史料叢刊》據光緒癸巳年臺灣布政史署刊本影印），頁52～67；陳荊和編註：《阮述「往津日記」》（香港：中文大學出版社，1980年初版），19～22。

〔註271〕〔清〕唐景崧：《請纓日記》，頁57～58。

〔註272〕陳荊和編註：《阮述「往津日記」》，註21，頁67。

〔註273〕王國良：〈越南北使詩文反映的中國想像與現實〉，收入張伯偉編：《域外漢籍研究集刊·第十輯》（北京：中華書局，2014年10月），頁232～235。

云：「當此國事多難艱，中朝雖有心助辦，而和戰亦未定局。余等秦廷慟哭，燕市旅居，愁病日增，歸期未定，詠狐裘蒙戎之詩，不覺潸然淚下。余之遭逢，何多苦境也！」國家命運前途未卜，阮述甚至還於六月二十九日至天津城北的三太爺廟請籤以問吉凶，阮述並未詳記籤運如何，但惡耗卻一波波傳來。七月十二日其得知嗣德帝駕崩，「聞訃不勝驚慟」，國患未平又逢變故，「事勢何等艱難」。阮述自認出差無狀，罪已難辭，又羈留遠地無法奔喪致哀以盡臣子之禮，「抱痛更何如也」，當夜輟食，徹夜哀哭。〔註274〕

七月二十九日，阮述等修稟文上呈李鴻章，表達欲請假回國受制，得知順安汛砲臺已被法國兵船攻克，越南與法講和之事，阮述感到「不勝憤恨」，其恨乃因越南與法國之事，是清朝來文表達願為調停之意，又將其召至天津詢問，結果「講說既不能成，又畏縮趑趄，不肯以兵船相援，以致法人乘我有事，迫我以和」。阮述感慨越南當此變故交集，勢必不得不從，「而中朝不能保護藩封，不知何辭以自解於天下也？世局至此，尚何言哉！」阮述的傷心悲憤不難理解，因為對他而言，中國既擔宗主之名，受朝貢之實，便當竭力護藩，以副名實。八月十四日曾在越南辦理招商局分局業務，並在唐景崧至順化時相陪的廣東舉人周炳麟（竹卿），因會試下第自北京回來，就館拜訪阮述，言中國實欲力護越南，無奈當局者主持和議，趑趄不進。又言朝中有言官上章指斥，喻之以秦檜，可見人心之同憤。最後，提及唐景崧近日猶在關外，幫辦軍務，對於北圻之事應不無少助。〔註275〕周炳麟的同憤之說，與唐景崧仍助北圻的消息，對阮述或有安慰，然而唐景崧亦有直取越土之心，與之交遊相熟的阮述若然得知，恐怕又要憂憤不已！

然而會讓阮述傷心的中國友人，恐怕不止唐景崧，還有為其《每懷吟草》作序的陳啟泰。陳啟泰結交了越南朋友阮述，對越南的情勢與中越外交關係頗多留心，光緒九年三月掌廣東道事務，尋調河南道的陳氏，針對「法人進據南定，窺逼富春，越南都城，勢將為其所併」的局勢上奏曰：

> 西人志在經商，惟利是視，一意進取，計不反顧，勢之所積，斷非
> 口舌所能輓回。越南文弱之邦，法兵不過數百，橫行境內，即已畏
> 之如虎，中朝保護藩屬，不能不助其聲勢，派隊出關。然法人翻覆

〔註274〕陳荊和編註：《阮述「往津日記」》（香港：中文大學出版社，1980年初版），頁32、40、46、48。

〔註275〕陳荊和編註：《阮述「往津日記」》，頁49、51。

性成，我兵進止無定，事同兒戲，奔命不遑，縱推字小之隆恩，殊
失經邊之要道。為今之計，頓兵境外，曠日持久，勞師糜餉，有損
無益，下策也。糾合泰西各國，立約通商，借各國以保越南，借越
南以保邊境，俾他族互相牽制，中國得以息肩，中策也。若調集滇
粵水陸各軍，三道並進，諭令越南國王，將未失境土，悉聽中國區
處，另為越王籌一居止，俾奉其祀，如其首鼠兩端，始終抗命，即
因而取之。越南土地與中國毗連，內附天朝，方免淪為異域，夫兼
弱攻昧，既為用武之常經，而畫界保疆，又絕外人之窺伺，一勞永
逸，操縱自如，最上之策，無逾於此。〔註276〕

陳啟泰對光緒九年法國進攻越南南定，眼看都城順化亦將淪陷的危局，提出
上中下三策。陳氏是個忠於國事，且曾彈劾高官營私受賄、上呈「興利除弊
事宜」的剛直官吏，也是在《每懷吟草》序言開端便直言：「聖清受命三百有
餘載，〔註277〕天覆地載，至德洋溢，東被西漸，陸詟水慄。願為臣屬越南，
處西南之際，登福彌厚，為國外蕃，屢世不衰」，有著大清天朝統攝天下，四
方屈服，越南一直是中國外藩屬國觀念的士大夫。所以當陳啟泰或許因為與
阮述的情誼而更關注越南情勢，對於越南問題的解決之道，卻還是回歸到愛
國中心主義，也就是以「經邊要道」為思考原則。宗主國雖要「撫藩字小」，
卻不能損及自我，保越南乃為保邊境，因此派兵出關助陣，不如聯合西方各
強國與越南立約通商，藉此產生相互制衡的效果，甚至最上之策是代越南以
治其國，將一向內附天朝又領土相連的藩屬越南直接畫為疆土，加以保護。

　　不論在北京或越南，唐景崧、陳啟泰與越南使節阮述、裴文禩互動時，
其翰墨定交的友情是真，同文書寫交流亦是美事，若將他們的交遊視為「詩
文外交」，則在中越文化交流之領域無疑是成功的。然而面對涉及戰爭、主
權和國家存亡的實際外交情況，以及傳統宗藩外交體系遭受西方近代外交體
制與條約關係挑戰、衝擊時，情勢不利、節節敗退的中越雙方，是終也只能
各為其主、各護其國，以愛國利己的現實外交主義想法來思考應對之策。阮
述、周炳麟怨懟指責的那個「主持和議，趑趄不進」的當局者李鴻章，在透

〔註276〕蔡冠洛編纂：《清代七百名人傳》，收入周駿富輯：《清代傳記叢刊‧綜錄類》
　　　　（臺北：明文書局，1985年5月初版），第194冊，頁511～512。
〔註277〕陳啟泰於光緒七年（1881）作《每懷吟草》序言，其言「聖清受命三百有
　　　　餘載」，則其乃將清朝統治天下之天命歸於太祖高皇帝努爾哈赤之誕生
　　　　（1559）。

過招商局官員唐廷庚與越南官員的秘密筆談，及其親身與范慎遹、阮述的筆談中，認為越方態度首鼠兩端，既想討好法國，又不想得罪清朝。道光二十九年越南要求一改越王親至河內候旨的往例，讓冊封使前往富春（即順化）都城冊封，其國總督阮登楷甚至有「此議若成，清果以道路之難，停其冊封，則國體益尊，民生久利，尤為計之得等語」；同治十三年越南與法國簽訂甲戌和約，及先後被法人割據南圻六省之事皆未向中國報告，直至問題不可收拾，才將立約情況匯報清廷，造成清朝與法國交涉時只能處於被動局面，都讓李鴻章認為越南違背屬國的本分與忠誠，藐視天朝權威，存有擺脫宗藩關係進而依靠法國尋求獨立之心。李氏對越南當局的不信任，及考量到清朝邊防全局，因此採取「不即不離，設法調停」、「固防觀變」、「劃界通商」等消極方式來處理越法之間的問題。〔註 278〕至於陳啟泰、唐景崧等清朝官吏，除聽命行事外，其思想意識雖有「字小」之情理道義不能不顧，但亦不可損及國家邊境利益，因此必要時廢藩納疆，永絕後患也可以成為一個選項。

　　在西方勢力未介入之前，越南向中國稱臣乃為取得合法統治地位以鞏固政權，並獲取宗藩關係帶來的經濟利益，宗藩關係的維繫，乃建立在務實的利益關係之上，越南人心中獨立自主的意識其實不斷孳長。近代政局變動激烈，政治外交的戰場是現實的、是血淚的，因宗藩關係而催生的友情，在宗藩體制無法因應西方強國帶來的近世之變，在保國圖存成為第一要務時，宗藩關係不堪一擊的情義早已被西方勢力的侵襲啃蝕殆盡，使節情誼縱然在文學、文化交流上璀璨動人，卻也不得不權衡現實處境。俗話說沒有永遠的朋友，也沒有永遠的敵人，越南使節與中國官員之間，太平之時尚可以酬答唱和，成為同文之友，就如其在北京的交遊；大難來時，即使未反目成仇敵，有時也不得不擱置情誼，為己國之利加以設想，則黎貴惇「四海皆兄弟」、阮思僩「聲同氣同固不必地同」的說法，實有其時空條件與國家處境之限制。

三、友情外一章：越南使節阮思僩引發的中越交流

（一）東亞文學交流的風雅之契——許宗衡與阮謙齋

　　中越兩國的官員出身科舉，多有文才，吟詩切磋、詩歌酬贈乃常見的交遊方式，而像前文提及裴文禩與龍文彬這樣請序題詞的交流方式，更是普遍。

〔註 278〕王志強：《李鴻章與越南問題（1881～1886）》（廣州：暨南大學出版社，2013年 3 月第 1 版），頁 74～81、85～101、178～182。

在中越文人官員互相請對方為個人著作寫序題詞的案例中，較為特別的則還有越南使節阮思僩受家鄉父執輩阮謙齋所託，將其《謙齋詩集》攜至中土，「必欲得中興一序之以為快」。阮思僩既請李文田為己之《燕軺詩草》寫序，便囑託李文田亦為阮謙齋詩集作序文一篇。而有趣的是，李文田不僅寫了一篇〈謙齋詩集序〉，還將《謙齋詩集》拿給其友許宗衡觀看。許宗衡（1811～1869），字海秋，江蘇上元縣人，咸豐二年壬子恩科進士，官至起居注主事，〔註279〕居京師，極負時名，詩文皆模擬桐城，著有《玉井山館集》。〔註280〕許氏與越南燕行使阮思僩素昧平生，和遠在越南的阮謙齋更無相識相見之可能，為何會爽快答應撰寫序文？理由有二，其一是許宗衡早有和域外友人交遊酬贈之經驗，其二是樂見文人之間「風雅之契」的因緣。

　　許宗衡在為阮謙齋詩集題序時，自言其過去也曾為朝鮮使節李尚迪（1803～1865）、金永爵（1802～1868）〔註281〕之詩作序，言下之意即對為域外文友寫序一事並不陌生。咸豐八年（1858）第十次來到北京的李尚迪，在孔憲彝（1808～1863）〔註282〕為其舉行的雅集上認識許宗衡，以詩索序，許氏因此為其《恩誦堂續集》作序，〔註283〕李尚迪為表感謝，在其回國後所寫的《西笑編》中，有詩贈予許宗衡，謝其賜序促成刊書一事。許氏於咸豐十年（1860）寫〈望海潮〉一詞酬答李尚迪贈詩，又於同治元年（1862）託董文渙轉寄詩函與己著《玉井山館詞》給李尚迪，同治三年（1864）李尚迪最後一次來到北京，許宗衡亦有送別詩相贈。〔註284〕同治六年二月（1867）

〔註279〕朱汝珍輯：《詞林輯略》，收入周駿富輯：《清代傳記叢刊・學林類》（臺北：明文書局，1985 年 5 月初版），第 16 冊，頁 391。

〔註280〕金梁輯錄：《近世人物志》，收入周駿富輯：《清代傳記叢刊・名人類》第 62 冊，頁 241～242。

〔註281〕金永爵，字德叟，號邵亭，慶州人，新羅敬順王之後，朝鮮末年開化時期領袖人物金弘集之父。

〔註282〕孔憲彝，字繡山，曲阜人。道光十七年舉人，官內閣侍讀，為桐城派文人，著有《對岳樓詩錄》。

〔註283〕據孫衛國研究，咸豐九年（西元 1859 年）《恩誦堂續集》之版本，封面為「恩誦堂續集」，沒有著錄題寫人的名字。內有「咸豐九年正月大興劉銓富署」字樣，前有「上元許宗衡海秋甫序」，交代此書之編輯刊行經過。見孫衛國：〈清道咸時期中朝學人之交誼——以張曜孫與李尚迪之交往為中心〉，《南開學報》第 5 期（2014 年），頁 111。

〔註284〕上述有關李尚迪與許宗衡之交流，參見溫兆海：《朝鮮詩人李尚迪與晚清文人交流研究》（北京：中國社會科學出版社，2013 年 4 月第 1 版），頁 187～193。

許宗衡為朝鮮金永爵的《存春軒詩鈔》作序時，〔註285〕李尚迪已辭世，許氏在序文結尾有這樣一段話：「憶余為藕船序詩，初未見藕船詩；今為君序詩，又未嘗識君之人，惝恍離合之間，而文字聲氣之感，死生契闊之故，與夫今昔愉塞之情，有非語言所可盡者。蓋藕船亦宿草矣！書成擲筆，為泫然者久之」，〔註286〕可見其與朝鮮使節李尚迪友誼之深，及許氏喜結同文之友，往往未見其人其詩，但憑文字聲氣之感而寫序相贈，實為愛好風雅之人。

有未識朝鮮其人便為作序之例，則不難理解當許宗衡因李文田，而得覽越南阮謙齋詩集時，雖覺與阮氏遠隔天海未曾相識，卻能「以文字得相窺於數千里外」，即使「山川阻絕」卻「精神若通」。從前為朝鮮李尚迪、金永爵等人序詩時，許氏便深感於「國家聲教之暨，友朋氣類之應，不圖方壺、圓嶠，復有揮于煙雲」，聲氣相應之友並不多見，轉眼即如煙雲揮散，而其許宗衡和越南阮謙齋，可算是「風雅之契」的神交之友，因此在同治八年二月一日，詩集讀竟，欣然為序，於其京師居所意隱齋作〈謙齋詩集題跋〉以贈。〔註287〕許宗衡其人歿於同治八年，亦即為《謙齋詩集》題跋後不久，許氏便亡故，生命最後盡頭仍以翰墨與素昧平生的越南文人神交，並回思與朝鮮文人曾有的文學情誼，為東亞文學交流再添一筆璀璨動人的紀錄。

（二）不能說的祕密——阮思僩與中土人士的洋教之談

同治八年越南使節阮思僩曾與朝鮮使節論及「洋擾」，大陸學者陸小燕認為因兩國使節互相戒備之故，討論內容與深度有限，所關注者亦在船炮利器間，對引發洋擾的本國「禁教」情形未能提及，此為儒家思想所致的自然之舉。〔註288〕事實上天主教或洋擾根本之由——禁教政策對阮思僩來說，並非絕對「不能說的祕密」，其出使前往北京途中，便曾與湖南布政使李榕談及：「初六日謁見藩台李榕，談次諄諄，以天主邪教為憂」，而其所作

〔註285〕 金永爵於同治五年（西元1866年）將己著《存春軒詩鈔》自其國寄予張午橋，請之向許宗衡求序。見崔溶澈、徐毅：〈邵亭金永爵與清文士交游考述——兼談《中朝學士書翰錄》的文獻價值〉，《北京大學中國古文獻研究中心集刊·第十一輯》（北京：北京大學出版社，2011年12月第1版），頁57～73。

〔註286〕 許宗衡：〈朝鮮金邵亭存春軒詩存〉，收入〔清〕董文渙編著；李豫、崔永禧輯校：《韓客詩存》（北京：書目文獻出版社，1996年4月第1版），頁300。

〔註287〕 〔越南〕阮思僩：《燕軺詩文集》，《越南漢文燕行文獻集成》第二十冊，頁304～307。

〔註288〕 陸小燕：〈同治八年越南——朝鮮使臣交流初論〉，收入張伯偉編：《域外漢籍研究集刊·第十二輯》（北京：中華書局，2015年11月），頁253～254。

〈楚城感懷〉詩有句云：「不知濯錦坊邊廟，更向西溟涕淚無」，濯錦坊之廟即賈誼祠，「西溟」是「西洋」的別稱，痛哭流涕自是為「天主邪教」之傳布。〔註289〕作客北京，阮思僩亦注意到帝都宣武門附近的天主堂，而記於其詩〈燕臺十二絕〉中。處在亦受教案問題困擾甚至因此吃過大虧的中國，阮思僩其實無法全然迴避此類問題。同治八年四月十七日阮思僩返軺行至直隸省城時，曾拜謁時任直隸總督的曾國藩，而後又與曾國藩之幕府門客陳蘭彬、蕭世書、薛福成、吳汝綸等人相見筆談，當時便被問及越南是否從信天主教之問題，阮氏答以「愚民間有從之者」，可見其反對天主教的立場。〔註290〕只不過，阮氏的回答仍只停留在表面現象之述，並未再深入談論越南本國面對洋人傳教問題的態度或政策，此種點到為止或避重就輕、有所保留，甚至閃躲隱瞞的應答態度，實乃越南使節面對中國官員，尤其是京官或津要之官的一貫方式。

再看阮思僩與中國地方官員崔暕的交遊。崔暕（1834～1902），字晦貞，一字啟晦，號貞史（一作貞始），長沙寧鄉人，湘人稱之為「崔五子」。初為縣學諸生，從胡雲翼及廣西提督張玉良擊太平軍，以功候補縣學訓導。光緒元年中舉，任貴州省永寧知州。〔註291〕同治七年十月，阮思僩與崔暕初遇於去程舟中，崔暕攜其著作《禹輿詩卷》相贈，兩人詩相唱和，「萍水偶逢談半日，江山勝蹟舉三隅」。〔註292〕初次見面的兩人，或因尚未熟稔，並未談起洋人洋教之事，崔暕亦未向阮思僩透露自己就是《辟邪紀實》的作者。待阮思僩結束使行任務回國舟次湖南省城，兩人於同治八年七月十八日再度見面，時任候選訓導的崔暕終於和阮氏談到了《辟邪紀實》一書。阮氏《燕軺筆錄》記：「崔貞史登舟雅話，因知京中所見《闢邪紀實》一書乃貞史所作而匿其名者。然彼終以此忌之，遂毀其本，他處有翻刻者，湖南則不存矣。」二十日，崔暕又登舟閒話，「因言今春有洋船到岳陽樓，將欲占樓邊地，立道堂，為土民呵逐，隨揚帆去。」〔註293〕從阮思僩的記述可知其在北京即見過《辟邪紀

〔註289〕〔越南〕阮思僩：《燕軺詩文集》，《越南漢文燕行文獻集成》第二十冊，頁79；張京華：〈三「夷」相會——以越南漢文燕行文獻為中心〉，《外國文學評論》第 1 期（2012 年），頁 30～31。

〔註290〕〔越南〕阮思僩：《燕軺筆錄》，《越南漢文燕行文獻集成》第十九冊，頁 236～238。

〔註291〕張京華：〈三「夷」相會——以越南漢文燕行文獻為中心〉，頁 27。

〔註292〕〔越南〕阮思僩：《燕軺詩文集》，〈和答崔貞史投贈元韻，因為題扇〉，頁 78。

〔註293〕〔越南〕阮思僩：《燕軺筆錄》，頁 268～269。

實》一書，原先不知作者為何人，直至二度與崔暕往遊閒談，才知作者就在眼前。

《辟邪紀實》究竟是什麼樣的書，讓來自越南的阮思僩在北京便已留意，又讓作者崔暕匿藏真名，頗為顧忌，甚至毀本不存，以免留下證據。此書於咸豐十一年（1861）五月底初版，次年八月再版，作者自稱「天下第一傷心人」。全書分上卷、中卷、下卷、附卷四部分，內容包括〈天主教集說〉、〈天主教入國考略〉、〈辟邪說上篇〉、〈辟邪論下篇〉、〈雜引〉、〈批駁邪說〉、〈案證〉、〈辟邪歌〉、〈國防法〉、〈哥老會說〉等篇章。作者多方摘錄有關天主教的傳聞和文章，意圖通過揭露天主教內違理、邪淫、以幻術迷人、以妖術害人的事蹟，說明天主教是無父無君，荒淫無道、邪僻虛妄、禍國殃民的邪教，宜群起而改之，同心而斬絕之。書名雖曰「紀實」，然以今日看來，書中許多記載，多屬道聽塗說，以訛傳訛。〔註294〕《辟邪紀實》既是一本反洋教之書，則作者崔暕和留心其書的阮思僩，其立場同一陣線，皆反對洋教傳布，自然又再談及洋人欲在岳陽樓邊設立教堂傳教遭阻之事。〔註295〕而將與崔暕再度話別，繼續踏上歸途的阮思僩，又作〈和崔貞史投贈原韻即以留別〉詩云：「湘浦秋來月色新，重逢更覺笑談親。氣如古劍登豐寶，心有靈犀照水神。禹跡山川資博雅，雲遊瓢笠訂來因。掛帆明日西風意，難別長沙涕息人。」詩後自注「貞史常著《闢邪紀實》一書，以攻天主邪教。又著《禹輿詩》一部，於《禹貢》山川風物多所發揮。觀其著述，考其趨向，蓋有意之也」。〔註296〕學者張京華認為此詩有感慨「西風」之意，以張華得龍泉、太阿於豫章豐城的「古劍登豐寶」，和溫嶠燃犀角照怪物的「靈犀照水神」，來暗指崔暕反洋教之舉，阮氏認為崔暕著書的「趨向」，在於「攻天主邪教」以存綱常名教，而此思想和阮氏本人相同，因此視崔暕為同道，笑談可親。〔註297〕

〔註294〕鄭安德：〈《辟邪紀實》題解〉，收入鄭安德編：《明末清初耶穌會思想文獻彙編》（北京：北京大學宗教研究所，2003年修訂重印），第五卷、第60冊，頁465～466。

〔註295〕阮黃燕指出，欲在岳陽樓邊建教堂的應是倫敦傳教會傳教士楊格非一團，其自同治七年（西元1868年）至光緒二十六年（西元1900年）先後共七次進入湖南，希望在湖南各地建立教堂，將基督新教傳至中國，但大多被居民驅趕。參見阮黃燕：《1849～1877年間越南燕行錄之研究》（臺南：國立成功大學中國文學系博士論文，2015年6月），頁142。

〔註296〕〔越南〕阮思僩：《燕軺詩文集》，《越南漢文燕行文獻集成》第二十冊，頁152。

〔註297〕張京華：〈三「夷」相會——以越南漢文燕行文獻為中心〉，《外國文學評論》

　　阮思僩與崔暕是志同道合的知心之交，阮氏曾言：「僩既南歸，獲與啟晦再晤，終日舟中筆談，有言不能盡而意已相喻者，益信吾言之庶足以知啟晦也」，足見兩人心意相通，相知甚深。阮思僩認為崔暕著《禹輿詩》實別有用意，此意阮思僩在同治八年八月初一，於衡山舟中為崔暕《禹輿詩》作序時明白點出：「兵刑禮樂食貨，皆有用之學，在所當講求，而要莫急於地輿之學。……方今風會大開，江河日下，西海諸島國日以船炮絕技虎視諸海外，每入一國、至一都，必繪其山川道里以去，彼之深心禍人，不問而知。」〔註298〕阮思僩深知崔暕欲以地輿之學作軍事實用之途，藉此對抗西方列強，因此在序言中道出這番話，想來其對洋人的虎視耽耽和禍害之深也是心有戚戚焉。和崔暕談洋人野心和洋教惑人的阮思僩，似乎少了在北京時面對朝鮮使節和清朝京官的戒心，雖然未有更深入的記載，但至少反對「天主邪教」之事並非不能說的祕密。只是從其與崔暕的互動也可看出，即使少了防備之心，阮思僩的使節身分和國家處境，仍舊令其以權衡利害的選擇性談話來與中國或朝鮮人士交流，只主動打探想獲得的西洋相關情報，但不主動談起越南受到西方勢力壓迫的真實情況。如主動觀察記下俄羅斯、法蘭西、英吉利已在漢口通商九年，漢口下街有三百多家洋行、一千多名洋人，經常有六七艘商船「自西南來」；西方諸國在漢口「各設領事」，又有為通商而設立的江漢稅關，並因洋人在漢鎮而於瀟口北面築城、屯兵六處。再如主動詢問陳蘭彬等人「廣東西洋現情如何」，卻在曾國藩問及西洋人是否往來越南時，僅僅答以「現通商南陲海口」。〔註299〕對阮思僩而言，真正不能說的祕密，不是洋教、不是禁教，而是法人對越南侵略的真實情況。

　　學者孫宏年認為，朝貢期間是中國與越南互相了解國情的重要機會，但以阮思僩使團為例，可看出越南使節並未主動報告本國遭受法國等西方列強侵略情形，甚至在中國官員詢問時有意隱瞞真實情況，之所以如此，主要乃因當時阮朝尚未確定向中國求援以對抗法國，而使團的使命主要為進貢，當然不敢也不會主動向清朝官員通報法國侵略越南的情況。〔註300〕其實，外交

第 1 期（2012 年），頁 27。

〔註298〕上引兩段文句皆見阮思僩：《燕軺詩文集》《越南漢文燕行文獻集成》第二十
　　　　冊，〈寧鄉崔暕《禹輿詩》序〉，頁 225～229。

〔註299〕〔越南〕阮思僩：《燕軺筆錄》，《越南漢文燕行文獻集成》第十九冊，頁 137
　　　　～138、143～144、237～238。

〔註300〕孫宏年：〈傳承與嬗變：從黎峻使團來華看晚清的中越關係——兼議清代東亞

本就爾虞我詐，各為其國考量，不願多談洋人、洋教在越南的情形，更不敢說出越南已和法國簽訂不平等條約，失土喪權的事實，這個不能說的秘密如同巨石壓頂，讓阮思僩在中國，尤其是皇都北京，與中土、朝鮮使節交流時，總是無法暢所欲言，不敢多談敏感話題。

「國際秩序」的虛實〉，《中國邊疆史地研究》第 2 期（2014 年 6 月），頁 47。

第六章　越南燕行使作客北京
所記之觀察與感懷

　　作客燕都的越南使節，其北京書寫中多有在異域生活的各種感懷，如對中國除夕、元旦、端午、中秋、重陽等歲時節令的感觸，對北京冬冷春寒的天氣感受，和客居異地的家國之思、老病之苦等，以及對清朝社會時政的觀察與探問。身為越南優秀仕子及文人的燕行使，其行旅中國、客居異鄉，留下諸多觀察與感慨，本章將針對其在京城皇都的星軺見聞與省思感懷加以考察，探究其知性與感性兩面向的思考，藉此聆聽越南使節北京書寫中，剛柔並存、至情至深的異域心靈之音。而有鑑於北京書寫僅為清代越南使節燕行詩文中的一部分，越南使節沿途記述，至北京則或因公務繁忙，或是天子腳下有所顧忌，又或是文獻亡佚〔註1〕等種種因素，今日可見作客紫禁城期間所留下的紀錄反而數量有限，有些燕行作品甚至沒有任何在北京或與北京相關的書寫，如康熙年間使行的丁儒完《默翁使集》；嘉慶年間使行的黎光定《華原詩草》、阮嘉吉《華程詩集》、吳時位《枚驛諏餘》、阮攸《北行襟錄》與《使程諸作》、潘輝湜《使程雜詠》等。〔註2〕因此本章援引之燕行作品，乃就考察所見符合主題論述者，加以歸類分析。

〔註1〕黎貴惇《北使通錄》之卷二、卷三兩卷，記載其乾隆二十五年（1760）春自越南北上至燕，完成任務後由京城南下，次年六月到達江南此段使程紀錄，今已闕失。

〔註2〕嘉慶初年的越南燕行使程諸作，多無對北京的書寫紀錄，或與嘉慶七年（1802）越南阮朝歷經戰事後取代西山阮氏政權，請求清廷改封國號為「南越」之政局變動、時機敏感有關。

第一節　歲時節令與生活雜感

一、正月新春

　　一元復始，萬象更新，除夕、元旦是送舊迎新的熱鬧日子，整個正月新春也都籠罩在歡愉的過節氣氛中。據《燕京歲時記》所載：十二月三十日晚上為除夕，除夕當天清晨，「皇上陞殿受賀；庶僚叩謁本管，謂之拜官年。世冑之家，致祭宗祠，懸挂影像。黃昏之後，合家團坐以度歲。酒漿羅列，燈燭輝煌，婦女兒童皆擲骰鬥葉以為樂。及亥子之際，天光愈黑，鞭炮益繁，列案焚香，接神下界。和衣少臥，已至來朝，旭日當窗，爆竹在耳，家人叩賀，喜氣盈庭。轉瞬之間，又逢新歲矣。」至於元旦，即大年初一，「每屆初一，於子初後焚香接神，燃爆竹以致敬，連霄達巷，絡繹不休。接神之後，自王公以及百官，均應入朝朝賀。朝賀已畢，走謁親友，謂之道新喜。親者登堂，疏者投刺而已。貂裘蟒服，道路紛馳，真有車如流水馬如游龍之盛，誠太平之景象也。」〔註3〕京師的除夕與元旦，上自皇家下至百姓，朝拜祝賀，熱鬧非凡；爆竹雷響，不絕於耳。越南燕行使作客北京所記寫的燕都新年，亦少不了朝賀行程與爆竹響聲，且因為人在異國，未與家人團圓過節，故不免流露佳節思親、懷鄉的感觸。如乾隆初年使華的阮宗窐，駐節燕京適逢元旦，而有詩云：「鶯堦甲子斗杓寅，客裡光陰又一新。數瓣清香饒態度，一樽黃酒倍精神。衣裳早赴釣臺會，雨露偏承鎬宴春。南望南山千萬里，紅雲縹緲擁紅輪。」（〈金臺元旦〉）寫其在燕京的新年賞花、飲酒並赴宮廷之宴。又有詩曰：「北陸乍回玄帝駕，東風已動使星軺。客中舊歲迎新歲，春意今朝勝昔朝。枕醒他鄉蝴蝶夢，心馳故國馬車囂。微吟淺酌情無限，報曉雞人促早朝。」（〈元旦早起朗吟一律〉）〔註4〕寫其客迎新春，難忘記憶中一樣馬車喧囂的故鄉新年，然而畢竟身在異國，身肩使臣之責，元旦早起仍得趕赴早朝，與王公百官一同向大清天子朝賀。

　　黎貴惇的〈客中除夕〉則云其「萬里賚書奉大君，昔春荏苒又今春。征旆影裡年華晚，長鋏聲中物候新。京國邀歡花下少，鄉園入夢夜來頻。桃符竹爆尋常事，且觀楓庭接縉紳。」奉命使行，千里遠征，時光荏苒，又到歲末

〔註3〕〔清〕富察敦崇：《燕京歲時記》，收入《帝京歲時紀勝　燕京歲時記》（北京：北京古籍出版社，1981年8月），頁45、96。
〔註4〕〔越南〕阮宗窐：《使華叢詠集》，《越南漢文燕行文獻集成》第二冊，頁258～259。

新春,遠離親友獨在異鄉的燕行使,除夕夜少了邀歡花下賞的故人,只有頻頻入夢的家鄉庭園,貼春聯、燃爆竹此等年節喜慶的活動,竟也因客居心情而失色不少,成了百無聊賴的尋常之事,拜訪仕宦官紳,盡力扮演好使節角色對獨自在北京過新年的黎貴惇,或許才是最重要的事。因此其〈客中元旦〉詩前半雖敘寫「爆竹新聲送舊冬,羈愁積雪兩俱融。盤餘昌歜香堪愛,酒欠屠蘇色更紅」,在酒食相伴、爆竹聲響下,新年氣氛看似一度讓其暫忘羈旅之愁,然而此詩後半卻云燕山雲樹雖是美景,但其心中深切之盼始終是能夠早日竣事,星槎返航。〔註5〕在「程途迢遞何多日,辰序逡巡又一年」的旅途中過年,越南使節阮偍〈旅中元旦〉除了直述「幾聲爆竹報春天」的應景氛圍,及「偶逢梅驛嘉賓宴,無限愁情付酒筵」的愁苦客情外,〔註6〕對於除夕、元旦的書寫,尚有一種想像之寫,正如同杜甫「遙憐小兒女,未解憶長安」(〈月夜〉)那般,會遙想南國家鄉的親人們,在新年時刻對遠在異國的自己產生的思念懷想。阮偍〈除夕趲程〉寫其除夕「一霄殘臘新春思,萬里他鄉故國情」的思念之情,並有「自家居者如相憶,未必知余夜趲程」之想;〔註7〕至於武輝珽〈北京除夕〉則記其在除夕當日午後至鴻臚寺演儀畢,即就皇城邊三官廟禪閣上宿憩以待早朝,「守歲宿臨緇閣上,候朝地邇紫宸邊」的特殊過節經驗,讓他想像著「今夕家鄉應有話,使軺北土已週年」,此一越南親友們圍爐團坐談論起自己的畫面。〔註8〕

在「上國芳辰景色饒」的燕臺元旦佳節,武輝珽〈燕臺元旦〉詩云:「客館朝歸南首望,鳳城想像奏虞韶」,〔註9〕遠望南方,想像著越南都城也奏起韶虞之樂,洋溢著慶祝新年的歡樂氣息。〈又元旦述懷〉則曰:「燕臺朝賀禮初完,客館逢春覺剩閒。故國關山頻入夢,他鄉風景強開顏」,朝賀禮結束回到公館,再熱鬧美好的燕京,依舊是他鄉,江山信美,終非吾土,故國關山才能讓人魂縈夢牽,至於故國之人呢?「七旬親鬢應添白,五歲孫衣好戲班」,武氏想像著年屆七旬的雙親鬢角應該又增添不少白髮,而家中稚齡晚輩定然是開心地遊戲玩耍,孝慈情懷滿溢胸中,對離家在外的燕行使來說,

〔註5〕〔越南〕黎貴惇:《桂堂詩彙選》,《越南漢文燕行文獻集成》第三冊,頁232～233。

〔註6〕〔越南〕阮偍:《華程消遣集》,《越南漢文燕行文獻集成》第八冊,頁135。

〔註7〕〔越南〕阮偍:《華程消遣集》,頁135。

〔註8〕〔越南〕武輝珽:《華程詩》,《越南漢文燕行文獻集成》第五冊,頁332～333。

〔註9〕〔越南〕武輝珽:《華程詩》,頁333。

新年願望自然當是「惟喜南軺恩賜早，平安箱篋載將還」。〔註10〕正月新春
濃厚的過節團圓氣氛，對客居紫禁城的越南使節來說，是促生思念的催化劑，
即使是已到正月初七，所謂的「人日」，懷鄉思人之情依舊，阮偍〈人日有
懷〉便云：「旅邸逢人日，徘徊憶故園。梅疎鶯宛轉，花艷蝶翩翩。無客書
齊寂，逢春畫閣溫。緬思年少侶，離思共誰言。」〔註11〕故鄉庭園在阮偍的
想像中蝶舞鶯啼，梅疎花豔，優美如常，可惜主人離家，無客相與論文，書
本無人翻閱，可謂寂寞不已，而他與妻子因公務不得不暫時分離，此番相思
別苦又能對誰傾訴呢？相較之下，阮輝𠐿的新年感懷則少去了悲愁懷思，多
了幾分自信期盼，其詩〈新年喜賦〉：「昨歲舟開珥水津，如今旅次又逢春。
氣從律轉山眉動，斗與天回柳眼新。七十母添蓬鬢雪，二年我隔帝京塵。來
春此日朝元殿，應並駕行並聖君。」〔註12〕阮氏旅次在外，思念七十老母，
想像其鬢髮更添雪白；去歲風塵僕僕來到紫禁城，如今新年又至，分隔兩地
多時、天倫無法團聚的日子，阮氏有信心很快就結束，因為他會圓滿地完成
出使任務回到越南，來春之時必定可以功成受賞，至大殿朝見天子，昂首立
於百官行列中，讓母親與有榮焉。

二、端午、中秋與重陽

越南使節客居北京時，曾經歷端午且留下紀錄的有如下二詩：

萬里馳驅日夜忙，皇皇不覺已端陽。

家人光景迎新序，祖廟烝嘗憶故鄉。

梅驛彊酣蒲酒淡，花旗微拂柳風涼。

太和殿裡今朝宴，鵷列盃唧玉露香。（佚名〈端陽有感〉）〔註13〕

粲粲櫻桃紅滿盤，端陽風味記長安。

獨憐病客逢佳節，臥聽催歸暮雨寒。

（裴文禩〈燕中雜詠八絕其四〉）〔註14〕

〔註10〕〔越南〕武輝珽：《華程詩》，《越南漢文燕行文獻集成》第五冊，頁334。

〔註11〕〔越南〕阮偍：《華程消遣集》，《越南漢文燕行文獻集成》第八冊，頁232。

〔註12〕〔越南〕阮輝𠐿：《奉使燕京總歌並日記》，《越南漢文燕行文獻集成》第五冊，
頁143。

〔註13〕〔越南〕佚名：《使程詩集》，《越南漢文燕行文獻集成》第八冊，頁57。

〔註14〕〔越南〕裴文禩：《萬里行吟》，據越南漢喃研究院所藏抄本 VHv.849／2 影
印，葉 26b。

從詩中內容可知，端午佳節使節獲邀至太和殿赴宴，除卻此項官方活動外，佳節氣氛依舊催生出點點鄉愁；而人在北京的越南使節，喝著應景的菖蒲酒，吃著滿盤鮮紅美味的櫻桃，這就是京師風味的端陽節。按《燕京歲時記》所載：「京師謂端陽為五月節，初五日為五月單五，蓋端字之轉音也。每屆端陽以前，府第朱門皆以粽子相饋貽，並副以櫻桃、桑椹、荸薺、桃、杏及五毒餅、玫瑰餅等物。其供佛祀先者，仍以粽子及櫻桃、桑椹為正供。亦薦其時食之義。」〔註15〕足見櫻桃確實是北京端午記憶中不可少的一點紅。

　　離人心上秋，秋天本就是極易勾人愁思的季節，而月圓人團圓的中秋，更是讓越南使節月下有懷，而形之於筆墨。代表西山朝在乾隆五十四、五十五年兩度燕行的使節武輝瑨，連續兩年都在異國度過中秋，第一次有〈熱河公館中秋漫興〉：「逶巡旅吹忽秋中，光景撩人不放空。客地寒衣今夕異，閒庭月色去年同。官廚供酒香難狀，館伴談詩語欲通。想得家鄉班席上，賞燈燕樂工融融。」〔註16〕熱河的塞外中秋之景，必然與南國不同，難怪武氏要說「光景撩人」。一樣的月色，不一樣的寒涼，武氏在熱河公館飲酒談詩，遙想故國家鄉的宮殿筵席上，眾多同僚應該在燕樂伴奏下，列班賞燈，歡慶佳節，其樂融融。第二次出使大清，武輝瑨與安南國王同行，時節又至中秋，其有〈中秋〉詩云：「是年去歲中秋月，熱水明園萬里人。娥好玉顏全似舊，使華斑髮又添新。時光強半隨今夜，客況添多老此身。想得家鄉懽席上，舉樽遙為祝回馱。」〔註17〕去歲今年皆在異國賞看中秋之月，流光似水，嬋娟依舊，只是自己似乎隨著星軺出使而身老、髮斑，本該團圓的中秋夜，竟如去年在熱河一般，只能遙想家鄉歡樂的宴席上，親友們或許正舉杯祝自己早日回程，使於四方、不辱君命，千里歸來。

　　與武輝瑨一同陪安南國王阮光平前至中國的還有潘輝益，在中秋當日「自京城扈侍月壇，夜就圓明公館」，而有〈客館中秋〉詩作，「寒空娥鏡照庭堦，清影遙從桂海來。秋色半分忙裏過，鄉心五夜夢中回。霜侵愁鬢憑孤檻，漏歇良霄倒醉杯。蓬梗連年遊子恨，春城諒闉又燕臺。」〔註18〕月明

〔註15〕〔清〕富察敦崇：《燕京歲時記》，收入《帝京歲時紀勝　燕京歲時記》（北京：北京古籍出版社，1981年8月），頁65。
〔註16〕〔越南〕武輝瑨：《華原隨步集》，《越南漢文燕行文獻集成》第六冊，頁322。
〔註17〕〔越南〕武輝瑨：《華程後集》，《越南漢文燕行文獻集成》第六冊，頁384。
〔註18〕〔越南〕潘輝益：《星槎紀行》，《越南漢文燕行文獻集成》第六冊，頁244～245。

如鏡，光照庭階，公務之忙讓潘輝益沒有過節的閒適心情，然而每逢佳節倍思親的團圓氛圍，倒是讓他一夜鄉心迴繞夢中。遊子離家如秋蓬隨風飄飛，行至燕臺的使節雖是因公而來，在中秋佳節此刻，也不免生出無法歸家的漂泊之感。事實上，對於秋天，文人騷客總是多有感發，文才皆是越南國內佼佼者的燕行使自不例外，武輝瑨第二度出使中國，在秋意正濃的中秋前後，與同行的翰林待制段浚和中國友人裴應繩〔註19〕，皆作〈燕臺秋詠〉三十首相互切磋，各自道意。武輝瑨以〈秋風〉、〈秋雨〉、〈秋月〉、〈秋雲〉、〈秋露〉、〈秋霜〉、〈秋霞〉、〈秋烟〉、〈秋山〉、〈秋水〉、〈秋砧〉、〈秋草〉、〈秋葉〉、〈秋荷〉、〈秋菊〉、〈秋柳〉、〈秋蘭〉、〈秋梧〉、〈秋蟀〉、〈秋雁〉、〈秋燈〉、〈秋琴〉、〈秋晴〉、〈秋夜〉、〈秋園〉、〈秋夢〉、〈秋聲〉、〈秋色〉、〈秋香〉、〈秋酒〉為題，段浚則有〈秋笛〉、〈秋浦〉、〈秋閨〉、〈秋瑟〉、〈秋爐〉五首與武輝瑨不同題，其餘皆同。〔註20〕藉秋詠物抒懷，當中自不少秋愁與鄉思，秋天的清冷夜晚、秋天的蕭瑟之聲、秋天的鄉國之夢，客途秋恨雖未綿綿不絕，倒也著實令人感嘆。

其實，「團圓」本就是中秋節俗的中心意義，因為家族生活之故，中國人有較強的家族倫理觀念，重視親族情誼與血親聯繫，因此形成了和睦團圓的民俗心理，而家庭成員的團聚便成為家族生活中的大事，如除夕的「團年」、清明的祭祖、重陽的聚飲皆是。中秋為花好月圓之時，人們由天上的月圓聯想到人事的團圓，故中秋在古代被視為特別的「團圓節」，每到此節，人們就格外渴望家庭的團圓及人事的圓滿。〔註21〕越南風俗文化深受中國影響，因此「萬里燕臺夜，中秋對客鄉」（黃碧山〈中秋夜雨〉）〔註22〕的越南使節，其客居異國的中秋之寫，便多有月圓人不圓、思家念國的愁寂孤獨。如道光年間抵華的潘輝注、黃碧山和黎光院，分別有句云：「萬里使星鄉夢緲，半分秋色客心驚」（〈中秋待月有懷〉）、「憑几看孤燭，懷人洗冗觸。龍編當此夕，

〔註19〕裴應繩，江西吉水人，曾贈詩段浚，段氏言其有才情，惟己能知其句，段氏《海翁詩集》中有〈贈吉水儒醫裴應繩〉詩，讚其儒雅風流且有仁醫之術，並覺裴氏一路輪蹄相伴，甚是有緣。見〔越南〕段浚：《海翁詩集》，《越南漢文燕行文獻集成》第七冊，頁76。

〔註20〕〔越南〕武輝瑨：《華程後集》，《越南漢文燕行文獻集成》第六冊，頁373～383；〔越南〕段浚：《海翁詩集》，頁83～90。

〔註21〕蕭放、張勃：《中國節慶》（上海：上海古籍出版社，2010年8月第1版），頁114～116。

〔註22〕〔越南〕黃碧山：《北遊集》，《越南漢文燕行文獻集成》第十一冊，頁334。

應說北遊郎」(〈中秋夜雨〉)、「今宵況是中秋節，月故鄉來應倍明」(〈燕京公館即事〉)，道出中秋作客燕京的幽愁情懷，而無法立即歸國的越南使節，最終也只能「一杯且共同遊醉」了(〈中秋待月有懷〉)。〔註23〕不過，道光十一年（1831）與潘輝注一同使行的張好合，其〈燕京中秋〉倒是沒有流露太多感傷之情：「銀匣風移驛舍頭，始知今日在皇州。九重閶闔開華旦，萬戶笙歌仰勝遊。唐輦再乘清月夜，漢宮又到一年秋。天燈不似尋常看，遠近星光遍御樓。」〔註24〕中秋佳節萬戶笙歌的燕京都城，家家戶戶應當沉浸在「皓魄當空，彩雲初散，傳杯洗盞，兒女喧嘩」〔註25〕的熱鬧情境中，繁華京師，天燈滿星空，如遠似近，遍照皇家宮殿高樓，張好合眼中的北京中秋，除了異鄉人的眼淚，還有都城人的笑容。

至於書寫重陽，范熙亮有〈重陽〉詩云：「萬里仍為客，重陽且舉杯。酒酬佳節過，夜月故園開。風日看秋圃，衣冠想夏臺。神京即仙島，何事陟高來。」重陽登高聚飲是習俗之一，即便萬里為客，越南使節仍要舉杯飲酒，以免辜負佳節美景；在重陽節裡，秋圃賞菊，神京帝都即是蓬萊仙島，置身仙境又何須登高避邪。重陽賞菊，觀賞花中之隱逸者也的菊花，是重陽節的重要習俗，都城人稱菊花為九花，「每屆重陽，富貴之家以九花數百盆，架度廣廈中，前軒後輊，望之若山，曰九花山子。四面堆積者曰九花塔。」〔註26〕范熙亮在北京度過重陽節，賞菊自不可免，由其〈憶菊〉、〈覓菊〉、〈問菊〉、〈得菊〉、〈對菊〉一系列詩作即可推敲出。而其〈對菊〉一詩寫道：「征衫半染帝京塵，紙帳風敲警夢頻。秋色相看霜裡艷，分明清瘦沈郎身」，於詠菊之外，還是隱微提及行旅征塵、作客異國的鄉愁幽夢。〔註27〕

〔註23〕〔越南〕潘輝注：《華軺吟錄》，《越南漢文燕行文獻集成》第十冊，〈中秋待月有懷〉，頁284～285；〔越南〕黃碧山：《北遊集》，〈中秋夜雨〉，頁334；〔越南〕黎光院（阮黎光）：《華程偶筆錄》，〈燕京公館即事〉，《越南漢文燕行文獻集成》第十二冊，頁362～363。

〔註24〕〔越南〕張好合：《夢梅亭詩草》，《越南漢文燕行文獻集成》第十二冊，頁197。

〔註25〕〔清〕富察敦崇：《燕京歲時記》，收入《帝京歲時紀勝　燕京歲時記》（北京：北京古籍出版社，1981年8月），頁78。

〔註26〕〔清〕富察敦崇：《燕京歲時記》，頁81。

〔註27〕本段所引范熙亮詩句，皆出〔越南〕范熙亮：《北溟雛羽偶錄》，《越南漢文燕行文獻集成》第二十一冊，頁81～82。

三、帝都寒雪

　　而燕京帝都的寒冷天氣，縱使節令已至春天，仍是寒意襲人，讓越南使節阮思僩曾道「春國寒如此，天涯客未還」（〈御河早行〉），更說「幽燕之地，寒苦春遲，驚蟄二月節已旬日矣，而草木俱未萌動，道旁枯柳尤覺無復生意」，因此感而賦詩：「三分春色一分空，依舊枯枝立晚風。朔雪不教縈別緒，東皇無計下全功。淒涼白日黃沙外，憔悴車塵馬跡中。爭似故園花信早，翠眉半覆小軒東。」（〈枯柳〉）想起越南家園春天花信早到，很快便滿團錦簇花開，生機蓬勃、綠意盎然的氣候，阮氏顯然不習慣北京的柳樹已過驚蟄卻仍枯槁無生意，如此與故國家鄉殊異的「寒苦春遲」之景，讓他再次提筆寫下「綠草似茵花似錦，十分春色到清明」（〈燕臺十二紀〉之六），並註明燕京地寒，至三月初始有其苦盼而至的春色。對於北京的天氣與因應之生活，阮思僩〈燕臺十二紀〉之八有云：「陸海春風萬寶登，朱樓銀杏裹紅稜。天家傳換新涼帽，三月街頭正賣冰。」又加註語交代：「例定三月換戴涼帽，八月換戴煖帽，每屆期，禮部奏請內閣奉諭施行。又冬天藏冰，至春末夏初，出宴飲置食案中，則肉不餒，市肆間多有賣者。」可見燕京三月天氣方暖，八月入秋即有涼意；而冬寒結冰，人們便加以保存利用，使食物在炎夏間也不致腐敗。〔註28〕

　　「樹上風彈葉，階前月裏霜」（范熙亮〈九月立冬〉）〔註29〕，自立冬開始，北京的天氣便一日寒勝一日，雖然寒意令人難忍，但是天降瑞雪卻讓越南使節饒富興味。乾隆三十七年在涿州見到雪景的武輝珽，頗為驚訝於眼前的大冬之雪，遍野觀看如堆鹽虎、如撒玉龍的片片白雪，欣喜於「昔聞今見真堪賞」，因此「煖酒頻斟興轉濃」（〈涿州見雪〉）。其後又作〈雪天野望〉詩：「一夜寒嚴雪載塗，星軺曉駕趨華衢。西閭亭嵩粧銀海，四顧郊原圍玉壺。披絮客憑驢皆過，踏瓊人傍犢車驅。南來幸此逢奇賞，隨處江山好上圖。」〔註30〕一夜雪深，大地似乎被粧點成一片銀海，野地郊原倒成了白玉之壺。披絮踏瓊，雪花紛飛墜地，來自南方而得見銀白世界之奇景，大清江山果然景色如畫。不過更有意思的是，武輝珽的兒子武輝瑨在乾隆五十四年出使時，

〔註28〕〔越南〕阮思僩：《燕軺詩文集》，《越南漢文燕行文獻集成》第二十冊，頁114、118、123、124。

〔註29〕〔越南〕范熙亮：《北溟雛羽偶錄》，《越南漢文燕行文獻集成》第二十一冊，頁83。

〔註30〕〔越南〕武輝珽：《華程詩》，《越南漢文燕行文獻集成》第五冊，頁329～330。

持其父燕行詩集北行，或為奉作承擔艱難使命之精神支柱，或權作初往異國他鄉的旅行指南。〔註31〕而來到涿州之時，「回觀家尊詩稿有涿州見雪之作」，因此依韻書懷，寫了〈涿州夜行〉一詩，「旋蠻逡巡到涿州，回觀家稿動閒愁。嚴韜昔往初逢雪，軯乘今來正值秋」，〔註32〕換言之，秋天到達涿州的武輝瑨並未如其父見到玉龍飛舞、鹽虎成堆，但是同樣踏上燕行之路，在異國之地步軌父跡，和韻父詩，此番題詩，頗有薪火相傳之意，箇中樂趣自是無窮。

另外，同治十年在北京的范熙亮，曾記十月二十三日下雪深積一尺餘，「晴後，人家輦載雪開，行路如石塊，有大不載者，歷日不銷」，〔註33〕雪霽天晴然路上雪塊猶有大而不載者，多日未見消融，足見帝都冬雪之寒冷嚴峻，令范氏印象深刻，提筆記之。對於冬雪，范氏猶有詩云：「彤雲昨日正昏昏，繞到飛花景漸翻。五鳳城樓群玉島，萬家亭樹廣寒門。祈年禾黍秋同兆，作客輕裘敝亦溫。煎向茶甌清俗念，遠遊愈識我皇恩。」（〈雪〉）〔註34〕彤雲密布，雪花紛飛，銀白雪衣讓五鳳城樓彷如變身群玉之島，讓萬家亭樹如居廣寒月宮；瑞雪降臨，應時豐收，即使作客北京裘輕衣敝，其身亦因天恩皇恩同賜萬民而溫暖不寒。顯然天氣嚴寒的燕京，在冷天之外，因冬雪織就的山河美景與祥瑞之兆，讓越南使節尚能保有一點吟風弄月之趣。

四、客途老病

生老病死是人生必經歷程，細膩多思的文人其感觸自然深刻，而旅行當中的冒險、新奇、感官震撼雖可替人帶來新鮮、獨特乃至欣喜的痛快之感，卻往往也可能因為旅途當中的種種不適應，及身體可能產生的衰老、疾病、甚至死亡，而有複雜難解的生命之嘆。黃碧山在道光五年八月二十九日，因使團某公生日而有〈生日容懷〉一詩：「拋擲韶華歲幾更，一年一歲一秋情。涼空粉壁縈南巷，淄化殘衣浪北京。老去不關悲此度，渾然無復似初生。徘徊深夜看牛斗，年又逢年怯邁征。」〔註35〕歲月增長、年華老去，確實讓人

〔註31〕陳正宏：〈《華原隨步集》提要〉，見《越南漢文燕行文獻集成》第六冊，頁291～292。

〔註32〕〔越南〕武輝瑨：《華原隨步集》，《越南漢文燕行文獻集成》第六冊，頁323。

〔註33〕〔越南〕范熙亮：《范魚堂北槎日記》，據越南漢喃研究院所藏抄本A.848影印，葉58a。

〔註34〕〔越南〕范熙亮：《北溟雛羽偶錄》，《越南漢文燕行文獻集成》第二十一冊，頁85。

〔註35〕〔越南〕黃碧山：《北遊集》，《越南漢文燕行文獻集成》第十一冊，頁336。

徒生傷感，更何況是在夜深的異國星空下，韶光帶走的不只是人的體力、精力，還有少壯堅強的心志，「怯於遠征」或許正是人在北京的越南使節，心中最真實的生日感懷吧！衰老令人擔憂，病痛何嘗不是？阮輝僅便有詩〈病後漫成〉，書寫其異國生病之感如下：

> 元陽此日覲天家，退食寒威染素紽。
>
> 體每增衣猶覺冷，粥纔對口已嫌多。
>
> 紙篩鹹水調新葉，炭合鮮柴煨宿茶。
>
> 愈後當窗呼僕問，我今肥瘦較如何。〔註36〕

朝覲天子日程繁忙，身體或許早已疲累，因此才會在公餘休息之時不小心沾染風寒。而病體畏寒，讓阮輝僅不斷添衣保暖卻猶覺寒冷，懨懨病懶食慾不振，方吃一口粥便嫌太多。人在異鄉病中孤苦，身心之傷所在多有，不過飲下暖茶的阮氏，還是能苦中作樂，打趣說著病癒之後要當窗呼僕，問問看自己究竟是肥了還是瘦了？雖未明言衣帶漸寬，卻給人無限想像與嗟嘆。阮偍則有〈病後戲作〉詩如下：

> 深更不寐結愁思，糊紙窗前淡月窺。
>
> 心欲自強頻索粥，身常怕冷數添衣。
>
> 旅情撩亂將殘版，鄉夢低迷半醉辰。
>
> 平復御醫初飭喜，禮曹疊報起身期。〔註37〕

愁思百轉、夜深不寐，只能窺看窗外淡月，病中的阮偍雖欲勉己自立自強，努力吃粥冀能早日恢復，可惜病魔之襲，仍讓其怕冷畏寒憑添暖衣。平時生病已是折磨，更何況是在陌生的國度病倒；身在異國本就思鄉情濃，更何況是病中的脆弱之心？旅人情懷、鄉夢縈繞，阮偍的思緒與心緒自然繚亂而低迷，幸好在御醫診治下身體逐漸康復，只是才剛有那麼一點病體初癒之喜，禮曹公文卻又不斷報來朝貢儀節的遵循項目，越南使節作客北京的生活，恐怕便是日日勉力起身、扮演好行禮如儀的外交使臣，至於病痛，當是無可避且要有所忍。

「天閣重覲九門開，海客初停六轡來。月淨鴻臚登几席，秋清紫禁認樓臺」，來到紫禁城的越南使節，得忙著到鴻臚寺演儀；「觀光飽歷無邊量，專

〔註36〕〔越南〕阮輝僅：《奉使燕京總歌並日記》，《越南漢文燕行文獻集成》第五冊，頁144。

〔註37〕〔越南〕阮偍：《華程消遣集》，《越南漢文燕行文獻集成》第八冊，頁137～138。

對猶慇靡及懷。最是謠諏忙底事，雲山未暇掌中杯」（潘輝注〈燕京譯館書事〉），忙著在都城觀光遊歷、執行專對任務、拜訪接見徵詢問事，日日繁忙，甚至無暇忘塵飲酒，如此辛勞自是容易患疾。道光十一年（1831）二度使華的潘輝注，在直隸路上即已有恙未癒，作詩自述：「關塞馳驅兩鬢華，燕雲此度又驅車。秋光萬里羈懷遠，病骨三分客感多。蕭颯風沙驚蝶夢，悽清霜露促驪歌。急公但冀朝天早，敢憚勞勞駱轡賒。」（〈直隸車行自慰，辰余客恙未痊〉）馳驅萬里，雙鬢已斑，羈旅情愁，病瘦見骨，然而即便如此，心急公事不敢耽擱，期望早日朝天，怎敢因病苦而延誤行路日程。只是待到北京，潘氏重又染病，「一半秋光正可憐，臨秋病思獨蕭然。不堪驛館茶甌冷，辜負空階桂魄懸。雲外家山千萬里，夢中樓閣九重天。公竣但得歸軿好，月下浮杯待隔年。」（〈十五夜病中遣悶〉）秋日生疾，蕭然苦悶，家鄉遠在雲山千里之外，只能夢裡相見，若問「江山雙鬢諳重度」的燕行使潘輝注其心中最大期盼為何？或許就是公竣歸軿，讓「蘆溝橋畔千條柳，還惹風煙送客行」（〈九月初二日，出燕京，回憶華程偶得〉），回到熟悉的家國月下浮杯，享受體態康適、從容自在的賞月閒情。〔註38〕

　　生病尚且令人心煩鬱悶，若是遇到生命消逝、客死異域，更讓人不勝唏噓。乾隆六十年阮偍二度出使，不幸的是尚未回到越南，使團正使阮光裕即過世，其死因日本學者清水太郎考察朝鮮王朝《正宗實錄》「正宗二十年一月丁巳」條，有該日大寒，樹木多凍死，後聞中國人傳言，是日天下皆如此，安南國使臣便因此凍死的記載，指出阮光裕即因酷寒以致凍死於北京。〔註39〕對於阮光裕「齎貢遠來，患病身故」，清廷「特賞銀三百兩，經理喪事，至靈櫬遄歸，令伴送官員，沿途妥為照料」。〔註40〕阮偍則有〈挽大陪臣〉詩，言其「正月二十一日就城外公館告行期」，因成一律：

　　　　才望英聲播海陬，皇華應送入中州。

　　　　共球將命方同幹，風雪撩人動別愁。

〔註38〕此段引述詩作皆出自〔越南〕潘輝注：《華程續吟》，《越南漢文燕行文獻集成》第十二冊，頁 72、73、78～79。

〔註39〕〔日〕清水太郎：〈漢字文化圈內での使節間交流：ベトナム使節と朝鮮使節を例として〉，《東アジア文化交涉研究》第 7 號（2014 年 3 月），頁 486。

〔註40〕〔清〕崑岡等修，劉啟端等纂：《欽定大清會典事例》（上海：上海古籍出版社，2002 年第一版，據光緒石印本影印），《續修四庫全書》第 806 冊，卷 513，頁 160。

旅舍徘徊春樹冷，寒天索寞暮雲幽。

迢迢親送靈輀返，離恨千重載滿舟。〔註41〕

能夠作為越南正使率團赴清，才華自是過人，使團一行克服種種艱險，齊心協力完成出使任務，更有同心共命的革命情誼，因此遇到同伴逝於中州，無法一同回返故里，享受功成榮耀，生離死別之感傷愁恨自是難免。風雪撩人、春樹淒冷、寒天消索寂寞、暮雲幽幽，如此清冷之景反映出阮偍的沈重與傷感。故人已逝，就算滿舟離恨，唯一能做的也只剩千里迢迢護送靈柩返鄉，讓同僚落葉歸根，安葬故土，得以安息。不堪長途跋涉、風霜勞頓而在華病故的外國貢使，順治元年就曾規定由大清官員撰擬祭文、備辦祭品，遣官諭祭一次，置設墳塋，立石封識，待回程時聽由來使人員帶回安葬；若於京中病故，則給棺木紅緞，遣祠祭官諭祭。橫跨千山萬水的異域行旅，是朝廷交代的公務，即使有可能客死他鄉也要勇往直前，越南貢使在華病逝的記載至少十筆以上，〔註42〕雖然因公殉職的生命故事在越南使節的北京書寫裡所占不多，然而那一縷幽魂的模糊身影，千百年來始終未曾消失。

第二節　家國之思與歸輒之感

一、家國之思

　　人對於地方總有主觀和情感上的依附，生活環境及成長過程中的經驗累積，會讓人產生種種熟悉的情境，並從中獲得安全感和歸屬感，此即所謂的「地方感」。〔註43〕準此，對於具「地方感」的人來說，家鄉是富親切感、安全感、混合記憶、生活和情感的地方，多數人將自身的家鄉視為世界的中心點，因為相信自己處於中心，因此鄉土具有無法取代的特殊價值。〔註44〕而對於作客北京的越南使節來說，其行旅至遠方，身處異地，更容易將自己

〔註41〕〔越南〕阮偍：《華程消遣集》，《越南漢文燕行文獻集成》第八冊，頁234。

〔註42〕孫宏年：《清代中越關係研究（1644～1885）》（哈爾濱：黑龍江教育出版社，2014年2月第1版），頁96～98。

〔註43〕Tim Cresswell著，王志弘、徐苔玲譯：《地方：記憶、想像與認同》（臺北：群學出版有限公司，2006年一版），頁14～15；段義孚著，潘桂成譯：《經驗透視中的空間和地方》（臺北：國立編譯館，1998年），頁129～141。

〔註44〕林淑慧：《旅人心境：臺灣日治時期漢文旅遊書寫》（臺北：萬卷樓圖書股份有限公司，2014年2月初版），頁15。

與家鄉置於中心點，因此生發思國懷鄉之情，而家鄉與祖國的地方感也往往隨之放大。前述論及蕭瑟的秋日、團圓的中秋，容易引動遊子的思鄉之情，越南使節的鄉關之愁，在臨近中秋佳節，確實特別濃烈。乾隆五十五年（1790），潘輝益和武輝瑨、段浚三人在中秋節前二日的夜晚，因萬壽節朝觀禮完畢，夜坐閒話談心，賦得「如此良夜何」詩作，〔註45〕其中潘輝益對著「皎魄空庭月」，聽著「繁聲隔壁歌」，而生「秋光隨處好，世路老人多。寂寞寒燈畔，鄉心不禁何」之感嘆，秋光月色雖美，可惜異域之城只有寒燈陪伴，寂寞鄉心，思念難止。武輝瑨則言「近日中秋朗，風如故國和」、「雁過心同遠，燈看鬢漸皤」，風如故國、心隨雁遠，催人鬢皤的恐怕正是離鄉之愁；至於段浚，「涼風吹玉漏，薄紙漾金波。淡蕩征人思，淒涼絕寒歌」，征人之思總是隱微漂蕩，歌聲入耳更覺淒涼絕寒，離家遠行自有道不完的思念。

人在北京，望不見故鄉、故國，但心中的熟悉感、親切感，以及往昔生活的點滴記憶，都讓越南使節產生鄉國之思，「家在交南遠，春來薊北遲。黲鸞無異術，乍夢即還歸」（范芝香〈春夢〉），〔註46〕南交與紫禁城山水相隔，路遠迢遞，故國鄉關只能夢裡相尋，卻又苦恨好夢易醒；而春日遲遲的帝都，卻是「燕臺秋氣早，鴻雁已南飛。客路依人久，鄉心逐爾歸」（阮述〈見雁〉），〔註47〕燕臺早秋，鴻雁南飛，客久未歸，思鄉情濃，只好將一片鄉心交託飛雁帶回。不過，對於家鄉、故國的思念，在越南使節的北京書寫中，也並非全是悲愁之情，也有以正面期待榮歸早還的方式敘寫其內心的家國之思。如下列三首詩作：

> 寒氣侵裘夜不眠，含情撫景倍悽然。
> 徘徊燕館三更月，想像鴻山萬里天。
> 雪積半階磚榻冷，風吹四廈紙窗穿。
> 故鄉預美歡娛席，中夏蓮開策馬旋。（阮偍〈春夜偶吟〉）
> 披拂清□動客塵，湘梧荊趙歷關津。

〔註45〕〔越南〕潘輝益：《星槎紀行》，《越南漢文燕行文獻集成》第六冊，頁244；
〔越南〕武輝瑨：《華程後集》，《越南漢文燕行文獻集成》第六冊，頁373；
〔越南〕段浚：《海翁詩集》，《越南漢文燕行文獻集成》第七冊，頁81～82。
〔註46〕〔越南〕范芝香：《郿川使程詩集》，《越南漢文燕行文獻集成》第十五冊，頁180。
〔註47〕〔越南〕阮述：《每懷吟草》，《越南漢文燕行文獻集成》第二十三冊，頁20。

千重山水圖難盡，萬里鄉關夢亦頻。

月似留情臨客館，天應有意厚吾人。

指南及早還車轡，前路風光日又新。（鄧文啟〈燕京感興〉）

關河秋色霄長空，正好平分九十中。

几案清浮梧井月，神情香滿桂花風。

鬢眉共認今霄白，鄉國遙知此景同。

且酌霞杯留一半，隔年盡醉鳳城東。

（李文馥〈中秋夜與人對月〉）〔註48〕

春寒夜無眠，撫景情悽然。對於北京的天冷春寒，越南使節其實並不習慣，積雪、風吹、磚榻冷、紙窗穿，夜半三更未能入夢，月下徘徊想起的是萬里之外的家鄉。雖然冷天寒夜孤不成眠，但阮偍似乎並未太過悲傷，因為他已預想夏日時節回到故鄉，親友必定事先備妥豐盛美好的酒席為其接風洗塵，眾人歡娛說笑，慶祝其不辱君命，完成使行任務。鄧文啟則是描述自己風塵僕僕行歷關津，在湘梧荊趙的千重山水路途中，總是頻頻夢及遙遠的家鄉。客館暫住，望月生感，思鄉的鄧文啟並不悲苦，因為月似有情、天應有感，一切的重責很快就會卸下，功成南歸，而他也能夠愜意欣賞前路日新又新的美麗風光。至於李文馥，比起阮偍和鄧文啟，似乎更豁達爽朗，在異國度過中秋節，沒有月圓人不圓的感嘆，而是自在地觀賞秋色長空、閒坐月下浮白、感受微風送來桂花的香氣。即使鬢眉已白，但想起故國鄉里的親朋友輩，此時此景應該也是佳節賞月，千里共嬋娟，雖然分隔兩地，也算同賞月色、皆飲美酒，明年的中秋便可團聚，在自己的國都暢飲盡醉。如此不泥於現狀分離之苦，反而達觀以對，想像、期待未來相聚的美好，這是越南使節告別憂傷愁情的「共看明月應垂淚」，而以正面思考的方式抒發思國懷鄉之情。

另外，越南使節在北京暫住的四譯館館舍，是生發思鄉之情最主要的建築空間。正如同中秋思鄉懷人是詩歌言志抒情多見的主題，因此成為文人閱讀的集體記憶，「遊子思鄉」、「客館思歸」亦是文人記憶中不曾少聞的詩調，月光會召喚遊子內在的「鄉思」情感，「客館」也會勾起離人心中的思歸情愁。

〔註48〕上引三詩分別出自〔越南〕阮偍：《華程消遣集》，《越南漢文燕行文獻集成》第八冊，頁 233～234；〔越南〕鄧文啟：《華程略記》，《越南漢文燕行文獻集成》第十二冊，頁 22；〔越南〕李文馥：《周原襍詠草》，《越南漢文燕行文獻集成》第十四冊，頁 215。

范熙亮初抵位於北京城正陽門西內務府四譯館的留宿公館時，便有詩云：「蘆溝橋外趨長風，順治門旁解玉驄。漫擬期年三馬至，恰當八月一查通。高秋城闕浮遙紫，陸海塵煙滾軟紅。歷覽愈催鄉國思，南天回首路千重。」（〈抵公館〉）〔註49〕歷盡千辛萬苦終於來到北京，然而抵達公館，對著紫闕高樓，紅塵滾滾所催生的是鄉國之思，是不斷回首南天，卻覺已隔千重的離家之愁。武輝珽的〈客館書懷〉，表達思鄉、思親之情，更是直接：「觀光有幸到華畿，館例偏教客興糜。燈下倩書常作對，窗前除月幾相知。五更歸夢萬餘里，一日思親十二時。惟有雪中梅數點，春回早為報南枝。」〔註50〕萬里觀光，幸臨華畿，可惜難得的旅程，讓其體會深刻的卻是客館的約束與孤獨，夢牽鄉關，一日有半日皆沉浸在思親之情中，因此期待能早日歸國。與武輝珽有同樣感受的還有阮偍，其〈留題燕京公館〉詩云：「客館逡巡一月餘，風光冷淡思悽如。厚磚築榻寒威透，薄紙糊窗月影虛。人鮮知音談笑懶，景稀得興酢酬疎。蒙恩幸得歸軺早，遙指南天訪我廬。」〔註51〕阮偍待在風光冷淡、寒氣逼人、紙窗掩月的燕京公館裡，情思淒然；知音稀少，談笑亦懶，眼前之景未得其興，如何飲酒酬酢。其實公館只是客居之所，自然無法讓阮偍有如自家屋宅那般的溫暖，所以能早日歸軺，重回南方天空下的「我廬」才是他心中所願。

　　越南使節下榻的燕京四譯館館舍，是其作客北京期間的主要住所，起居仰臥在此，停留時間短則一個月，長亦有近三個月，如若加上往京路程單趟大約半年至一年的時間，〔註52〕此段為期不算短的旅程，自然容易思國懷鄉，

〔註49〕〔越南〕范熙亮：《北溟雛羽偶錄》，《越南漢文燕行文獻集成》第二十一冊，頁80～81。

〔註50〕〔越南〕武輝珽：《華程詩》，《越南漢文燕行文獻集成》第五冊，頁331。

〔註51〕〔越南〕阮偍：《華程消遣集》，《越南漢文燕行文獻集成》第八冊，頁234～235。

〔註52〕阮輝僊於乾隆三十一年正月三十日離鎮南關北上，十二月二十一日入北京城，乾隆三十二年二月十六日離京，停留近兩個月，去程三百二十多日，費時近一年；黎峻、阮思僩、黃竝使團於同治七年八月初一日離鎮南關北上，同治八年正月二十九日抵京，四月初十日啟程出京，停留近三個月，去程約半年，一百八十日左右；范熙亮於同治九年十二月十三日離鎮南關北上，同治十年八月二十三日抵京，十一月初十日出京回國，停留兩個多月，去程費時八個多月；至於乾隆五十五年安南國王阮光平的賀壽使團，因接待規格、行程安排特殊，於四月十五日出鎮南關北上，六月初八日離開南昌，而後晝夜並進，七月十一日在熱河行宮朝覲乾隆皇帝，七月二十日自熱河回圓明園，八月二

客途有感，尤其是在寄宿公館這個暫時的「家」。於此生活「孤風隨客思」，飲水只覺「井鹵茶尤澀」，日常只能「獨酌頻呼酒，消閑為鬥棋」，即使在燕京公館停留再久，終是客居之處，「遙思歸去後，應似未來時」(阮輝僅〈留題公館作五言排律〉)，〔註53〕這個生活空間所能留下的，便是「漏咽銅龍夜未央，欄杆試倚月如霜。寒衣戰戶裘裳怯，素影涵窗几席涼。幾點曙星雙闊眼，一聲曉角九迴腸。乾坤許大關山遠，客裡三冬思轉長」(阮宗窐〈會同早起〉)〔註54〕的客思感懷，或是「重門樹影翠低徊，庭宇深深點綠苔。塞北天留霜露潤，海南人駕駱駒來。輕涼枕簟分房憩，遠道琴書對榻開。容與暫舒征思苦，蓼蕭筵上一啣杯」的苦中作樂，又或是「朔塞雲山擁使軺，西風亭館駐征鑣。九門拭目天家近，萬里回頭海國遙。半塔樹陰秋寂寂，隔墻車響夜迢迢。詢諮無限桑蓬思，慺整南裝候早朝」的砥礪自我，慰勉自己志於四方，勤於公事。〔註55〕然而譯館這個暫時的「家」，還是不免讓越南燕行使想起真正的「家」所該有的人事物與感情，因此而有對親友、對家園、對國家的書寫。

　　西方地理學者認為：

> 一切真正為人棲居的地方，都有家這個觀念的本質。記憶和想像彼
> 此相關，相互深化。在價值層面，它們一起構成了記憶和意象的共
> 同體。因此，房舍不只是每日的經驗，是敘事裡的一條線索，或是
> 在你訴說的自己故事裡。透過夢想，我們生活中的寓居場所共同穿
> 透且維繫了先前歲月的珍寶。因此，房舍是整合人類思想記憶和夢
> 想的最偉大力量之一……。〔註56〕

上引論述，說明了「家」的概念與重要性。家的組成包含了土地、房舍、物件及人，藉著在這個生活場所活動，構建出一份共同的記憶與情感。燕京公館

十二日離開北京，總計在北京停留一個月左右，去程則僅花費約三個月的時間，行程較為緊湊。見〔越南〕阮輝僅：《奉使燕京總歌並日記》，《越南漢文燕行文獻集成》第五冊；〔越南〕黎峻、阮思僩、黃竝：《如清日記》，《越南漢文燕行文獻集成》第十八冊；〔越南〕范熙亮：《范魚堂北槎日記》，據越南漢喃研究院所藏抄本 A.848 影印；〔越南〕潘輝益：《星槎紀行》，《越南漢文燕行文獻集成》第六冊。

〔註53〕〔越南〕阮輝僅：《奉使燕京總歌並日記》，頁 144～145。

〔註54〕〔越南〕阮宗窐：《使華叢詠集》，《越南漢文燕行文獻集成》第二冊，頁 257。

〔註55〕〔越南〕潘輝注：《華軺吟錄》，《越南漢文燕行文獻集成》第十冊，〈譯館秋懷二首〉，頁 275～276。

〔註56〕Linda McDowell 著，徐苔玲、王志弘合譯：《性別、認同與地方：女性主義地理學概說》(台北：群學出版有限公司，2006 年 5 月一版)，頁 99。

的房舍空間，讓燕行使深切思念起遠在南方真正具歸屬感的「家」，以及與之共構記憶與情感的土地和親人。阮思僩在「不知春已半，寒苦尚重裘」、「栝喧人更靜，風動燭猶留」的燕京公館寒夜裡，想起丁卯年（同治六年，嗣德二十年），他以廉價購一小園於越南昇龍（河內）之碧溝坊側，意欲他日作為告老退隱的菟裘居處。他因公務羈留北京，舉目所見皆是異國景物，身處他鄉之境，理該為環境所影響，然而「夜夜河魚目，何由夢碧溝」，他竟卻夢見致仕欲居的碧溝小園。〔註57〕阮氏不明何由，事實上這正是他生命故事中的某種夢想，透過碧溝小園此一故里鄉土所牽引出的思家之情。另外，范芝香則有詩〈春日懷京邸親友〉及〈嚴諱感述〉〔註58〕曰：「薊門風雪及春初，一鼎茶烟半篋書。隔壁誰家聞短笛，通衢儘日走高車。月梁有夢吟還拙，鶯樹無聲飲亦疏。遙想故人滿京邑，新韶清賞各何如」，此詩思念親友，遙想其人於京邸中品樂玩物，不知得何樂趣？可惜遠在燕都，只能神往，無法親身與會。至於遊子離家，最易念懷感傷的便是失怙、失恃之苦：「靄靄韶暉，嘩嘩芳枝；瞻望岵兮，我心傷悲。萬里于行，滔滔未歸；身為王臣，豈得顧私。言念昔人，令名思詒；明發不寐，如何庶幾。」范芝香身為王臣，只能萬里出使，遠行盡忠，卻也因此無法顧私，缺席父親忌日之祭，為人子女，此悲此痛，自當難扼，天明不寐，所懷盡是「長我育我，顧我復我」的雙親。同樣出使在燕，只為「無忝所生」的裴文禩，值五月十八母逝祭日時，亦感述曰：「母恩未云報，髮膚驚歲年。終身感此日，旅況又淒然。太行若可望，南山不相連。白雲渺何處，雙淚迸如泉。」（〈五月十八日值先妣諱感述〉）〔註59〕旅中思母，親恩未報，歲髮徒增，白雲渺渺，淚如泉湧，怎一個愁字了得！燕京的繁華，出使的榮耀，有時亦撫慰不了孝子思親的風樹之悲。

　　光緒三年人在北京的裴文禩，所寫思念親友之作中，還包括一位身分特別的人物，即光緒六年步隨其後成為燕行使，往赴北京歲貢、請求助剿股匪的阮述，阮荷亭是也。裴文禩有詩〈夏夜對月憶阮荷亭閣老〉云：「南風吹夢度重關，苦憶吾儕舊往還。坐對紫薇清禁夜，高吟黃菊玉屏山。隔秋別酒心

〔註57〕〔越南〕阮思僩：《燕軺詩文集》，《越南漢文燕行文獻集成》第二十冊，〈寒夜〉，頁117。

〔註58〕〔越南〕范芝香：《郿川使程詩集》，《越南漢文燕行文獻集成》第十五冊，頁180～182。

〔註59〕〔越南〕裴文禩：《萬里行吟》，據越南漢喃研究院所藏抄本 VHv.849／2 影印，葉22a。

猶醉，萬里征塵鬢漸斑。遙想今宵滄海月，同君陪輦翠雲間。」〔註60〕裴氏人在異國，卻想起與阮述同朝為官的種種交遊往還，想起共飲離別酒的畫面，可惜萬里行塵，星軺奔波的他，已是鬢髮漸斑。無法立即回國相見，便只能想像南歸後如今宵一般的月明之夜，必將與摯友阮荷亭共乘車輦，悠閒往遊翠雲之間。事實上，裴文禩與阮述的交情頗深，在阮述記其光緒六年至七年如清的燕行詩集《每懷吟草》中，亦可見裴氏之身影。裴文禩字殷年，號珠江，阮述集中有詩〈既出都門與陶止叔話別，兼呈珠江耐莘栘軒諸君子〉，言「之子遠相送，我心懷難忘」，寫其話別舊友諸人的心情；又有〈贈宣化前令三山張幼亦〉詩，提及調任臨桂縣而回省俟旨的張幼亦（譚秉銓，閩省人，癸酉科進士），「年前蒞靈川與前屬裴珠江兄相識，委人慰問，並贈所著《于役詩集》與《擬立宣化常平槀冊》」。〔註61〕因為裴文禩先行使清與張幼亦相識，此番情誼延續至阮述使清，張幼亦以裴、阮二人知交情誼，因此委人慰問阮氏使行辛勞，並以書相贈。阮述因裴文禩的跨國友情而得異域生人善意之待，裴氏亦因阮述之使而重新聯繫起難得的異國之交。

　　阮述《每懷吟草》中尚有其於去程時，行至河南臨潁縣潁川書院，見裴文禩當年出使留下的題壁之作，〔註62〕悵然有懷，因步其韻，有句云：「雨中駐節春三月，潁上牽愁柳一川」，又曰「燕闕頻年通玉帛，邊城何日靖氛煙」（〈潁川書院閱前屬使臣裴珠江題壁之作悵然有懷，因步其韻〉）。阮述身為燕行歲貢使節，自然期修清越二國之好，然而清越邊界股匪流竄，情勢紛擾不靖，總是令其擔憂，更何況還有西方強國的步步進逼。越南時局之動盪未平，讓同樣身為燕行使的阮述，看著四年前同朝至交裴文禩的燕行題壁舊作，心中感觸甚深，因而有步韻之作。不過，阮述回應裴文禩的不僅只是步韻題壁詩，其《每懷吟草》中可見〈舟次懷人詩〉五首，懷思其知交摯友五人，其一便是珠江裴殷年：「裴航本仙骨，朗朗無纖塵。一賦獻蓬萊，三度掌絲綸。萬里發行吟，慙愧非替人。詢咨更無補，哀曲難以陳。抱此離索懷，

〔註60〕〔越南〕裴文禩：《萬里行吟》，據越南漢喃研究院所藏抄本 VHv.849／2 影印，葉22。

〔註61〕〔越南〕阮述：《每懷吟草》，《越南漢文燕行文獻集成》第二十三冊，頁160～161。

〔註62〕據《每懷吟草》VHv.852／1 本之詩注（《集成》版無詩注），裴文禩原詩作於丁丑年（光緒三年，1877）三月朔，裴氏宿於潁川書院，其時有雨。見〔越南〕阮述：《每懷吟草》，據越南漢喃研究院所藏抄本 VHv.852／1 影印，葉38a。

方知憶我真。」〔註63〕阮述於詩後特別註明「殷年昔奉使至燕有懷僕詩」，顯然其必定讀過裴文禩《萬里行吟》集中於燕都所作的〈夏夜對月憶阮荷亭閣老〉詩，因此在自己也踏上燕行之途，感受到離情之苦時，寫下懷念裴文禩的詩作，體會其異國相憶的真情，並以同樣身處異國作詩懷詠其人的方式，回應裴文禩相知相惜的珍貴情誼。

至於家國之思中的「國」，阮述在越南受法國侵略僅存半壁江山的情況下出使北京，作有如下〈即事二首〉：

> 飛閣南臨太液池，綺疏面面燦玻璃。
>
> 花階晝靜狻猊列，柳陌秋清騄駬馳。
>
> 臥榻忍容他族處，向隅遑問一人悲。
>
> 十年鋒火銷沉盡，回首牛江淚暗垂。
>
> 壯遊人盡侈輕肥，欲效乘槎事已非。
>
> 遠海驚看牛馬及，同盟誰念輔車依。
>
> 衛禽啣石空嗔恨，越鳥巢南敢倦飛。
>
> 聞樂不妨重拜教，秦庭應為賦無衣。〔註64〕

烽火連年，暗自垂淚是清末越南人的處境，「臥榻忍容他族處，向隅遑問一人悲」則是越南士大夫的心聲，以「小中華」自居的越南，對於西方諸國斥之為洋夷，誰知竟淪落到遭洋夷威逼幾不能自保的局面；作為燕行使出使至清朝首都，滿人薙髮易服，究竟是異族入主，然而文化認同上不論是否存在掙扎心理，臥榻其間卻仍思宗藩同盟，期望清廷思及輔車相依、脣亡齒寒關係，能主持東亞秩序，給予屬國越南最有力的支援。光緒朝的大清早已搖搖欲墜，卻仍是越南對抗法國的最後希望，肩負請求清廷出兵助剿匪亂穩定局勢重責的阮述，抱持雖知精衛填海之難，仍無所畏懼，奮鬥不懈，期許自己勉力完成出使任務，他是巢在南枝的越鳥，覆巢之下焉有完卵，豈敢倦飛？即便再艱難，都要重奏《詩經・秦風・無衣》之樂，高唱「豈曰無衣，與子同袍。王於興師，修我戈矛。與子同仇」之歌，讓大清與越南同袍友愛，落實同仇敵愾的宗藩關係，一起協同作戰，共存共榮。阮述的愛國、憂國之心，

〔註63〕上引阮述詩歌皆出〔越南〕阮述：《每懷吟草》《越南漢文燕行文獻集成》第二十三冊，頁63、160～161。

〔註64〕第一首詩校以VHv.852／1抄本，將「綺疏面面燦璃玻」，改為「綺疏面面燦玻璃」以叶韻，見〔越南〕阮述：《每懷吟草》，頁110；阮述：《每懷吟草》，據VHv.852／1抄本影印，葉50a。

在詩中表露無疑，這也是越南使節北京書寫中，令人動容的思國懷鄉之情。

　　燕行之旅對越南使節來說，雖是光榮且極富意義的公務之行，然而即便能夠踏上神往的中華河山，觀光周覽，大開眼界，甚至入住燕都，欣賞京城「燕水燕山色色新，燕臺戀我費三春」的京都風光，或是細品「閒天淡淡烟花外，靜地遲遲日影中」、「窗前燕燕多情態，飛去飛來弄碧空」的閒靜恬雅之景，可惜「望眼幾回雲度嶺，歸心一掬樹迎風」，事竣早歸才是越南使節真正的心聲。乾隆初年使華完成任務後，因「京寓逾辰，回箋久未得請」而有〈京次述懷〉詩五章的阮宗窐，其詩「慣面春風敲夢枕，知心鶯鳥促回鞭。有誰重作姬公旦，早錫還車指午邊」、「北雁無情橫古塞，東風有意動征塵。此身可作垂天翼，九萬雲程一使辰」、「京館春深客夢慵，蕭蕭何處響晨鐘。九重帝闕近還遠，一片鄉情淡更濃」、「歲月暗將雙鬢雪，關山遙促萬程春。催歸猶未忙啼鳥，日日閑拋十二辰」等等諸語，皆吐露思鄉念家之情，恨不得立時回鞭南向，不再滯留異域，徒增心中煎熬。〔註65〕

二、歸軺之感

　　出使之路，山水重重，辛勞險阻，未到燕都時，是「乾坤渡盡幾江橋，今夜回思客路遙。萬里登山還涉水，一行換馬又乘軺。遠來道路多疲倦，近說鄉情半寂寥。愁把程書燈下看，可知明早到天朝。」（張好合〈途中書懷〉）〔註66〕車行水涉，換馬乘軺，行行重行行，道路迢遠，多所疲憊，鄉情寂寥，只能燈下看書稍加排遣。那麼回軺歸途的心情又是如何呢？越南使節對於得命回國，可以啟程出京的心情感懷紀錄不少，如張好合〈得命回國喜作〉：「燕臺閱月駐青衿，得命今舒遠客忱。返轍車輪諳舊路，兼程馬首繫歸心。曉經拱極霜猶鎖，夜過蘆溝月已沈。計道忽聞從者說，到邦猛覺半年深。」〔註67〕獲得歸國皇命，便可一舒遠客思鄉之忱，歸心似箭，兼程返轍，半年離家，思愁不可謂不深。再如武輝珽〈回程喜賦〉：「鹿鳴宴罷駕歸程，袖帶天香出上京。人值新春添宿健，馬諳舊驛趁霄征。亭梅試趣擎花贈，山月知新點燭迎。幸此桑蓬初志遂，順鴻雲路羽毛輕」；阮偍〈春日回程〉：「兩度

〔註65〕此段引詩皆出〔越南〕阮宗窐：《使華叢詠集》，《越南漢文燕行文獻集成》第二冊，頁261～263。

〔註66〕〔越南〕張好合：《夢梅亭詩草》，《越南漢文燕行文獻集成》第十二冊，頁194～195。

〔註67〕〔越南〕張好合：《夢梅亭詩草》，頁198～199。

見光側舜韶，春風滿袖策歸軺。庭梅送客舒嬌色，栢柳維人拂嫩條。天向暄
和禽韻活，路徑諳熟馬蹄驕。既完國事身輕舉，何憚江關萬里遙」；潘輝注
〈回程出燕京喜賦〉「金臺飽歷帝王州，此度軺車趁晚秋。冀北關山重過眼，
斗南宮闕喜回頭。風催驛館朝催轡，雨洒征塵暮擁裘。完幹正欣歸步穩，不
妨清夜度蘆溝」，〔註68〕上述詩歌盡寫回程出京之喜，旅途之苦似乎瞬間消
逝，轉化成輕盈的腳步，心情也如春風拂面，快意自得不少。使行任務順利
完成，無事一身輕，歸途縱是江山萬里，又何憚路程遙遠，只需保持欣喜愉
悅之情，穩穩踏上回家之路便可，正是「春泛洞庭皆坦路，風來黃鶴舊題詩。
扶搖九萬鵬程健，預訂家園洗盞期」（阮攸〈季冬朔起裝回國〉）〔註69〕。

　　告別燕京，重上征塵，回返故國，對越南燕行使的意義十分重大，那是
他們生命故事的輝煌印記。武輝瑨曾經在乾隆年間兩度擔任燕行使，第二次
離開北京時，有詩〈別燕臺京〉：「兆因兩度皇華句，媒得連年紫闕遊。旅涉每
添霜二鬢，居亭多是月三秋。如今贈柳蘆江畔，何日瞻梅珥水頭。最是五雲
迴望處，幾回策馬又躊躇。」〔註70〕武輝瑨少時曾有句云「燕臺兩度皇華至」，
〔註71〕沒想到一語成讖，真的兩度造訪燕臺，此間因緣確實奇妙，也因此才
會在臨別出京之前，表現出策馬卻又躊躇的不捨心情。至於阮述出京之時，
寫道「回首九重天，宸居儼咫尺。佳氣鬱瀛臺，微波靜太液。玉蝀與金鰲，遊
蹤尚歷歷」、「冠蓋集西園，圖書耀東壁。文章通氣誼，結交忘形跡。良會能幾
何，雲天渺相隔。桑乾訪古渡，露染蒹葭白。離緒千萬端，秋容更蕭感」（〈出
京〉），〔註72〕顯然他對能一遊紫禁城，欣賞皇宮太液池、金鰲玉蝀橋美景的
經歷難以忘懷，對於結識大清仕宦如翰林院諸官、祭酒王先謙、御史蕭杞山、
郎中王信甫等人，〔註73〕締造雅集良會之緣，亦頗為珍惜，因此而有悽然落

〔註68〕　〔越南〕武輝珽：《華程詩》，《越南漢文燕行文獻集成》第五冊，頁334〜335；
　　　　　阮促：《華程消遣集》，《越南漢文燕行文獻集成》第八冊，頁235；潘輝注：
　　　　　《華軺吟錄》，《越南漢文燕行文獻集成》第十冊，頁289。
〔註69〕　〔越南〕阮攸：《星軺隨筆》，《越南漢文燕行文獻集成》第十六冊，頁145。
〔註70〕　〔越南〕武輝瑨：《華程後集》，《越南漢文燕行文獻集成》第六冊，頁385〜
　　　　　386。
〔註71〕　〔越南〕武輝瑨、吳時任、潘輝益：《燕臺秋詠》，《越南漢文燕行文獻集成》
　　　　　第七冊，頁268。
〔註72〕　〔越南〕阮述：《每懷吟草》，《越南漢文燕行文獻集成》第二十三冊，頁117。
〔註73〕　《每懷吟草》VHv.852／1本有詩注（《集成》版無詩注）云：「在京曾接識翰林
　　　　　內閣諸人，與祭酒王益吾、御史蕭杞山、郎中王信甫，亦有往來」。見〔越南〕
　　　　　阮述：《每懷吟草》，據越南漢喃研究院所藏抄本VHv.852／1影印，葉55b。

寞的離愁別緒,告別燕京這個異國首都,有時也讓越南燕行使心緒複雜,因為客居紫禁城的生活,是那樣難得與難再。

　　歸國之途,雖然已不如去程那般肩負重擔,戰戰兢兢,然而「又歷關山八千里,吟鞭遙指日南峰」(潘輝泳〈出燕京〉),〔註74〕關山路遠,行路艱辛仍是不可避免。黃碧山〈回程即事〉便言其「九月初二日申時,自京城進發,由西安門而出,時風雨連天,行途泥濕,使車疾馳,凡二日夜不息」,雨苦風淒卻還日夜兼程趕路,實因「門出皇都心箭疾」,以致「泥侵車轂馬韉寒」。〔註75〕歸程遇雨的還有阮思僩、阮述與裴文禩。阮思僩在盧溝橋遇雨:「都門南出三十里,水送山迎去住心。歸路不同來路景,愁中漫作客中音。千邨新綠連天遠,四壁重關帶霧陰。一陣晚涼微雨過,儘知夏淺勝春深」(〈發都門晚抵盧溝橋遇雨〉);阮述則在長新店遇雨:「纔隔盧溝十里程,西山晚色望中明。停雲忽送瀟瀟雨,洗盡紅塵出帝京」(〈長新店遇雨〉),〔註76〕晚涼微雨、瀟瀟雨落,紅塵客途之愁,將在離開帝京時被雨水一洗而盡,雖然雨中行路多所不便,然而卻也別有一番風景。裴文禩出京夜宿長新店時也遇雨:「細雨無塵策馬輕,涼風吹雁共南征。恰逢新月初三夜,纔出京華第一程。鄉國幾重移到夢,江山太半舊為情。最憐秋色清如洗,又送歸人萬里行。」(〈七月初三日出京宿長新店〉)〔註77〕才出京華第一程就細雨綿綿,裴文禩歸心益發,夢中的故國江山多情依舊,不時召喚征人萬里速歸,雖然路遠迢遞,但在秋色清明如洗的伴送下,倒也有不同滋味在其中。

第三節　社會時政觀察與探問

一、道光時政

　　越南使節啣命出使燕京,此趟官方安排的特殊行旅,除了異域之眼凝視所得的大清國度社會實況記見,還有藉機打探情報、消息的主動詢問之輿情紀錄,因此其北京書寫中亦可見對清朝社會時政的觀察與探問。先看越南使

〔註74〕〔越南〕潘輝泳:《輶程隨筆》,《越南漢文燕行文獻集成》第十七冊,頁305。

〔註75〕〔越南〕黃碧山:《北遊集》,《越南漢文燕行文獻集成》第十一冊,頁337。

〔註76〕〔越南〕阮思僩:《燕軺詩文集》,《越南漢文燕行文獻集成》第二十冊,頁126;阮述:《每懷吟草》,《越南漢文燕行文獻集成》第二十三冊,頁118。

〔註77〕〔越南〕裴文禩:《萬里行吟》,據越南漢喃研究院所藏抄本VHv.849/2影印,葉27b。

節眼中的道光朝。「金鰲纔泛水邊橋，咫尺天顏仰不遙。銀鑰盡隨宮扇啟，錦袍初帶御香燒。一堂醉飽心同宴，千載笙鏞耳舜韶。茅草自慚身一介，北南幸見兩熙朝。」〔註78〕是道光十一年（1831）祝賀道光帝五旬萬壽的越南使節張好合所作〈奉賜進同樂園預宴聽戲恭紀〉之詩。該年皇帝萬壽只在八月初十與十二演出兩天的戲，每日演劇時間約二至三小時，劇目仍是常年演出的戲碼，表演模式也照舊。此次正壽的祝賀戲曲演出時間，比道光三年減少了一半以上，〔註79〕如此恪守節儉之道且加以力行的道光帝，也就成了張氏口中「北南幸見兩熙朝」的道光盛朝。然而道光十七年（1837）前來朝貢的越南使節范世忠，其《使清文錄》記載回國前照例於午門領賞，所領物項中卻是「有錦八疋，內六疋穿裂頗多」，令范氏「殊深兢懼」，上書言照過往之例，賞賜物件由內務府備綢緞絹布，「俱令將精良者頒給」，此例乃「業經錄知，遵照在案」，而「一絲半線，均是天恩」，自不可隨意馬虎。但所謂「精良」，范氏「淺想」，認為「錦色斑文彩光明潤方是精良」，可惜所收之錦項「又多穿裂」，他恐怕「公回交守員摘項核出欠精，動及本國詢問」，那麼不僅無法交差，「不能周詳之處」亦難辭其咎，因此向禮部稟明，請求妥為處理。〔註80〕道光帝個人奉行節儉是事實無誤，越南使節對此多持讚譽態度，如阮思僩便言「天朝聖賢繼作，宣尊成皇帝臨御三十年，恭儉如一日，德澤在人，最為深厚」，〔註81〕而在清宮中觀賞萬壽節戲曲因此感受到天朝熙和繁榮，也的確是使節的真實感受，然而頒賞給朝貢國的布匹穿裂頗多，卻也是難堪的真相，它揭開了大清帝國逐漸腐敗的冰山一角。

二、同治朝局

　　道光二十年（1840，明命二十一年）爆發中英鴉片戰爭，深受西方勢力影響的近代中國拉開序幕，越南方面則是阮朝明命帝駕崩；道光二十一年（1841，紹治元年）越南新君紹治帝即位，隨即遣使李文馥等人如清告哀，

〔註78〕〔越南〕張好合：《夢梅亭詩草》，《越南漢文燕行文獻集成》第十二冊，頁197。

〔註79〕羅燕：《清代宮廷承應戲及其形態研究》（廣州：廣東高等教育出版社，2014年12月第1版），頁262。

〔註80〕〔越南〕范世忠：《使清文錄》，《越南漢文燕行文獻集成》第十四冊，頁104～106。

〔註81〕〔越南〕阮思僩：《燕軺詩文集》，《越南漢文燕行文獻集成》第二十冊，〈燕臺十二紀〉之二，頁122。

清朝亦派廣西按察使寶清往祭並冊封阮福暶為越南國王，清越宗藩關係看似不變，然爾後中國內有太平天國之亂，外又面對西方列強叩關，不得不正視洋人勢力之崛起與入侵，政局變動甚大，已漸無力顧及藩屬國，清越之間因此一度中斷十六年的朝貢外交。而越南紹治帝即位後，因禁止傳教一事導致法國在越南首次採取軍事行動（1847），從此法越關係日益緊張惡化。清廷和越南在西方現代化帶來的新外交秩序衝擊下，仍選擇維持宗藩關係的東亞外交舊體制，早已江河日下、新舊變化不斷激盪的時局，重新至清廷朝貢的越南使節，其所觀察到的同治朝又是何樣貌呢？同治八年（1869）連同之前因太平天國之亂貢道受阻，以致被展延三次的歲貢而四貢並進的越南使節阮思僩等人，在越南遭受法國侵略後復往北京朝貢，頗有重申中越宗藩關係的重大意義，阮思僩個人便有「恒岳西來碣石東，眾星環共北辰中。回頭十六年前事，誰信天河有路通」（〈燕臺十二紀〉之一）〔註82〕之感慨，世事多變難以預想，中斷十六年的燕行朝貢終於又再恢復，此番重新入貢，阮氏心中或許多有期待。然而《如清日記》清楚記載，三月二十五日，阮思僩等人至護貢官李均寓所拜會，商討回程路線，為免夏天炎熱，省旱路之勞苦，擬由新鄭改路直去樊城，登舟下漢口。話鋒一轉，李均向越南使節抱怨，越南此次納貢因四貢並進之故，遭禮部司與內務府人員索陋規銀至肆百兩之多，而為使公務順利辦妥，李均只能「冤償」索賄之銀。二十六日越南使節商量李均所言冤償銀兩一事，認為李均既已明言，他們便不該置若罔聞，因此委送一百兩銀子及絹紈象尾毛各色物品，藉此聊以「助費」。〔註83〕經歷內外交逼的大清帝國，要想自強中興，似乎得從紫禁城內的改革開始。中央官員辦事的索賄陋習，在外國使節面前赤裸裸呈現，而同在一朝為官的官員，因執行公務之故，還得取私囊送錢打通關節，確實是可笑復可悲！

而大清官員的腐敗可鄙之行不僅只於此，阮思僩使團於四月初五日午門領賞畢，得接護貢委員轉知回國時禮部只給馬匹，至於車輛應由使團自行雇辦，越使雖上稟禮部請照歷屆之例備給車輛馬匹，且表示若果不給，則繳回馬匹，自行雇車馬回程。然據四月初八日記載，竟發生「委人雇車，各店車頭無一肯應者」之奇事，原因是兵部從中作梗，先是不給車與伴送官作難，以

〔註82〕〔越南〕阮思僩：《燕軺詩文集》，《越南漢文燕行文獻集成》第二十冊，頁121。

〔註83〕〔越南〕黎峻、阮思僩、黃並：《如清日記》，《越南漢文燕行文獻集成》第十八冊，頁202～201。

此等待伴送官送賄以「打通關節」，誰料伴送官不肯行賄，兵部因此嚴飭車店不得雇借車馬予越南使節。朝貢事務有其定例，每個機構各司其責，按順治八年「及回日沿塗口糧、驛遞夫船，兵部給與勘合」之規定，〔註84〕貢使回國沿途的交通工具，確實該由兵部妥善處理。只是走向末世的同治朝，無論如何力圖中興，依然可以從朝廷官員的行徑作為，看出衰世之象，無怪乎阮思僩會有「賄賂公行，不顧國體，一至於此，可嘆也夫」之悲。此事最後在伴送李均向兵部尚書求援下，兵部為使團給雇三輛，李均由他處代雇十輛，然尚欠八輛，幾經努力，總算雇夫車齊，足以起程。不過，令人感傷的是，大清帝國早已「肉腐蟲生」，其政風敗壞乃由上到下，由中央至地方，即便是天子腳下亦然。阮思僩使團一行出帝都至隸屬京畿之地的良鄉縣時，「縣員又與伴送官作難，不肯輪咨前路」，以致行程延宕，滯留不前，讓阮思僩心生「客路無聊，歸心如箭」之感，但卻只能「終日掩門相對而已」。而之所以如此，乃因良鄉縣令毛璋求索八十兩銀，方肯咨前路各縣備給車馬，越南使節在伴送李均「行橐空空，無以應事」，要求助給三十兩銀的告知下，委錄事將三十兩「照數遞交」，對此阮氏亦只能感嘆「紀綱壞而寵賂章，一至於此耶」！〔註85〕

如果說上述事件只是下級官員的個人行為，或是單一機構的索賄風氣，或許這個積弱不振的帝國尚有喘息重生的機會，可惜一葉知秋，連舉國棟樑的朝廷大員也無視紀律，國體早已蕩然無存。阮思僩《燕軺筆錄》記載三月二十三日同治帝萬壽節當日，阮氏等人於辰刻聞放炮聲後至午門前右邊排班，諸王及二品以上官員，班在乾清門以外，三品以下則在午門外。當時午門正中之門未開，門外亦無人贊唱，忽見前列人等匆匆跪叩，阮氏雖不知原由，據通事人等所言，亦隨跪叩。然「方禮拜間，見觀者亦有擁擠行間，文員亦有混列右班，朝會大禮如此不整，無人舉劾，亦一異也。」〔註86〕朝會大禮所與者皆王公重臣與高級官員，理應行事得體、遵守禮儀紀律，展現泱泱大國的風範與氣象。不料越南使節看到的竟是擁擠混亂、失序不整與見怪不怪、習以為常的異象，脫序的官員、失紀的朝會、崩壞的帝國，卻無人想要糾劾匡正，這便是紛亂而奇特的同治王朝。至於同治十年（1871）

〔註84〕《欽定大清會典則例》（臺北：臺灣商務印書館，1983 年，據國立故宮博物院藏本影印），《景印文淵閣四庫全書》第 622 冊，卷 94，頁 929。

〔註85〕〔越南〕阮思僩：《燕軺筆錄》，《越南漢文燕行文獻集成》第十九冊，頁 221、230～231。

〔註86〕〔越南〕阮思僩：《燕軺筆錄》，頁 213。

至北京謝恩的范熙亮，其《范魚堂北槎日記》內容亦揭露出官場的弊病。范熙亮一行進入直隸省城後，某夜一使官失盜，大朝常朝冠服全套被竊，雖然地方官員對防護不力表示歉意，承諾會「嚴緝務獲」，然最終護貢官帶來的消息是查未所獲，且因「行期屬緊」，要越南使節將就縣員所提先令人入京購辦原式備制官服的請求，並謂「貴使亦當為東道主人顧體面也」。盜案不能查發，不成事體，要外國使節體諒，為東道主留顏面之言，更是有失國格，只是下僚不願事曝而遭上級追究的便宜處置，這當然讓范氏一行看笑話。然而大清帝國似乎一再讓越南使節看笑話。連日下雨，河水漲溢而停留定興縣，其「居房上漏下濕，無處可避，坐處架竹，蔽以蒲藩油紙」，因而有「旅況如此，亦笑話也」之嘆。〔註87〕直隸省地處京畿要地，卻讓越南使節在天子腳下一再看到可笑的官場生態與待客之道，再次印證大清帝國的衰敗已不遠矣。

同治時期燕行至京的越南使節，除了親身體驗到大清官僚腐敗的一面，也因筆談之交流，而探知清朝政事相關消息。如同治八年（1869）二月十二日，阮思僩與前來館舍拜會的翰林李文田（1834～1895）〔註88〕筆談，在詢問翰林官制、任用情形後，便問起朝政：

> 因問大皇帝已未親政。伊言，兩宮垂簾聽之，樞庭則恭親王也。大皇帝未親政，以聖學尚須納誨故耳。伊又言，聖人天稟，直我朝隆福。即今春少雨，一禱即應可見，以列聖故事考之，可望康乾兩朝昇平矣。〔註89〕

三月三十日阮思僩回國前至李文田寓所辭別時，又探訪得知同治帝在滿州、蒙古、漢軍八旗內選秀入宮：

> 充選者十餘人，冊立則仍俟一二年後舉行。至大婚儀節，先期議定，諄諄於物力未裕，軍務未平，宜崇節儉而戒奢靡等意，皆大臣倭仁唱明之，而兩宮皇太后采行之也。〔註90〕

〔註87〕〔越南〕范熙亮：《范魚堂北槎日記》，據越南漢喃研究院所藏抄本 A.848 影印，葉 48。

〔註88〕李文田，字芍農，廣東順德人。咸豐九年進士，官至禮部侍郎。是清代著名的蒙古史專家和碑學名家，著有《元秘史注》、《元史地名考》、《西遊錄注》、《塞北路程考》、《和林金石錄》、《雙溪醉隱集箋》等，工書善畫。

〔註89〕〔越南〕阮思僩：《燕軺筆錄》，《越南漢文燕行文獻集成》第十九冊，頁 192～193。

〔註90〕〔越南〕阮思僩：《燕軺筆錄》，頁 218。

顯然阮思僩對於同治帝是否親政、大婚、朝政裁奪及清廷皇室政權現況欲多加了解，而無獨有偶，同治十年九月初三日在北京與廣西寧明州舉人甘夢陶筆談的范熙亮，也問到皇帝親政、大婚與兩宮視朝等問題：

> 再問大皇帝已未臨政，二宮視朝何如？多官引見何如？云乾清宮內皇帝中，二宮垂簾于後，分左右坐，引見者拜于庭外，正宮是慈安，西宮是慈禧（誕育皇上），二宮甚賢惠。去年有西宮太監往山東北陸犯法，經奉旨梟首一事可見。問大婚、臨政期、輔政諸事，言明年婚期，已送進宮女，立后是何人未詳。臨政之期，不能知也。輔政是恭王，掌軍則七王。〔註91〕

由上述三段引文看來，咸豐駕崩後的清廷新政局，越南使節似乎非常陌生，欲探明究竟，了解何人掌權、輔政，年幼即位的同治皇帝是否親政、何時親政、何時大婚，兩宮視朝情形又是如何。事實上，太平天國亂事發生後，越南使清的道路已然受阻，朝貢也不得不中斷十六年，清越兩國關係因此疏遠隔絕，往昔依靠燕行使帶回中國訊息的管道來源消失，直接導致越南對清朝政局產生認知隔閡。所以阮思僩還向李文田詢問勦匪與捻匪事，從而得知當時書寫「江浙亂離」即「太平天國亂事」之紀略亦多，然流傳至京中者甚少，出身湖南現為直隸總督的曾國藩（1811～1872），「捕獲偽王李秀成，供詞一卷，自始至末，皆了了，須已有旨命輯平定逆匪方略，初開館，約六七年方成」。至於捻匪則是「據城戕官」、「但擄掠不據，乃流寇耳」、「捻者，河南、安徽兩省土語，猶云合也。賊自云捻匪，故即以名之。去歲已為李相國盡殲之矣。是日北風雨雪微降，辰天旱已數月矣。」〔註92〕顯然，從咸豐朝歲貢中斷後，空白十六年的中國內部政局變化，越南使節急欲填補，有所了解，而了解之後，便有「百萬周廬宿陣雲，椎牛釃酒日相聞。八旗子弟俱熊虎，南下金陵獨楚軍」之詩詠，感嘆「滿州、蒙古、漢字八旗，連營九門環衛。時居國初，最稱勁兵，承平日久，寢遊惰不可用。金陵克復，楚勇、湘勇之力居多」（〈燕臺十二紀〉之三）〔註93〕。

〔註91〕〔越南〕范熙亮：《范魚堂北槎日記》，據越南漢喃研究院所藏抄本A.848影印，葉52～53。

〔註92〕〔越南〕阮思僩：《燕軺筆錄》，《越南漢文燕行文獻集成》第十九冊，頁193～194、196。

〔註93〕〔越南〕阮思僩：《燕軺詩文集》，《越南漢文燕行文獻集成》第二十冊，頁122。

不過，有一點必須指出的是，阮、范二人筆談的對象是中國官員與仕子，其對皇室與時局政事的描述與評斷不免謹慎、保留或是美化，不論是為顧及顏面的官場虛矯，或是害怕惹禍的明哲保身，即便未句句阿諛、粉飾太平，也未必能直言朝政，〔註94〕因此對越南使節所記同治朝和兩宮垂簾聽政之評價，及平定捻亂後的天降瑞雪解旱之事，既是所聞之真，卻也可能是被建構出的真實。阮思僩曾有詩道同治帝登極之初有「日月合璧」、「五星聯珠」此等「珠聯璧合滿烟霄」的祥瑞之象，並語讚「戡亂功成萬國朝」、「恭儉不忘成祖訓」，肯定其結束動亂的政局及遵循道光帝恭儉之作風，還云「大皇帝沖年嗣位，兩宮垂簾聽政，事事克遵祖訓，中外有太平之望焉」。顯然在阮氏所得的訊息中，同治中興太平有望，甚至兩宮垂簾聽政亦有好評之聲，故其有句云「最難謙讓女中堯」，並自註「諸省奏疏，間有用女中堯舜字，嚴諭申禁之」，〔註95〕指出其所聽聞的兩宮太后在時人心中之聲望。從「可望康乾兩朝昇平」、「兩宮甚賢惠」到「中外有太平之望」、「女中堯舜」，再對照前述官場之腐敗，越南使節筆下的同治朝其實興衰並存，衰者在於吏治不清、官員貪婪索賄、綱紀鬆弛、朝儀混亂，國力疲弱早已奏起哀歌；興者則是對於清朝皇室的政權交替與施政風評，不乏正面評價。一個龐大的王朝，光明與黑暗俱存不足為奇，然而越南使節紀錄中的黑白矛盾，正提醒了讀者，其對北京官場與時政的書寫，既可以是信史，也可能是被建構出的某個時代樣貌，是屬於那個時代特定階級人物選擇與美化下的歷史記憶。

三、洋人情事

與洋人有關的事務，無疑也是越南使節關心的重點。范熙亮《范魚堂北槎日記》中，記有嗣德二十三年庚午十月二十五日（清同治九年，1870），其奉於文明殿拜命辭行，得阮翼宗親諭曰：

> 爾等三人，皆有學問，茲委出疆，凡事當協心商籌，務要得體。途間亦當周諮清國英富俄衣諸國情頭，回辰具覆，勿如前使部多略，未稱朕懷。〔註96〕

〔註94〕陳國保：〈越南使臣對晚清中國社會的觀察與評論〉，《史學月刊》第 10 期（2013 年），頁 60～61。

〔註95〕〔越南〕阮思僩：《燕軺詩文集》，《越南漢文燕行文獻集成》第二十冊，〈燕臺十二紀〉之二，頁 122。

〔註96〕〔越南〕范熙亮：《范魚堂北槎日記》，據越南漢喃研究院所藏抄本 A.848 影

可見了解清朝以及英國、法國、俄國等西洋諸國的情勢，並將消息帶回越南上報回覆，是越南阮朝嗣德帝時期燕行使節被賦予的皇命，[註97]因此其北京書寫中，或多或少必有探詢洋事之記，如阮思僩便曾與李文田互相交流與洋人有關之時局與事務。阮氏由李文田處得知清朝「洋夷通商口岸非一，現當無事，然各省大吏，已刻刻有振作之意，閩中已設奇器局，江蘇亦有之，皆欲習其法以制之。大局則二三年後，今上親政始能定也。大約內地無患，則外患又不作，頻年美政，史不勝書，以天意人事計之，似可有轉機」。[註98]據此，越南使節了解到自咸豐十年（1860）清朝與英法聯軍媾和，雖開放多處通商口岸，然同治三年（1864）鎮壓太平天國後，清朝已消除內憂外患之威脅，且因推行自強運動而表現出一種復興氣象。在「師夷長技以制夷」的想法下，同治八年閩督英桂奏准於福州設立製造槍彈的福建機器局，江蘇則早在同治二年便有李鴻章督辦生產槍彈、炮彈的蘇州機器局，此局同治五年移設金陵，改為金陵機器局。[註99]而因為阮思僩對洋人洋務的興趣，讓李文田亦不禁反問阮氏越南前數年，曾與洋人發生戰事，近來局面如何？阮氏答曰：「丁巳、戊午之間，洋夷曾來下國滋擾，相持日久，互有勝負，後來洋夷約和，我皇上重念兵民久苦，許他于南邊諸他地方口岸通商，八年于今矣！然此亦權宜，自治自強之策，方日講求之，大約事勢略與中國同也。」阮氏所言乃指越南在咸豐七年與八年（1857～1858）之間遭法國派兵入侵，後於同治元年（1862）簽訂壬戌和約（第一次西貢條約）之事。〈壬戌和約〉中，有許多涉及國家主權的條款，如割讓南圻嘉定、定祥、邊和三省及崑崙島予法國、允許開設教堂講道及開鋪通商與最惠國條款等，越南實已逐漸喪失獨立性，淪為附庸國地位。[註100]然而對於此等喪權辱國之事阮氏避重就輕，只

印，葉1。

[註97] 同治二年（西元1863年）嗣德帝派工部郎中陳如山至廣東公幹，即曾諭令使臣「此行非專採買，宜加心細訪清國事體，及浪沙、赤毛等國設鋪在廣東省情形，與昨者洋人投來我國惹事，諸別國曾有聞知，指議如何，務得精確。再有何機會可以裨益於事者，各宜熟思詳記回覆。」見許文堂、謝奇懿編：《大南實錄清越關係史料彙編》（臺北：中央研究院東南亞區域研究計畫，2000年11月初版），正編，第四紀，卷28，頁305。

[註98] 此處和下引阮思僩之答原文見〔越南〕阮思僩：《燕軺筆錄》，《越南漢文燕行文獻集成》第十九冊，頁194～195。

[註99] 王爾敏：《清季兵工業的興起》（臺北：中央研究院近代史研究所，1978年6月再版），頁105～110。

[註100] 鄭永常：〈越法「壬戌和約」簽訂與修約談判，1860～1867〉，《成大歷史學

言開放南邊諸多通商口岸，且是在體恤黎民百姓久受戰爭之苦的前提下方才同意，又言只是權宜之計，越南正思自強之策，如此隱去恥辱、美化自身、不願如實公開資訊的說法與作為，是為保留越南國家顏面，或許也有不使清越宗藩關係受影響而生變之考慮，然而卻也凸顯出越南阮朝在應對西方列強和中國宗主國之間，消極以待又模糊不定的外交態度。

四、邊境事務

　　越南使節在北京所探問的時政之事，還包括同治九年（1870）、十年的中越邊境匪亂之事。前引范熙亮《范魚堂北槎日記》中所記阮翼宗口諭尚有語云：「馮帥所辦，固多未善，然他為國辦賊事，中國如有問及，亦當善詞以答，不可訾人之短，似非厚道。在部辦事似執，今啣命出疆，須資相商，以求妥善。邊事雖有預擬，然隨宜問答，勿可太拘，要得體方善。」〔註101〕「馮帥」指的是馮子材，「為國辦賊事」則是指清朝股匪吳鯤（一名亞終）流竄至越南高平、諒山境內滋擾，越方向中國告急請援，同治帝以「該國久列藩封，恭順有加，乃任內地匪黨擾及邊隅，何以副朝廷懷柔遠人之意？」而命提督馮子材率兵出關剿匪以靖邊疆。馮子材率軍入越後，轉戰北圻各省長達十五個月，先後剿滅吳亞終、梁天錫等股，擊潰黃崇英等部，於同治九年六月班師回國，十月越南便遣范熙亮等人如清謝助剿匪之恩。〔註102〕至於嗣德帝為何有「馮帥所辦，固多未善」及「邊事雖有預擬，然隨宜問答」之語，或因股匪未能完全殲滅，援越桂軍甫撤，黃崇英、蘇國漢等部又東山再起，捲土重來，越軍兵敗如山倒，情勢日趨嚴重；而預擬邊事問答則或恐在清軍入剿北圻匪亂問題上應答不得體，因此開罪於清廷，無法獲得援軍續助。

　　正因為中越邊境的股匪亂事未靖，因此范熙亮同治十年在北京謝恩滯留期間，仍心繫此事，九月初一日寧明舉人甘夢陶來會時，便關心地詢問邊事

報》第 27 號（2003 年 6 月），頁 99～128。

〔註101〕〔越南〕范熙亮：《范魚堂北槎日記》，據越南漢喃研究院所藏抄本 A.848 影印，葉 1。

〔註102〕廖宗麟：〈從廣西軍隊五次入越助剿看清政府的對越態度〉，《東南亞縱橫》第 1 期（1992 年），頁 45～48；許文堂：〈十九世紀清越外交關係之演變〉，收入許文堂主編《越南、中國與臺灣關係的演變》（臺北：中央研究院東南亞區域研究計畫，2001 年 12 月初版），頁 105。

情況，而得「本年三月，馮子材復進關勤辦，四月間，使楊瑞山入賊黨購線，賊中勞姓、梁姓從中反戈，已將此股平滅。蘇四拿店，原報未詳，牧馬地方，經委著總兵劉玉成打破鄧太巢穴。」並得知馮子材奉上諭「督飭迂掃敗匪，無留遺孽」，故「仍在邊疆，委兵搜拿」。九月初三日，范氏往就甘夢陶寓所，再問邊事，想了解廣西近日是否有奏疏，內容為何？甘夢陶表示奏疏皆留於軍機處內，所見只有上諭，京報亦不能盡錄，只擇一二緊要事件，發出外刊，因此仍恃煩軍機處筆帖章京人員，為之搜尋抄錄，其雖有同鄉二人在軍機處，然為前輩進士，且每日五更上朝房，拜訪數次只得一見，但請留心問之，或可得也。范熙亮身處北京，與越南相隔遙遠，想要獲得越南方面的消息自是不易，只能藉有限的管道盡量打探。擔憂邊境亂事不免心焦的他，九月二十五日又親至彭埔館會詢問越南邊境近況，而聽聞六月時馮子材駐軍龍州，太平知府徐延旭出關幫忙剿匪，匪黨敗竄，海陽、高諒現已清平的消息。〔註103〕范熙亮留意邊事，不斷探問，愛國之情不在話下，而其為清廷義助剿匪謝恩之事而來，無奈匪亂再起，後續發展當然得關注，更何況掌握訊息愈全面，方能在清廷詢問邊事時得體應答，完成嗣德帝交代的任務。

第四節　政治與文學：燕行感懷探論

一、寫作是一種社會行為

　　西方學者 Bazerman 曾說：寫作是一種社會行為（social action）；文本協助組織了社會活動和社會結構；而閱讀是社會參與的一種形式；因此，當我們提及寫作的種種，其實也正是提及社會學的種種。〔註104〕就 Bazerman 的看法，寫作可算是一種溝通性的行動，是作者將其參與社會活動的心得與體驗，以及其透過社會活動所認知、了解的社會結構與運作方式，形之於文字，藉由文本展現出他的智慧結晶，因此寫作可謂作者與讀者分享訊息並闡述個人思考與理念的方法。而以 Bazerman 的觀點來看待越南燕行使的北京書寫，恰恰好正為「寫作是一種社會行為」做下頗為適切的註腳，甚且此一社會行

〔註103〕此處范氏所記探問邊事之語皆見〔越南〕范熙亮：《范魚堂北槎日記》，葉52～54。

〔註104〕Bazerman, Charles, *Shaping Written Knowledge*（Wisconsin：The University of Wisconsin Press, 1988），pp.10.

為還與封建體制運作中的政治意識和權力相關聯。對於越南燕行使的北京行旅感懷，不論是歲時節令、家國之思或是社會時政觀察與探問，越南燕行使手中的文學之筆，都是在政治之眼的凝視下展開書寫，箇中原因自然與「燕行使節」此一書寫位置有關。「使豈易言哉！鄰邦之敬忽、國體之重輕所係」，〔註105〕使節書寫背後有「專對四方不辱」之責，如此肩負皇命出使大清的越南使臣，即便撇開記錄朝覲行禮之事的朝貢儀節書寫，在除夕、元旦、中秋等歲時節令的抒懷之作中；在不忘「我廬」、思國懷鄉的眷念故土、親友和叨記國事之詩中；在努力打探清朝政局、洋人情事與邊境狀況，盡力完成國君交代的周諮任務之記中，總是能看到其中坦露的忠、孝、友、慈等情義，而此種道德情感，既是個人的品格情操，也是為官處世的政治意識。因此思親友、盼團圓，卻仍不忘忠於己職、完成重責，期待使行順利，早日竣事而得返航，除了深切的思鄉之情，也昭示了公忠體國的朝臣之節；擔憂時勢、諮詢打探、蒐集輿情，是恪盡廟堂之官的職責；而以想像來日使行歸國得以重溫天倫、功成受賞、光耀門楣、無忝所生，更是立基於現實層面思考，以此撫慰自己遠遊思家的心情，並藉此激勵自己作客紫禁城所能帶來的政治資本。

「我走進……我走出……，從一個世界到另一個世界。變幻的場景，豐富的生命。我走對了路，我走錯了路；我總會走到我的目的地。回到我應該回去的地方。」〔註106〕從越南千里遠行至北京，走入皇城，又走出紫禁城的越南燕行使，從南交之國來到幽燕之都，不論行路如何辛勞、任務如何艱難，總是懷抱「急公但冀朝天早，敢憚勞勞駱轡賒」之心，即使異國患病也不忘公事，只盼「公竣但得歸軿好」。沒有客死異域的燕行使，終會從紫禁城回到越南朝堂，回到他應該回去的地方。燕行使的目的地是清朝皇都、使行目的是維繫外交宗藩體制，一旦歸回，榮耀滿身，因此在北京這個大清首都之地，其所記所寫都不可能跳脫「使節」身分，以及此身分該有的言行思想。越南使節丁儒完之婿工科給事中阮仲常，曾為康熙晚年使華的丁儒完燕行集《默翁使集》作序，以「要其情詞感慨，不外乎忠君孝親兩端而已」簡要概括其集

〔註105〕〔越南〕胡士棟：《花程遺興》，《越南漢文燕行文獻集成》第六冊，〈年契汝慎齋溫如贈〉，頁64。

〔註106〕王鑫：〈慢慢走，才能好好欣賞！〉，收錄於雷貝嘉・索爾尼（Rebecca Solnit）著，刁筱華譯：《浪遊之歌：走路的歷史》（臺北：麥田出版社，2010年第二版），頁5。

作之旨，〔註107〕顯然使節身分與相應品格對北使抒懷早已畫出一個書寫框架。再看曾贈言阮輝僅「好把文章增國勢，黃樞翹足待經綸」的黎貴惇，使行歸國後由翰林院侍讀擢升為翰林承旨，後又轉海陽道督同，為官路上步步高升，而除黎氏之外，其他出使使臣亦「軿車歸國寵光新」，回國後皆得提拔升職。〔註108〕準此，越南燕行使在思國懷鄉之際，會出現任務完滿、春風得意、受封朝堂的懸想示現之寫，都在在體現了燕行使身分特殊，燕行集在越南國內往往流傳風行，燕行書寫足以讓燕行使節作為雄厚的政治資本，使之在越南官場中更上一層樓的事實。

對於使節文化書寫，廖肇亨認為個人情志的抒發並非第一義，而應重視其與當時的外交體制、價值觀念等之相互牽動。使節文化書寫基本的條件是兩個（或以上）政治體的交流互動，情感主體的作用往往也是不同的世界觀或價值系統碰撞的結果。因此，與客觀世界遭遇之後的相互作用遠比單一主體在情感中的陷溺更為重要，如此方能開拓抒情傳統之外的視野。〔註109〕承此論，研究使節文化書寫時，無法忽略其書寫位置背後的政治意識，及其書寫內容所關涉的價值認同與思想態度，更不能罔顧中土山川地景、人物和風俗文化對燕行使的影響與刺激，因為這些在在體現了使節的社會參與過程與結果。如此說來，寫作的的確確就是一種社會行為，越南使節的行吟感懷與時政觀察探問書寫中，總是可見其志懷家國的認同意識，「他者異域」／「我者家園」的價值區別，思念、傷愁、望歸所流溢出的情感，背後隱藏著深刻的國族意識與鄉土情懷，同時也凸顯出行之有年的燕行朝貢政治體制和東亞宗藩外交之型態。

另外，關於越南使節在中土藉依韻和詩或步履前人、寫詩紀念相懷的方式，與其本國文人甚或是父執輩進行跨越時空的文學心靈交流與致敬，又呼應「寫作是一種社會行為」的論點。越南使節的詩歌寫作中，往往呈現出一種前後因循之意，後來者因仰慕前人北使詩集中所載名勝，因此重探前使入貢道路與景致，如胡士棟自言久慕乾隆七年北使的阮宗窒所作詩歌，故於己

〔註107〕〔越南〕阮仲常：〈默翁使集引〉，見〔越南〕丁儒完：《默翁使集》，《越南漢文燕行文獻集成》第一冊，頁303。

〔註108〕王晨光：〈朝貢與創作──越南使節燕行詩文研究意涵探析〉，《東亞人文》（2014年12月），頁263～265。

〔註109〕廖肇亨：〈從「搜奇獵異」到「休明之化」──由朱之蕃看晚明中韓使節文化書寫的世界圖像〉，《漢學研究》第2期（2011年6月），頁74。

燕行時重循其道。越南燕行詩作在其國內多被傳唱傳抄,胡士棟使華是乾隆四十三年,距阮宗窒燕行已三十六年,卻仍因慕前輩之風而循路北上,可見使節詩作已形成一種「傳統」,後繼者呼應前人的詩作不斷累加,形成一層又一層的文化積澱,使燕行旅途中被歌詠的種種景物都成為一種使節文化符號,甚至被賦予了國族意志。〔註110〕胡士棟曾言阮宗窒北使詩作「國人傳頌久矣」,〔註111〕如此則燕行集作在越南國內的流傳與閱讀,必在其文人與仕宦間形成一種集體記憶,後使者是前使之作的讀者,當其循路北上,追步前人故跡時,往昔的閱讀記憶被眼前既陌生卻隱然熟悉的符號召喚而出,並轉化為驅動力,讓後使之人由讀者角色轉變為作者,以「讀者/作者」雙重身分創造新的燕行文本,形成多元對話的文學景觀。

乾隆五十四年,武輝瑨手持父親武輝珽的燕行詩集使華,行至涿州時,就其父涿州見雪之作依韻書懷;潘輝注對「髫齡聞道,久羨勝遊」的北京西郊萬壽山之景嚮往不已,其所聞道的來源是擔任乾隆五十五年燕行使的父親潘輝益,然首次燕行卻因公忙錯過一遊,遺憾不已,因此緊緊把握第二次使華的機會親臨遊賞;光緒三年裴文禩在北京作詩懷念好友阮述,其後三年阮述燕行時,不止作詩相懷,更有步韻裴氏題壁之作,上述這些燕行故跡和使行故事,無一不是「使節文化符號」,展現出越南燕行使個人克紹箕裘、薪火相傳的家族榮耀,或是異國相懷不忘的知交情感,又甚者是同任燕行使的傳承使命與國家榮辱之責。越南使節在北京、在中州與記憶中曾經來過的步履、身影相遇,以讀者的角色,再次回想曾經的閱讀記憶,參與印證眼前真切的燕行歷史,再由讀者轉變為作者,書寫回應燕行詩文的傳統,並建構嶄新的一頁傳奇。

對燕行詩作的閱讀記憶、中土的燕行故跡,和燕行使北行的生命故事,都是燕行歷史中代表「過去」的「斷片」,當後來的燕行使在異域空間中與之相逢時,這些斷片便成為過去與現在之間的媒介,可以揭示出某些待觀察、體會的東西。而這些斷片之所以動人,是因為產生「方向指標」的作用,扮演著將人引向失去又或未曾感受的空間的那種引路人。〔註112〕至於燕行使行吟

〔註110〕王晨光:〈朝貢與創作——越南使節燕行詩文研究意涵探析〉,《東亞人文》(2014年12月),頁258。

〔註111〕〔越南〕阮宗窒:《使華叢詠集》,《越南漢文燕行文獻集成》第二冊,頁133。

〔註112〕斷片之說出自〔美〕宇文所安著,鄭學勤譯:《追憶:中國古典文學中的

感懷中的回思過去生活、回思故土家園種種、回思燕行故跡，回思這些「過去」最大的原因是需要獲得自我認同感，就如同地理學者段義孚所分析的，要加強人的自我感，「過去」需被救援和成為可接近。〔註113〕在燕行感懷中寫到所擁有的朋友、親戚和祖先、家國，所擁有的能力、知識與官職，過去及未來可以想望的美好事跡……，這些都讓燕行使個人自我意識得以被凸顯，也讓家族與國族的存在意識更清晰，因而強化了對自我與國家的認同。總此來看，燕行詩作的述懷與觀察，皆無法捨去政治之眼的凝視。

二、迂迴與陌生化的文學書寫

　　如果說「北使詩作絕非僅為唱和與述懷所作，其個人與國家的雙重政治意識甚強」的論點，〔註114〕意在提醒讀者不可忽略燕行作品背後那雙政治之眼，那麼研究越南燕行詩作，對詩作本身文學筆法的討論，同樣不可忽視。以歲時節令之感懷為例，節日是團圓喜慶的日子，無論多忙，總希望能放下手邊之事，回家（鄉）與親人團聚。而那些因故不能回家的人，無法排解的漂泊感和孤獨感便容易襲上心頭，就如唐代詩人戴叔倫（732～789）所言「一年將盡夜，萬里未歸人」（〈除夜宿石頭驛〉）。越南使節對家鄉的思念往往化為一種懸想示現的想像，彷彿如此便能穿越時空之門，回到熟悉的故土，一解思鄉情懷；或好似如此便可以安慰自己，歸國的團圓與榮耀已經不遠。王維（701～761）〈九月九日憶山東兄弟〉：「獨在異鄉為異客，每逢佳節倍思親。遙知兄弟登高處，遍插茱萸少一人」，王維的異鄉異客、佳節思親和登高懸想，以及那遍插茱萸卻獨缺己身的思念與遺憾，與越南使節的時令思懷頗為相似，而越南使節山水迢迢使至千里之外的異國，其心中對未知旅程的不安與無辱君命的沉重責任，這樣的思念之情也確實令人動容。

　　法國漢學家于連（Francois Jullien）在討論如何表達遠離親友而產生的孤獨時，認為與其直接表達對親友的感情，不如調換角度講述這種孤獨，亦即從假若親友處於他的地位會產生的情感著手，此乃所謂的「對面寫法」，是從

往事再現》（北京：生活・讀書・新知三聯書店，2004 年 12 月第 1 版），頁 76～77。

〔註113〕段義孚著，潘桂成譯：《經驗透視中的空間和地方》（臺北：國立編譯館，1998年），頁 180。

〔註114〕王晨光：〈朝貢與創作──越南使節燕行詩文研究意涵探析〉，《東亞人文》（2014 年 12 月），頁 264～265。

另一端出發考察關係時使用的方法。〔註115〕就像王維「遍插茱萸少一人」的登高懸想，就像杜甫（712～770）〈月夜〉迂迴曲折地由妻子和幼小子女的角度來抒發自己的孤獨與想念，越南燕行使節以美好未來的想像此種懸想示現方式，表達離家的孤獨與思鄉的悲愁，並暗示對回鄉團圓的渴盼；又或是藉想像家鄉親友當下時空可能會有的想法、心情、行動和變化，來安慰自己不得團聚之苦，這都是一種迂迴曲折的寫作手法，是借含蓄、蘊藉、迂迴、曲折、間接、旁面、不寫之寫的側筆烘托方式，來書寫漂泊在外的孤獨思念之情。而迂迴的價值在於通過迂迴引起的距離，並為變化留下「餘地」。〔註116〕迂迴的寫作手法，是一種撐出距離的書寫方式，讓情感的表達更具回旋揮灑的空間，也更為複雜生動而有變化。

　　蘇格拉底（Socrates，469～399B.C.）曾說：未經審視的生活是沒有意義的。距離讓世界重新被認識，才能讓我們感覺出認識對象的新奇，才得以用不同於日常生活的思維習慣去面對，才能把握其獨特的形態與獨特的意涵。〔註117〕「距離」其實可以活化思考與審美意趣，就像書畫藝術中的留白可以帶來美感，距離也能帶來更多不一樣的觀察，開發更多未曾領略的美。越南燕行使帶著不同中土的異域之眼行旅中國，已為「觀光」拉出適切的距離，而熟稔燕行詩文，帶著嚮慕之心循路而來的燕行使，對中土山川事物具有既熟悉又陌生的特質，更展現出一種陌生化的距離美學之書寫特色。陌生化（defamiliarization）是二十世紀初俄國形式主義文論的核心概念之一，其代表學者什克洛夫斯基（Shklovsky）認為，藝術之所以存在，就是為使人恢復對生活的感覺，就是為使人感受事物，使石頭顯出石頭的質感；藝術的技巧就是使對象陌生，讓本來熟悉的對象變得陌生起來。〔註118〕「陌生化」所謂「使

〔註115〕〔法〕弗朗索瓦·于連（Francois Jullien）著，杜小真譯：《迂迴與進入》（北京：生活·讀書·新知三聯書店，2003 年 9 月），頁 374。

〔註116〕〔法〕弗朗索瓦·于連（Francois Jullien）著，杜小真譯：《迂迴與進入》，頁 365。

〔註117〕吳懷宣：〈距離美學：談審美經驗的「陌生化」現象〉，《國立高雄師範大學第六屆藝術學研討會——論述與思想——2011 論文集》（高雄：高雄師範大學美術系研究所，2011 年）。亦見以下網址：http://wuhwaihsuan2011.pixnet.net/blog/post/54421878~%E8%B7%9D%E9%9B%A2%E7%BE%8E%E5%AD%B8（2016 年 12 月 7 日檢索）

〔註118〕朱立元主編：《當代西方文藝理論（增補版）》（上海：華東師範大學，2005 年 4 月第 2 版），頁 45。

之陌生」的藝術手法，如果代入現實生活，其實便是讓人回歸到最原始的審
美經驗感動中，並將此感動加以捕捉，藉詩化語言表達出來。

　　旅行可以讓人懷著較強烈的興趣與好奇心，去凝視周遭未曾見過或看似
平常的景觀，體驗旅居異地的生活，並重新感受生命中可能經歷的種種情懷。
準此，旅行的空間轉徙可謂替行旅者帶來「使之陌生」的「距離」，使其旅行
書寫建構在陌生化美學的審美眼光下，將並非不曾閱歷過，甚至可能熟悉的
景物、風俗與情感，轉化為陌生的經驗，重新體會與記錄。作為另類旅人的
越南燕行使，其筆下除了書寫北京寒雪春遲此新異陌生的節候之感，又由於
作客紫禁城之故，雖其國風俗文化與中國相似，〔註119〕然在北京經歷之歲時
節令，如元旦、端午、中秋、重陽等，相近的風俗卻因身處異域無法與至親家
人共聚，此種旅居國外難以歸家團圓過節的陌生感，再配合文人幽深細膩的
敏感心思，讓燕行使所寫的每一個歲時節令都呈現「陌生化」之後，或濃烈
或幽微的思鄉情感，形成「客居未還，每時思鄉」的書寫特色。鄉里家國在人
漂泊於外，和母土相隔遙遠距離時，總是容易被特別放大，成為思考與情緒
出口的中心，因此思親與念家之情會被一再凸顯出來，成為既熟悉又陌生的
情感書寫。

　　另外，視聽嗅味觸等感官體驗是認識異國異地最直接的方式，而「獨憐
病客逢佳節」、「客況添多老此身」此類衰老與病痛的「身體感」，在行旅異國
時，也非常容易察覺，因為原本熟悉的身體，會被置於陌生化的審美眼光下
凝視。身體是地理空間、建物空間外，另一種具象的空間，衰老、疾病、疼痛
的描述，都在在標明一個「不得其所」而有所抵抗的身體。地理學家尼爾‧史
密斯（Neil Smith）更將身體界定為一種尺度，並認為個人認同的主要物理位
址，即身體的尺度，身體可以標誌自我和他者之間的邊界。〔註120〕若據此論，
則透過身體這個位址、空間，可以將認同具象化書寫，燕行使身體的疼痛抵
抗、疾病衰老，都很可能是因為處於異國疆土，產生漂泊孤獨、不得歸家之
感所導致。而疾病會揭示病人可能未察覺的欲望，病和病人都可能成為感情

〔註119〕越南風俗深受中國影響，《大南一統志》所記越南民間歲節如元旦祀先、仲
　　　　春祈谷、端午懸門艾以除癘……，俗與清代略同。參見李未醉：《中越文化
　　　　交流論》（北京：光明日報出版社，2009年4月第1版），頁89～94。
〔註120〕此說參見 Linda McDowell 著，徐苔玲、王志弘譯，《性別、認同與地方：
　　　　女性主義地理學概說》（台北：群學出版，2006年5月一版），頁55、78
　　　　～82。

的載具，埋藏在身心裡的感情，即是老病之源。〔註121〕橫隔山川的思鄉之情與禮儀繁重的公務之責，都是越南燕行使北京之行會衰老生病的根源，並透過身體這個空間，在陌生化距離美學的視野下被揭露出來。

〔註121〕蘇珊・桑塔格著，刁筱華譯：《疾病的隱喻》（臺北：大田出版有限公司，2005年2月再版），頁 57～58。

第七章　結　論

……

途經漢宅樓桑，軺車倏到藥頭。

逶遲朝發涿州，琉璃橋傍波浮鐵篙。

此為鎮壓神蛟，彥章故物還教謬傳。

塵中界闢大千，弘恩古寺地連行臺。

良鄉恰遇回回，與他一路同來外城。

二十一日黎明，從彰儀入南行大街。

重門公館洞開，認房分住安排私裝。

次朝奉進表章，數天又到部堂演儀。

新年朔旦子時，午門待漏仍隨百官。

鐘聲響入雲端，日開黃道星環紫微。

天顏咫尺不違，龍亭進表丹墀呼嵩。

委蛇退食自公，澆書索酒批風揮毫。

寒威徹夜蕭騷，凍欺禁樹冷敲酒旗。

部因具本奏知，午門頒賞照依遵行。

樂心宴侈鹿鳴，登盤丘綺羅庭珍甘。

使臣公服庭參，稱觥布席歌三拜重。

欽差隨到館中，旨頒回國仍同報明。

仲春既望起程，陸行準到濟寧就船。〔註1〕

─────────────

〔註1〕〔越南〕阮輝僟：《奉使燕京總歌並日記》，《越南漢文燕行文獻集成》第五
　　　冊，頁22～23。

……

　　上引六八體詩歌為乾隆年間越南使節阮輝僅〈奉使燕京總歌〉的一部分內容，該詩全長四百七十句，上述片段即使節作客紫禁城，從進入京畿之地到奉旨回國的北京生活縮影。涿州蜀漢古跡和琉璃橋鐵篙傳說，為燕都生活揭開序曲，走過良鄉、走過盧溝橋，終於來到名滿天下的北京城。自進京咽喉的外城彰儀門（即廣安門）入城，來到下榻的四譯館館舍休息，接下來便是禮部進表、鴻臚寺演儀等一連串公務儀節。異地度過的新年，是在午門待漏行隨班覲見之朝賀禮；異鄉公餘閒暇的時間，則不忘看書、品酒、揮毫一二。北京寒冷的天氣，對來自炎土南郊的越南使節無疑是一大考驗，所幸午門領賞、參加歸國前的例行上馬宴後就可踏上歸途。

　　清代越南使節的北京書寫即如上述，是使節北京生活的各種面貌，其在北京客居時所接觸的人、發生的事、到過的地方、見過的景物、生發的感想，都是本論文企圖探究了解的內容。在經過前面幾章對越南使節大清帝都生活的種種討論後，本章即總結其作客紫禁城的北京書寫各主題，並將散見於各章節中有關北京書寫的類型與藝術表現加以歸納整理，具體說明論文研究成果與可再開發之處。

一、本文研究成果

（一）對清代越南漢文燕行文獻進行整理、解讀與校正

　　本文以清代越南漢文燕行文獻為研究材料，進行北京書寫之主題歸納與討論，除對《越南漢文燕行文獻集成》所收錄之燕行集加以整理、解讀外，亦補充《越南漢文燕行文獻集成》所缺漏之重要材料，如第 21 冊裴文禩《萬里行吟》所缺之卷三、卷四內容，以越南漢喃研究院所藏編號 VHv.849／2 之《萬里行吟》下冊卷三、卷四本加以補足，進行研究；又如未收錄於《越南漢文燕行文獻集成》中，但亦為清代越南使節重要燕行紀錄的范熙亮《范魚堂北槎日記》（A.848），筆者亦援引研究，可供范熙亮燕行詩集《北溟雛羽偶錄》（《越南漢文燕行文獻集成》第 21 冊）的研究者對照參看。另外，《越南漢文燕行文獻集成》所收阮述之《每懷吟草》，摻雜其他非阮述該次出使所著之詩，筆者以更接近《每懷吟草》原始樣貌且較為精良之抄本，即越南漢喃研究院所藏編號 VHv.852／1 本加以對照校正，同樣也可以提供使用《越南漢文燕行文獻集成》的研究者作為參考。

　　而筆者考察諸多清代越南漢文燕行文獻後，發現清代越南使節的北京書寫型式，主要以詩歌創作為主，古詩、近體皆可見，其中又以七言律詩為主要表現方式，另外也有日記體和筆記體的散文式紀錄，及與出使任務相關的公文等應用文書。而以詩歌為主要載體，間有散文文類之作，此種有別於朝鮮使節文獻以燕行錄為主、將唱和詩文附錄其中的書寫方式，凸顯其燕行意義重在文化交流，及對詩賦外交的重視。而清代越南使節北京書寫的整體內容，以使節任務的公領域活動紀錄為多，可藉此了解清代越南向中國朝貢的情形。而雖然此類詩篇多以歌頌清帝柔懷遠人之恩為基調，就詩歌的內涵深度與創造性加以審視，未見得有高人特出之處，然從史料保存角度而言，極富文獻價值之意義。

　　藝術手法方面，考察清代越南使節的北京地景書寫，可發現其往往對所經地物名景的形貌梗概、歷史沿革作「引言」介紹，謹慎參考方志書籍的態度，也發展出「詩注混融」、「文注夾雜」此類博聞廣記的地誌式敘事特色；而以「懸想示現」的方法，想像自己任務完滿回到故國，重享天倫之樂和加官晉爵的榮耀，此種迂迴曲折的創作手法，則是越南使節北京抒懷之作的藝術特色。

（二）整理並解讀清代越南燕行使書寫的北京地景

　　作為身分特殊的另類觀光客，越南燕行使作客北京所記之地景，包括「盧溝橋與燕京八景」、「北京城與西郊園林」、「京畿之地與塞外風光」，而這些地景描述的背後，實有其山川隱喻：包括博聞廣記的地誌式書寫風格所隱含的「我者」與「他者」界線，以及異國使節對中土地理的觀看、文化思辨，和從中流露出的國族認同；又如好似仙境奇遇的中國之行，所建構出是紀實也不乏想像的理想北京風貌。而除了從虛實角度切入思考，表裡之探亦可見出越南使節北京地景書寫當中的隱微之意。表面可觀、可觸的地景，其實反映出時間變化、盛衰興亡與世代記憶，能將實體的風景轉喻為抽象的某種認知意識，展現出個人的價值觀與生活態度。越南使節對涿州蜀漢等地景古蹟的感受與記述，來自於其內在積澱深厚的中華文化，及所產生的歷史典範人物與文化集體記憶，蜀漢英雄人物與古跡形構的地景空間，被散發的場所精神轉化為具有價值認同的「地方」，「他者」、「我者」的界限因此暫時消融。至於避暑山莊則是帝國威儀與權力的象徵，越南使節的相關書寫紀錄成為大清帝國政治地景空間的再現。總結來說，本文對越南使

節北京地景書寫的研究，除歸納整理其對中國地景「文字描繪」（word-painting）的內容外，也指出地景書寫虛實交會的敘事特色，和越南使節看待燕都地景乃至再現為「地方」（place）的文化思想意識，甚至是權力姿態呈現在地景中的樣貌。

（三）歸納並分析清代越南燕行使北京所記之公私活動

越南燕行使作客北京所記之活動，則包括履行朝貢儀節、參加宮廷宴會、朝賀萬壽聖節及泛舟、聽戲、觀火等官方活動；私人活動為公館見客、外出訪友、帝都閒遊及購書買藥。而公私活動加總在一起，便足以反映出越南使節燕京生活的大體樣貌，即交織在禮文儀節中，一幅禮與人的構圖。事實上，在北京，這個標誌皇權最高影響力的地區，如實記下與皇室、朝儀相關的一切，是使臣之責，更是一種「使於四方，不辱君命」的使臣格調之彰顯。越南燕行使乃其國萬中選一的優秀臣子，將朝貢相關的各種活動加以記述，都是使節身分的展現與榮耀，雖然受個人身分制約，未能記下更多值得參考的非官方活動紀錄，卻也展現著重公共行為紀錄的書寫判斷與選擇，還有任務實錄方能彰顯使臣格調的書寫態度。越南使臣在燕都的各項活動，大多把握禮的分寸，既彰顯使臣格調又維護國家體面；既臣服皇權又不忘透過儀節抗衡申辯；在君臣朝貢之儀下維繫中國原本的皇權論述體系，又從中獲取國家主體利益。其越南限定的北京觀光凝視，正是一幅禮與人的構圖，圖畫中的禮儀之行本身既隱含權力身影，又成為被人所運用的工具，北京這座天子所在之城，始終被覆蓋在各取所需的禮儀大衣之下。

（四）說明清代越南燕行使北京所見之中國皇族與朝鮮使節形象，及其與清朝官員文友、朝鮮使節的交遊與後續發展

關於越南燕行使作客北京所記之人物形象與交遊，本論文具體指出越南使節筆下中國帝冑皇族與朝鮮使節的人物形象，並將越南使節與中朝翰林院官員、其他京官與文友，以及與朝鮮使節交遊往來的情形加以整理敘述。同時亦針對形象與友情背後可再挖掘之處，探討其中未完的故事，就朝鮮使臣眼中的清朝帝王與越南使節，及歷史長河下越南使節阮思僩、裴文禩、阮述與中國官員李文田、張蔭桓、唐景崧、陳啟泰之間的友情發展加以闡論。另外還附論越南使節阮思僩所引發的中越交流，對清朝文人許宗衡與越南阮謙齋的風雅之契，以及阮思僩和中土人士的洋教之談加以探討，以回應前面論

述的內容。細究越南、朝鮮使節彼此眼中的形象，往往與衣冠服制有關，乾隆五十五年的熱河與北京，兩國使節之唱和一如既往，只是在看似友好的交誼之下，看似同道中人的形象背後，因改服媚清事件，與西山取代後黎政權的正當性問題，朝鮮使節對阮光平君臣多有鄙夷之意與負面評價。不過隨著清朝統治日益穩固和長時間的風俗浸染，「衣冠服制」已不再是引發論戰的關鍵；再隨著清朝由強轉弱，西方勢力逐漸壓迫東亞文化圈的中國、朝鮮、越南三國，「衣冠服制」又或者「翰墨同文」所凸顯的華夷形象與文化認同，更已無東亞內部的「中華」之爭，而是轉變為拉近彼此關係藉以打探消息、同仇敵愾的媒介。

至於越南使節與大清官員詩相唱和的翰墨情誼，在戰火無情，清越宗藩關係與中法、法越之間又各有複雜的利益和外交考量下，友情終究只能在各人前程、志業與家國存亡之前黯然失色，隨著時空變換默默走向凋零之路。不論在北京或越南，唐景崧、陳啟泰與越南使節阮述、裴文禩互動時，其翰墨定交的友情是真，同文書寫交流亦是美事，若將他們的交遊視為「詩文外交」，則在中越文化交流之領域無疑是成功的。然而面對涉及戰爭、主權和國家存亡的實際外交情況，以及傳統宗藩外交體系遭受西方近代外交體制與條約關係挑戰、衝擊時，情勢不利、節節敗退的中越雙方，最終也只能各為其主、各護其國，以愛國利己的現實外交主義想法來思考應對之策。越南使節與中國官員之間，太平之時尚可以酬答唱和，成為同文之友，就如其在北京的交遊；大難來時，即使未反目成仇敵，有時也不得不擱置情誼，為己國之利加以設想，則黎貴惇「四海皆兄弟」、阮思僩「聲同氣同固不必地同」的說法，實有其時空條件與國家處境之限制。

（五）析論清代越南燕行使客居北京之生活感懷與社會時政之觀察

「越南燕行使作客北京所記之觀察與感懷」，則將越南使節留居帝都時，所度過的中國除夕、元旦、端午、中秋、重陽等歲時節令，對北京冬冷春寒與下雪的天氣感受，和客居異地的老病之苦、家國之思、歸軺感懷等感觸，加以敘述闡發，同時也歸納整理越南使節對清朝社會時政的觀察與探問，內容包括「道光時政」、「同治朝局」、「洋人情事」、及「邊境事務」。嚴格來說，燕行詩作的述懷與觀察，皆無法捨去政治之眼的凝視，對使節來說，寫作即是一種社會行為，深受其使節身分的書寫位置影響。越南使節思親友、盼團圓，

卻仍不忘忠於己職、完成重責，期待使行順利，早日竣事而得返航，除了深切的思鄉之情，也昭示了公忠體國的朝臣之節；擔憂時勢、諮詢打探，蒐集輿情，是恪盡廟堂之官的職責；而以想像來日使行歸國得以重溫天倫、功成受賞、光耀門楣、無忝所生，更是立基於現實層面思考，以此撫慰自己遠遊思家的心情，並藉此激勵自己作客紫禁城所能帶來的政治資本。越南使節的行吟感懷與時政觀察探問書寫中，總是可見其志懷家國的認同意識，「他者異域」與「我者家園」的價值區別，思念、傷愁、望歸所流溢出的情感，背後隱藏著深刻的國族意識與鄉土情懷，同時也凸顯出行之有年的燕行朝貢政治體制和東亞宗藩外交之型態。至於越南使節在中土藉依韻和詩或步履前人、寫詩紀念相懷的方式，與其本國文人甚或是父執輩進行跨越時空的文學心靈交流與致敬，再次證明「寫作是一種社會行為」的論點。另外，越南使節的感懷之寫往往具有迂迴與陌生化的特色，其以美好未來的想像此種懸想示現方式，表達離家的孤獨與思鄉的悲愁，並暗示對回鄉團圓的渴盼；又或是藉想像家鄉親友當下時空可能會有的想法、心情、行動和變化，來安慰自己不得團聚之苦，這都是一種迂迴曲折的寫作手法。又旅行的空間轉徙替行旅者帶來「使之陌生」的「距離」，使其旅行書寫建構在陌生化美學的審美眼光下，北京寒雪春遲此新異陌生的節候之感，身處異域無法與至親家人共聚、團圓過節的陌生感，再配合文人幽深細膩的敏感心思，讓燕行使所寫的每一個歲時節令都呈現「客居未還，每時思鄉」的「陌生化」書寫特色。而透過身體這個空間位址，橫隔山川的思鄉之情與禮儀繁重的公務之責，是越南燕行使北京之行衰老生病的根源，此老病之感，亦在陌生化距離美學的視野下被揭露出來。

（六）補充越南漢學和使節文化書寫研究之空白

陳平原教授曾引述馬爾坎・布萊德貝里（Malcolm Bradbury）《文學地圖》一書「引言」中宣稱：「幾乎所有的文學作品都可能成為旅遊指南」的說法，及「它著眼於文學中顯在或隱藏的地圖，無論是過去的或現在的，現實的或想像的，作家與作品和地方與景物之間，存在密切的連結，而在小說的脈絡或文學的盛世中，我們可以捕捉到某個城鎮或地區風貌」之論，指出有關北京的研究可從「作為旅遊手冊的北京」此思考角度加以切入。〔註2〕那麼清代

〔註2〕陳平原：〈「五方雜處」說北京〉，收入陳平原、王德威編：《北京：都市想像與文化記憶》（北京：北京大學出版社，2005年5月），頁536～539。

越南燕行使節的北京書寫也可以視為一本另類的旅遊指南，而本論文便是這本旅遊指南的導讀。對於作客紫禁城的越南使節來說，其北京書寫即是「使節限定」的北京生活專集，是得以進出皇宮、身分特殊的「觀光客」所寫下的行旅手記。這本京城旅遊指南、燕都行旅手記，不僅記下地理上的山川風景、朝貢儀節的執行細則、北京政壇上的史事人物、異國作客的心情點滴、他鄉知音的同文交流，字裡行間更充滿可供推敲的線索，讓讀者在看似已經逝去的歷史往事中，既尋找私人敘事的日常生活細節，也關注宏大敘事的民族國家認同，而本論文作為導讀的價值，便在於將上述這些內容作一詳細的歸納整理及解讀分析。

「所有對於往事的記憶，必定都是殘缺不全，有因時間侵蝕而斷裂，也有因人為破壞而損耗。面對往日生活的破碎印象，必須有足夠的想像力與理解力，方才能很好地復原那些遠去了的歷史場景，並對其作出準確的價值評判。殘片很美，也頗能打動我們；可更美妙的，還是如何將殘片連綴成文。文學家和學問家的努力，就是搜尋失落的中間環節，填補諸多空白，呈現一個相對完整的已經消逝了的世界，並發掘其深藏的意義。」〔註3〕本論文研究的意義與成果，就是對已成往事記憶的清代越南使節北京書寫深入探討，努力復原這早已遠去的歷史場景，並試圖詮釋其內涵，發掘出幽深隱微的書寫意義，以補充越南漢學和使節文化書寫研究上的一個空白。

二、待開展之論題

論文的完成因諸多限制，或許只能記憶我們願意記憶、可以記憶的，然而正因為如此，有更多的留白可供「遺妍」開發，〔註4〕即使仍舊無法拼湊出歷史情境與生命印記的「全貌」，至少還能補上一頁風景，讓歷史與生命的記憶拼圖又多一塊，讓研究者與閱讀者借探尋「真相」的過程來增強反思自我的力道。筆者閱讀清代越南使節所記有關紫禁城裡的生活點滴時，不免會思考，同樣來到紫禁城的朝鮮、琉球等外國使節，又是如何書寫他們在北京行旅觀光的所見所感？本文考察的重點以越南使節的漢文書寫材料為主，雖然

〔註3〕 陳平原：〈北京記憶與記憶北京〉，收入陳平原、王德威編：《北京：都市想像與文化記憶》（北京：北京大學出版社，2005年5月），頁2。

〔註4〕 「遺妍」一詞乃指前人作品中所遺留下仍值得開發的美好，此意之用語出北宋寇準〈追思柳惲汀洲之詠，尚有遺妍，因書一絕〉詩題。

在某些議題上輔以朝鮮燕行錄等材料加以對照，但可再開發的空間仍不少。以地景書寫為例，越南與朝鮮使節所選擇記錄的對象，側重點似有所不同，朝鮮使節對北京文化書肆「琉璃廠」、孔廟與國子監等更為重視，留下較多書寫紀錄，〔註5〕又除琉璃廠、孔廟與國子監之外，哪些景觀建物也是朝鮮使節書寫比重較多，甚至是越南使節鮮少提及者？而同樣的描寫對象，如燕京八景、圓明園、長城等，朝鮮使節筆下的書寫特色，又與越南使節有何不同？諸如此類問題，都是可以再延伸探討的未竟之處。

舉北京城為例，越南使節對帝都北京的第一印象，其實和朝鮮使節相同，都充分感受到北京是一個繁華熱鬧的城市，不止街道華麗繁榮，更可聞見鼎沸人聲與滿街車馬。只不過相較於越南使節凸出京城市廛門戶金碧輝煌，朝鮮使節對北京部分街道竟然複雜擁擠，車馬、行人堵塞，往往停頓無法通行的現象，更是印象深刻。此外，朝鮮使節還注意到北京胡同裡的安全設施，即於胡同口設立木製柵欄（里門），入夜派人把守，詢問進出行人，以確保居住安全。另一方面，越南使節多從外城西邊的廣安門進城，朝鮮燕行使則最先看到內城東邊的朝陽門，且發現朝陽門與甕城的城牆都可以使用弓和槍，具有向內構成的嚴密防禦設施。從胡同里門到城垣的防禦功能，朝鮮使節對於實用功能的防衛機制，似乎比越南使節更為留心與在意。至於對紫禁城建築本身的描寫，越南使節重在描述環境、標明方位與功能介紹，朝鮮使節則針對朝鮮宮闕未有或雖有但規模、形態有所差異的部分進行敘寫，同時對於紅色磚牆與黃色琉璃瓦蓋的建築樣貌、地面鋪石的形制，以及巨大宏偉的中軸線設計讚嘆不已。〔註6〕

如果再加入西方人的北京書寫加以比較研究，以「紫禁城」描寫為例，西方人其實也注意到其中軸線的特殊設計。如隨荷蘭商務使節團於西元1656 年 10 月 2 日進入紫禁城的尼霍夫（Johann Nieuhof），在記述紫禁城金碧輝煌、壯觀無比及紅磚黃瓦建造精美之餘，也注意到皇宮東西南北方向各

〔註5〕 參見朴現圭：〈朝鮮使臣與北京琉璃廠〉，《文獻》第 1 期（2003 年 1 月），頁 269～285；楊雨蕾：〈朝鮮燕行錄所記的北京琉璃廠〉，《中國典籍與文化》第 4 期（2004 年），頁 55～63；庾華：〈朝鮮學者朴趾源對於清乾隆時期京城孔廟國子監的認知〉，《內蒙古師範大學學報》第 1 期（2015 年 1 月），頁 13～17。
〔註6〕 以上朝鮮燕行錄中的北京之記參見〔韓〕韓東洙：〈18 世紀朝鮮《燕行錄》與北京紫禁城──以儀禮空間之分析為中心〉，《中國紫禁城學會論文集（第七輯）》，2010 年，頁 50～61。

有一個大門，所有建築物都沿十字形中軸道路分布，整齊地被分成幾個部分，顯然他已理解並意識到中軸線對京城布局的重要性。又法國傳教士李明（Louis Le Comte）在西元 1696 年出版的《中國近事報導》（Nouveaux Mémoires sur l'état present de la chine）中，除描述太和殿的皇帝寶座和宮殿建築特色外，亦提及「內宮是由處於同一水平上的九個大院子組成，全部在一條中軸線上」的中軸線設置。〔註7〕對比朝鮮使節與西方人描述紫禁城時皆或多或少指出其「中軸線」的設計，越南使節對此特色僅於使程圖繪製時隱然呈現，未有任何文字提及，此間差異便是值得分析討論的研究空間。研究北京城的董玥教授曾言其對北京歷史研究最深的認識，即無論是思考一座城市的過去或現在，人們首先應該關注的不是城市建築及其得失，而是居民對於城市的感覺和體驗。〔註8〕如果居民對城市的感覺與體驗是思考一座城市的關鍵，那麼異國使者對北京的感覺和體驗自然有其值得參考的對照價值，是北京城在地居民之外，來自異域、身分特殊的使節對北京的觀光客凝視。準此，則越南乃至朝鮮、琉球，甚至是來自西方世界的洋人，其北京書寫的內容、意義與比較，是未來筆者與關注此議題的研究者，可以再深入開發之處。

此外，由於本文以清代越南使節的北京書寫為考察中心，時間橫跨有清一朝，內容以主題探討為切入點，較難仔細分析不同使節所呈現出的自身書寫特色，和其不一樣的書寫情懷，也無法就使節其個人前後幾次作客北京的不同經驗、感受，甚至是其使節家族〔註9〕的書寫傳統與風格深入研究。故未來可以在縱向時間脈絡和使節群體的討論外，再從當代橫向、個體的角度切入，就使節個人或家族之出使與書寫紀錄作進一步的討論。

再回到越南本身的材料來思考，當越南使節與清代文人、朝鮮使節的交遊唱和變成「往事」，對於離開北京回到本國的越南使節來說，這些往事還存在什麼意義？西方學者宇文所安在論述《中國古典文學中的往事再現》時曾這樣說道：「如果說，在西方傳統裡，人們的注意力集中在意義和真實上，那

〔註7〕 上述尼霍夫與李明的紫禁城記錄研究見張省卿：〈十七、十八世紀中國京城圖像在歐洲〉，《國立臺北藝術大學美術學報》第二期（2008 年），頁 67～119。

〔註8〕 董玥：《民國北京城：歷史與懷舊》（北京：生活・讀書・新知三聯書店，2014 年 10 月北京第 1 版），頁 11。

〔註9〕 如道光五年使華的潘輝注，其父潘輝益、其兄潘輝湜、其舅吳時位亦皆曾任燕行使，先後北使中國。

麼，在中國傳統中，與它們大致相等的，是往事所起的作用和擁有的力量。」
〔註10〕因此，若能取得更多越南方面的材料，如使節本身除燕行記述之外的
個人詩文集，〔註11〕考察其回到越南後提及的北京／中國印象與追憶北京經
驗的作品，以生命史的角度看待其作客紫禁城的歲月時光，在生命歷程的前
後對照下，更能全面且立體地考察北京之行對越南使者的影響，也才能更清
楚明白北京書寫在其生命與著述中的定位。

〔註10〕〔美〕宇文所安著，鄭學勤譯：《追憶：中國古典文學中的往事再現》（北京：
　　　　生活‧讀書‧新知三聯書店，2004 年 12 月第 1 版），頁 2。
〔註11〕本論文已運用裴文禔個人詩集《輶軒詩草》來探討歷史演進下的中越使節交
　　　　遊情形，足見爬梳越南使節個人作品，當有可供對照以回應北京書寫之處。

參考文獻

一、研究文本

1. 〔越南〕陶公正:《北使詩集》,收入中國復旦大學文史研究院、越南漢喃研究院合編:《越南漢文燕行文獻集成》第一冊,上海:復旦大學出版社,2010 年 5 月第一版。

2. 〔越南〕阮公基:《使程日錄》,《越南漢文燕行文獻集成》第一冊。

3. 〔越南〕丁儒完:《默翁使集》,《越南漢文燕行文獻集成》第一冊。

4. 〔越南〕阮公沆:《往北使詩》,《越南漢文燕行文獻集成》第二冊。

5. 〔越南〕阮翹、阮宗窐:《乾隆甲子使華叢詠》,《越南漢文燕行文獻集成》第二冊。

6. 〔越南〕阮宗窐:《使華叢詠集》,《越南漢文燕行文獻集成》第二冊。

7. 〔越南〕阮宗窐:《使程詩集》,《越南漢文燕行文獻集成》第二冊。

8. 〔越南〕黎貴惇:《桂堂詩彙選》,《越南漢文燕行文獻集成》第三冊。

9. 〔越南〕黎貴惇:《北使通錄》,《越南漢文燕行文獻集成》第四冊。

10. 〔越南〕阮輝瑩:《奉使燕京總歌並日記》,《越南漢文燕行文獻集成》第五冊。

11. 〔越南〕阮輝瑩:《北輿輯覽》,《越南漢文燕行文獻集成》第五冊。

12. 〔越南〕武輝珽:《華程詩》,《越南漢文燕行文獻集成》第五冊。

13. 〔越南〕胡士棟《花程遣興》,《越南漢文燕行文獻集成》第六冊。

14. 〔越南〕潘輝益：《星槎紀行》，《越南漢文燕行文獻集成》第六冊。

15. 〔越南〕武輝瑨：《華原隨步集》，《越南漢文燕行文獻集成》第六冊。

16. 〔越南〕武輝瑨：《華程後集》，《越南漢文燕行文獻集成》第六冊。

17. 〔越南〕段浚：《海煙詩集》，《越南漢文燕行文獻集成》第七冊。

18. 〔越南〕段浚：《海翁詩集》，《越南漢文燕行文獻集成》第七冊。

19. 〔越南〕吳時任：《皇華圖譜》，《越南漢文燕行文獻集成》第七冊。

20. 〔越南〕武輝瑨、吳時任、潘輝益：《燕臺秋詠》，《越南漢文燕行文獻集成》第七冊。

21. 〔越南〕佚名：《使程詩集》，《越南漢文燕行文獻集成》第八冊。

22. 〔越南〕阮偍：《華程消遣集》，《越南漢文燕行文獻集成》第八冊。

23. 〔越南〕鄭懷德：《艮齋觀光集》，《越南漢文燕行文獻集成》第八冊。

24. 〔越南〕吳仁靜：《拾英堂詩集》，《越南漢文燕行文獻集成》第九冊。

25. 〔越南〕黎光定：《華原詩草》，《越南漢文燕行文獻集成》第九冊。

26. 〔越南〕阮嘉吉：《華程詩集》，《越南漢文燕行文獻集成》第九冊。

27. 〔越南〕武希蘇：《華程學步集》，《越南漢文燕行文獻集成》第九冊。

28. 〔越南〕吳時位：《枚驛諏餘》，《越南漢文燕行文獻集成》第九冊。

29. 〔越南〕阮攸：《北行襍錄》，《越南漢文燕行文獻集成》第十冊。

30. 〔越南〕阮攸：《使程諸作》，《越南漢文燕行文獻集成》第十冊。

31. 〔越南〕潘輝湜：《使程雜詠》，《越南漢文燕行文獻集成》第十冊。

32. 〔越南〕丁翔甫：《北行偶筆》，《越南漢文燕行文獻集成》第十冊。

33. 〔越南〕潘輝注：《華軺吟錄》，《越南漢文燕行文獻集成》第十冊。

34. 〔越南〕潘輝注：《輶軒叢筆》，《越南漢文燕行文獻集成》第十一冊。

35. 〔越南〕黃碧山：《北遊集》，《越南漢文燕行文獻集成》第十一冊。

36. 〔越南〕鄧文啟：《華程略記》，《越南漢文燕行文獻集成》第十二冊。

37. 〔越南〕潘輝注：《華程續吟》，《越南漢文燕行文獻集成》第十二冊。

38. 〔越南〕張好合：《夢梅亭詩草》，《越南漢文燕行文獻集成》第十二冊。

39. 〔越南〕黎光院：《華程偶筆錄》，《越南漢文燕行文獻集成》第十二冊。

40. 〔越南〕范世忠：《使清文錄》，《越南漢文燕行文獻集成》第十四冊。

41. 〔越南〕李文馥：《周原襍詠草》，《越南漢文燕行文獻集成》第十四冊。

42. 〔越南〕李文馥：《使程遺錄》，《越南漢文燕行文獻集成》第十四冊。

43. 〔越南〕李文馥：《使程誌略艸》，《越南漢文燕行文獻集成》第十五冊。

44. 〔越南〕李文馥：《使程括要編》，《越南漢文燕行文獻集成》第十五冊。

45. 〔越南〕范芝香：《郿川使程詩集》，《越南漢文燕行文獻集成》第十五冊。

46. 〔越南〕裴樻：《燕行總載》，《越南漢文燕行文獻集成》第十五冊。

47. 〔越南〕裴樻：《燕行曲》，《越南漢文燕行文獻集成》第十六冊。

48. 〔越南〕阮攸：《星軺隨筆》，《越南漢文燕行文獻集成》第十六冊。

49. 〔越南〕阮文超：《方亭萬里集》，《越南漢文燕行文獻集成》第十六冊。

50. 〔越南〕阮文超：《如燕驛程奏草》，《越南漢文燕行文獻集成》第十七冊。

51. 〔越南〕范芝香：《志庵東溪詩集》，《越南漢文燕行文獻集成》第十七冊。

52. 〔越南〕潘輝泳：《駰程隨筆》，《越南漢文燕行文獻集成》第十七冊。

53. 〔越南〕黎峻、阮思僩、黃竝：《如清日記》，《越南漢文燕行文獻集成》第十八冊。

54. 〔越南〕阮思僩：《燕軺筆錄》，《越南漢文燕行文獻集成》第十九冊。

55. 〔越南〕阮思僩：《燕軺詩文集》，《越南漢文燕行文獻集成》第二十冊。

56. 〔越南〕范熙亮：《北溟雛羽偶錄》，《越南漢文燕行文獻集成》第二十一冊。

57. 〔越南〕裴文禩：《萬里行吟》，《越南漢文燕行文獻集成》第二十一冊。

58. 〔越南〕裴文禩：《中州酬應集》，《越南漢文燕行文獻集成》第二十二冊。

59. 〔越南〕阮述：《每懷吟草》，《越南漢文燕行文獻集成》第二十三冊。

60. 〔越南〕阮輝儆等編繪：《燕軺日程》，《越南漢文燕行文獻集成》第二十四冊。

61. 〔越南〕裴樻撰、范文貯繪：《如清圖》，《越南漢文燕行文獻集成》第二十四冊。

62. 〔越南〕裴樻撰、佚名繪：《燕臺嬰語》，《越南漢文燕行文獻集成》第二十五冊。

63. 〔越南〕裴文祺等編繪:《燕軺萬里集》,《越南漢文燕行文獻集成》第二
十五冊。

64. 〔越南〕黎貴惇:《見聞小錄》胡志明市:越南教育出版社,2008 年。

65. 〔越南〕范熙亮:《范魚堂北槎日記》,據越南漢喃研究院所藏抄本 A.848
影印。

66. 〔越南〕裴文祺:《萬里行吟》卷三、卷四,據越南漢喃研究院所藏抄本
VHv.849 / 2 影印。

67. 〔越南〕裴文祺:《軺軒詩草》,據越南漢喃研究院所藏抄本 VHv.849 / 2
影印(附於裴文祺《萬里行吟》卷三、卷四之後)。

68. 〔越南〕阮述:《每懷吟草》,據越南漢喃研究院所藏抄本 VHv.852 影印。

69. 陳荊和編註:《阮述「往津日記」》香港:中文大學出版社,1980 年初版。

70. 〔越南〕鄭克孟、〔韓〕仁荷大學:《韓越使臣唱和詩文》首爾:仁荷大
學出版社,2013 年 6 月。

二、古籍史料

(一) 中國 (按四部分類)

1. 〔漢〕孔安國傳,〔唐〕孔穎達疏,〔唐〕陸德明音義,〔清〕阮元校
勘:《重栞宋本尚書注疏附校勘記》臺北:藝文印書館,1965 年,《重刊
宋本十三經注疏附校勘記》據清嘉慶二十年(1815)南昌府學刊本影印。

2. 〔清〕皮錫瑞:《尚書大傳疏證》,光緒丙申師伏堂栞本。

3. 楊伯峻編著:《春秋左傳注(修訂本)》北京:中華書局,1990 年 5 月第
2 版。

4. 〔日〕瀧川龜太郎:《史記會注考證》臺北:萬卷樓圖書有限公司,1993
年 8 月初版。

5. 〔劉宋〕范曄撰,〔唐〕李賢等注,〔晉〕司馬彪補志:《後漢書》臺北:
鼎文書局,1981 年,宋紹興本。

6. 〔晉〕陳壽撰,〔南朝宋〕裴松之注:《三國志》臺北:鼎文書局,1980
年,宋紹興本。

7. 〔梁〕沈約撰:《宋書》臺北:鼎文書局,1980 年,宋元明三朝遞修本。

8. 〔宋〕司馬光編著，〔元〕胡三省音註，標點資治通鑑小組校點：《資治通鑑》北京：古籍出版社，1956 年。

9. 〔元〕脫脫等撰：《宋史》臺北：鼎文書局，1981 年，元至正本配補明成化本。

10. 〔明〕宋濂等撰：《元史》臺北：鼎文書局，1981 年，洪武九十九卷本和南監本。

11. 〔清〕張廷玉等撰：《明史》臺北：鼎文書局，1980 年，清武英殿本。

12. 趙爾巽等撰，楊家駱校：《清史稿》臺北：鼎文書局，1981 年，關外二次本。

13. 中央研究院歷史語言研究所校勘：《明實錄·太宗實錄》臺北：中央研究院歷史語言研究所，1966 年。

14. 《清實錄》北京：中華書局影印版，1986 年。

15. 〔清〕允祹等奉敕撰：《欽定大清會典》臺北：臺灣商務印書館，1983 年，《景印文淵閣四庫全書》據國立故宮博物院藏本影印。

16. 〔清〕《欽定大清會典則例》臺北：臺灣商務印書館，1983 年，《景印文淵閣四庫全書》據國立故宮博物院藏本影印。

17. 〔清〕崑岡等奉敕著：《欽定大清會典事例（光緒朝）》北京：中華書局，1991 年，據光緒二十五年石印本影印。

18. 〔清〕《欽定皇朝文獻通考》臺北：臺灣商務印書館，1983 年，《景印文淵閣四庫全書》據國立故宮博物院藏本影印。

19. 〔清〕阿桂等纂修：《八旬萬壽盛典》臺北：臺灣商務印書館，1983 年初版。

20. 〔明〕嚴從簡著，余思黎點校：《殊域周咨錄》北京：中華書局，1993 年 2 月第 1 版。

21. 〔清〕張鏡心撰，伍崇曜輯：《馭交記》粵雅堂叢書清道光三十年至光緒元年刊本。

22. 〔清〕于敏中等編纂：《日下舊聞考》北京：北京古籍出版社，1983 年 5 月第 1 版。

23. 〔清〕吳長元輯：《宸垣識略》北京：北京古籍出版社，1982 年 4 月。

24. 〔清〕富察敦崇:《燕京歲時記》,收入《帝京歲時紀勝　燕京歲時記》北京:北京古籍出版社,1981 年 8 月。

25. 〔清〕潘榮陛:《帝京歲時紀勝》,收入《帝京歲時紀勝　燕京歲時記》北京:北京古籍出版社,1981 年 8 月。

26. 〔清〕顧森:《燕京記》,收入張江裁輯:《燕都風土叢書》,民國二十八年燕歸來簃鉛印本。

27. 故宮博物院編:《(康熙)上林縣志‧(雍正)太平府志》海口:海南出版社,2001 年 6 月第 1 版。

28. 周恭壽修,趙愷、楊恩元纂:《民國續遵義府志(二)》成都:巴蜀書社,《中國地方志集成》據民國 25 年刻本影印。

29. 莫炳奎纂:《邕寧縣志》,收入《中國方志叢書‧華南地方》臺北:成文出版社,1975 年,據民國 26 年鉛印本影印。

30. 劉顯世、谷正倫修,任可澄、楊恩元纂《民國貴州通志(五)》成都:巴蜀書社,《中國地方志集成》據民國 37 年貴陽書局鉛印本影印。

31. 李華編:《明清以來北京工商會館碑刻選編》北京:文物出版社,1980 年 6 月第 1 版。

32. 房兆楹、杜聯喆合編:《增校清朝進士題名碑錄附引得》北京:哈佛燕京學社,1941 年 6 月。

33. 中央研究院歷史語言研究所編輯:《明清史料庚編(一)》臺北:中研院歷史語言研究所,1999 年影印二版。

34. 徐世昌纂、周駿富編《清儒學案小傳(三)》,收入周駿富輯:《清代傳記叢刊‧學林類》臺北:明文書局,1985 年 5 月初版。

35. 支偉成:《清代樸學大師列傳》,收入周駿富輯:《清代傳記叢刊‧學林類》,臺北:明文書局,1985 年 5 月初版。

36. 朱汝珍輯:《詞林輯略》,收入周駿富輯:《清代傳記叢刊‧學林類》臺北:明文書局,1985 年 5 月初版。

37. 金梁輯錄:《近世人物志》,收入周駿富輯:《清代傳記叢刊‧名人類》臺北:明文書局,1985 年 5 月初版。

38. 竇鎮輯:《國朝書畫家筆錄》,收入周駿富輯:《清代傳記叢刊‧藝林類》

臺北：明文書局，1985 年 5 月初版。

39. 趙爾巽等撰：《清史稿列傳（五）》，收入周駿富輯：《清代傳記叢刊·綜錄類》臺北：明文書局，1985 年 5 月初版。

40. 趙爾巽等撰：《清史稿列傳（六）》，收入周駿富輯：《清代傳記叢刊·綜錄類》臺北：明文書局，1985 年 5 月初版。

41. 清國史館原編：《清史列傳（八）》，收入周駿富輯：《清代傳記叢刊·綜錄類》臺北：明文書局，1985 年 5 月初版。

42. 清國史館原編：《清史列傳（九）》，收入周駿富輯：《清代傳記叢刊·綜錄類》臺北：明文書局，1985 年 5 月初版。

43. 蔡冠洛編纂：《清代七百名人傳》，收入周駿富輯：《清代傳記叢刊·綜錄類》臺北：明文書局，1985 年 5 月初版。

44. 凌惕安撰：《清代貴州名賢像傳》，收入周駿富輯：《清代傳記叢刊·綜錄類》臺北：明文書局，1985 年 5 月初版。

45. 〔清〕孫詒讓著，孫以楷點校：《墨子閒詁》臺北：華正書局，1987 年。

46. 陳奇猷校注，中華書局上海編輯所編輯：《韓非子校注》北京：中華書局，1958 年。

47. 劉文典：《淮南鴻烈集解》北京：中華書局，1989 年。

48. 〔明〕沈德符：《萬曆野獲編》北京：中華書局，1959 年。

49. 〔清〕吳振棫撰，童正倫點校：《養吉齋叢錄》北京：中華書局，2005 年12 月第 1 版。

50. 〔清〕李虹若著，楊華整理點校：《朝市叢載》北京：北京古籍出版社，1995 年 7 月第 1 版。

51. 〔清〕俞蛟撰，駱寶善校點：《夢廠雜著》上海：上海古籍出版社，1988 年 7 月第 1 版。

52. 〔清〕昭槤撰，何英芳點校：《嘯亭雜錄》北京：中華書局，1980 年 12 月第 1 版。

53. 〔清〕梁廷楠：《海國四說》，收入《清代史料筆記叢刊》北京：中華書局，1993 年。

54. 〔清〕梁紹壬撰，莊葳點校：《兩般秋雨盦隨筆》上海：上海古籍出版社，1982 年 8 月第 1 版。

55. 〔清〕葉夢珠撰，來新夏點校：《閱世編》上海：上海古籍出版社，1981 年 6 月第 1 版。

56. 〔清〕趙翼撰，李解民點校：《簷曝雜記》北京：中華書局，1982 年。

57. 〔清〕劉獻廷撰，汪北平、夏志和點校：《廣陽雜記》北京：中華書局，1957 年 7 月第 1 版。

58. 〔清〕董誥等編：《全唐文》北京：中華書局，1987 年。

59. 〔清〕徐世昌輯：《晚晴簃詩匯》上海：上海古籍出版社，2002 年，據民國十八年退耕堂刻本影印。

60. 〔明〕王洪：《毅齋集》遼寧：瀋陽出版社，1998 年。

61. 〔明〕陶宗儀：《南村輟耕錄》北京：中華書局，1959 年。

62. 〔清〕吳道鎔：《澹盦文存》，收入沈雲龍主編：《近代中國史料叢刊續編·第二十輯》臺北縣：文海出版社，1975 年 8 月影印版。

63. 〔清〕陳夢雷：《松鶴山房詩集》上海：上海古籍出版社，2002 年。

64. 〔清〕董文渙編著；李豫、崔永禧輯校：《韓客詩存》北京：書目文獻出版社，1996 年 4 月第 1 版。

65. 〔清〕翁同龢著、陳義杰整理：《翁同龢日記》北京：中華書局，1989 年 4 月第 1 版。

66. 〔清〕張蔭桓：《三洲日記》，據光緒丙申年（1896）京都粵東新館刊本影印。

67. 〔清〕唐景崧：《請纓日記》臺北：文海出版社，《近代中國史料叢刊》據光緒癸巳年臺灣布政史署刊本影印。

68. 苑書義等主編：《張之洞全集》石家莊：河北人民出版社，1998 年 8 月第 1 版。

（二）越南、韓國

1. 陳荊和編校：《校合本大越史記全書》東京都：東京大學東洋文化研究所附屬東洋學文獻センター刊行委員會，昭和 59 年 3 月。

2. 〔越南〕潘清簡：《欽定越史通鑑綱目》順化：越南國家圖書館藏 1884 年刻本 R.547。

3. 許文堂、謝奇懿編：《大南實錄清越關係史料彙編》臺北：中央研究院東南亞區域研究計畫，2000 年 11 月初版。

4. 〔越南〕裴璧編：《皇越詩選》，順化：越南國家圖書館藏明命六年希文堂刻本 R.969。

5. 吳晗輯：《朝鮮李朝實錄中的中國史料》北京：中華書局，1980 年。

6. 〔韓〕《同文彙考補編·使行錄》，收入林基中編：《燕行錄全集》漢城：東國大學校出版部，2001 年。

7. 〔韓〕李海應：《薊山紀程》，收入林基中編：《燕行錄全集》漢城：東國大學校出版部，2001 年。

8. 〔韓〕柳得恭：《並世集》，收入林基中編：《燕行錄全集》漢城：東國大學校出版部，2001 年 10 月初版。

9. 〔韓〕柳得恭：《灤陽錄》，收入《史料續編灤陽錄、燕臺再游錄、松漠紀聞》臺北：廣文書局，1968 年 5 月初版。

10. 〔韓〕徐浩修《燕行記》，收入林基中編：《燕行錄全集》漢城：東國大學校出版部，2001 年。

三、專書（依著者姓氏筆劃排列）

1. 大運河翰林文化藏書編委會：《圖說老北京：京門九衢》北京：中國書店，2012 年 5 月。

2. 尹德翔：《東海西海之間——晚清使西日記中的文化觀察、認證與選擇》北京：北京大學出版社，2009 年 6 月第 1 版。

3. 王志強：《李鴻章與越南問題（1881～1886）》廣州：暨南大學出版社，2013 年 3 月第 1 版。

4. 王明珂：《華夏邊緣：歷史記憶與族群認同》臺北：允晨文化實業股份有限公司，1997 年 4 月初版。

5. 王南：《北京審美文化史·明代卷》北京：北京大學出版社，2013 年 6 月第 1 版。

6. 王建偉主編：《北京文化史》北京：人民出版社，2014 年 11 月第 1 版。

7. 王思治：《塞上江南：避暑山莊與外八廟》臺北：萬卷樓圖書有限公司，2000 年 2 月初版。

8. 王國瓔：《中國山水詩研究》臺北：聯經出版社，1986 年。

9. 王爾敏：《清季兵工業的興起》臺北：中央研究院近代史研究所，1978 年 6 月再版。

10. 王鐸：《中國古代苑園與文化》武漢：湖北教育出版社，2003 年 3 月第 1 版。

11. 左芙蓉：《北京對外文化交流史》成都：巴蜀書社，2008 年 2 月第 1 版。

12. 甘懷真：《皇權、禮儀與經典詮釋：中國古代政治史研究》臺北：國立臺灣大學出版中心，2004 年。

13. 石守謙、廖肇亨主編：《東亞文化意象之形塑》臺北：允晨文化實業股份有限公司，2011 年 3 月初版。

14. 朱立元主編：《當代西方文藝理論（增補版）》上海：華東師範大學，2005 年 4 月第 2 版。

15. 朱家溍、丁汝芹：《清代內廷演劇始末考》北京：中國書店，2007 年 1 月第 1 版。

16. 朱祖希：《營國匠意——古都北京的規劃建設及其文化淵源》北京：中華書局，2007 年 4 月第 1 版。

17. 朱雲影：《中國文化對日韓越的影響》臺北：黎明文化事業公司，1981 年。

18. 衣若芬：《雲影天光：瀟湘山水之畫意與詩情》臺北：里仁書局，2013 年 8 月初版。

19. 何新華：《威儀天下——清代外交禮儀及其變革》上海：上海社會科學院出版社，2011 年 4 月第 1 版。

20. 何新華：《最後的天朝：清代朝貢制度研究》北京：人民出版社，2012 年 12 月第 1 版。

21. 吳政緯：《眷眷明朝——朝鮮士人的中國論述與文化心態（1600～1800）》臺北：秀威資訊科技股份有限公司，2015 年 11 月。

22. 呂士朋：《北屬時期的越南》臺北：華世出版社，1977 年再版。

23. 宋柏年主編：《中國古典文學在國外》北京：北京語言學院出版社，1994 年 10 月。

24. 李未醉：《中越文化交流論》北京：光明日報出版社，2009 年 4 月第 1 版。

25. 李雲泉：《萬邦來朝：朝貢制度史論》北京：新華出版社，2014 年 5 月第 1 版。

26. 汪榮祖：《追尋失落的圓明園》南京：江蘇教育出版社，2005 年 9 月第 1 版。

27. 周寧：《跨文化研究：以中國形象為方法》北京：商務印書館，2011 年 10 月第 1 版。

28. 周維權：《中國古典園林史（第二版）》北京：清華大學出版社，1999 年 10 月第 2 版。

29. 周蘇琴：《建築紫禁城》北京：故宮出版社，2014 年 4 月第 1 版。

30. 孟昭毅：《東方文學交流史》天津：天津人民出版社，2001 年 8 月。

31. 孟華主編：《比較文學形象學》北京：北京大學出版社，2001 年 7 月第 1 版。

32. 林淑慧：《旅人心境：臺灣日治時期漢文旅遊書寫》臺北：萬卷樓圖書股份有限公司，2014 年 2 月初版。

33. 侯仁之著，鄧輝等譯：《北平歷史地理》北京：外語教學與研究出版社，2014 年 5 月第 1 版。

34. 恒慕義主編：《清代名人傳略（下）》西寧：青海人民出版社，1990 年 2 月第 1 版。

35. 段義孚著，潘桂成譯：《經驗透視中的空間和地方》臺北：國立編譯館，1998 年。

36. 紀陶然編著：《天朝的鏡像》南京：江蘇人民出版社，2014 年 1 月第 1 版。

37. 孫宏年：《清代中越關係研究（1644～1885）》哈爾濱：黑龍江教育出版社，2014 年 2 月第 1 版。

38. 孫衛國：《大明旗號與小中華意識——朝鮮王朝尊周思明問題研究（1637
　　～1800）》北京：商務印書館，2007 年 11 月第 1 版。

39. 徐東日：《朝鮮朝使臣眼中的中國形象》北京：中華書局，2010 年 12 月
　　第 1 版。

40. 高巍、孫建華：《燕京八景》北京：學苑出版社，2008 年 8 月第 1 版。

41. 張存武：《清韓宗藩貿易（1637～1849）》臺北：中央研究院近代史研究
　　所，1985 年 6 月再版。

42. 張秀民：《中越關係史論文集》臺北：文史哲出版社，1992 年 3 月初版。

43. 張法：《北京的深邃——京城模式與象徵體系》合肥：安徽教育出版社，
　　2015 年 1 月第 1 版。

44. 張曉虹：《古都與城市》香港：中華書局有限公司，2014 年 5 月初版。

45. 張麗珠：《清代義理學新貌》臺北：里仁書局，1999 年初版。

46. 曹中屏：《朝鮮近代史（1863～1919）》北京：東方出版社，1993 年 1 月
　　第 1 版。

47. 郭廷以等：《中越文化論集（一）》臺北：中華文化出版事業委員會，1956
　　年 4 月初版。

48. 郭廷以等：《中越文化論集（二）》臺北：中華文化出版事業委員會，1956
　　年 4 月初版。

49. 陳平原、王德威編：《北京：都市想像與文化記憶》北京：北京大學出版
　　社，2005 年 5 月。

50. 陳長文編著：《承德避暑山莊與外八廟》長春：吉林文史出版社，2010 年
　　1 月第 1 版。

51. 陳重金著，戴可來譯：《越南通史》北京：商務印書館，1992 年 12 月。

52. 陳益源：《越南漢籍文獻述論》北京：中華書局，2011 年 9 月第 1 版。

53. 陳寅恪：《陳寅恪集·金明館叢稿二編》北京：生活·讀書·新知三聯書
　　店，2001 年 7 月北京第一版。

54. 復旦大學古籍整理研究所、章培恒先生學術基金編：《域外文獻裡的中
　　國》上海：上海文藝出版社，2014 年 6 月第 1 版。

55. 楊雨蕾：《燕行與中朝文化關係》上海：上海辭書出版社，2011 年 1 月第 1 版。

56. 楊國楨、陳支平：《明史新編》臺北縣：雲龍出版社，1995 年。

57. 溫兆海：《朝鮮詩人李尚迪與晚清文人交流研究》北京：中國社會科學出版社，2013 年 4 月第 1 版。

58. 葛兆光：《想像異域：讀李朝朝鮮漢文燕行文獻札記》北京：中華書局，2014 年 1 月第 1 版。

59. 董玥：《民國北京城：歷史與懷舊》北京：生活·讀書·新知三聯書店，2014 年 10 月北京第 1 版。

60. 廖炳惠：《另類現代情》臺北：允晨文化實業公司，2001 年。

61. 廖炳惠：《臺灣與世界文學的匯流》臺北：聯合文學出版社，2006 年 5 月初版。

62. 劉玉珺：《越南漢喃古籍的文獻學研究》北京：中華書局，2007 年 7 月第 1 版。

63. 劉沛林：《風水——中國人的環境觀》上海：上海三聯書店，1995 年 12 月第 1 版。

64. 劉春銀、王小盾、陳義主編：《越南漢喃文獻目錄提要》臺北：中央研究院中國文哲研究所，2002 年 12 月初版。

65. 劉春銀、王小盾、陳義主編：《越南漢喃文獻目錄提要補遺》臺北：中央研究院亞太研究專題中心，2004 年 12 月初版。

66. 劉廣銘：《朝鮮朝語境中的滿洲族形象研究》北京：光明日報出版社，2013 年 7 月第 1 版。

67. 鄭永常：《征戰與棄守——明代中越關係研究》臺南：國立成功大學出版組，1998 年 5 月。

68. 鄭永常：《漢文文學在安南的興替》臺北：臺灣商務印書館，1987 年 4 月初版。

69. 鄭安德編：《明末清初耶穌會思想文獻彙編》北京：北京大學宗教研究所，2003 年修訂重印。

70. 鄭毓瑜：《文本風景：自我與空間的相互定義》臺北：麥田出版社，2014

年二版。

71. 蕭放、張勃：《中國節慶》上海：上海古籍出版社，2010 年 8 月第 1 版。

72. 鍾彩鈞主編：《黎貴惇的學術與思想》臺北：中央研究院中國文哲研究所，2012 年 12 月。

73. 顏娟英：《風景心境——臺灣近代美術文獻導讀（上冊）》臺北：雄獅圖書公司，2001 年 3 月。

74. 羅燕：《清代宮廷承應戲及其形態研究》廣州：廣東高等教育出版社，2014 年 12 月第 1 版。

75. H・R・姚斯著，周寧、金元浦譯：《走向接受美學》，收入《接受美學與接受理論》瀋陽：遼寧人民出版社，1987 年 9 月。

76. John Urry 著、葉浩譯：《觀光客的凝視》臺北：書林出版有限公司，2007 年 12 月一版。

77. Linda McDowell 著，徐苔玲、王志弘合譯：《性別、認同與地方：女性主義地理學概說》台北：群學出版有限公司，2006 年 5 月一版。

78. Mike Crang 著，王志弘、余佳玲、方淑惠譯：《文化地理學》臺北：巨流圖書股份有限公司，2003 年初版。

79. Paul Cloke, Philip Crang, Mark Goodwin 編；王志弘等譯：《人文地理概論》臺北：巨流圖書股份有限公司，2006 年初版。

80. Tim Cresswell 著，王志弘、徐苔玲譯：《地方：記憶、想像與認同》臺北：群學出版有限公司，2006 年一版。

81. W.J.T.米切爾（Mitchell W.J.T.）編，楊麗、萬信瓊譯：《風景與權力》南京：譯林出版社，2014 年 10 月第 1 版。

82. 弗朗索瓦・于連（Francois Jullien）著，杜小真譯：《迂回與進入》北京：生活・讀書・新知三聯書店，2003 年 9 月。

83. 宇文所安（Stephen Owen）著，鄭學勤譯：《追憶：中國古典文學中的往事再現》北京：生活・讀書・新知三聯書店，2004 年 12 月第 1 版。

84. 西蒙・岡恩（Simon Gunn）著，韓炯譯：《歷史學與文化理論》北京：北京大學出版社，2012 年 7 月第 1 版。

85. 西蒙・沙瑪（Simon Schama）著，胡淑陳、馮樨譯：《風景與記憶》南京：

譯林出版社，2013 年 10 月第 1 版。

86. 約翰・湯姆遜（John Thomson）著，徐家寧譯：《中國與中國人影像：約翰・湯姆遜記錄的晚清中國（增訂版）》桂林：廣西師範大學出版社，2015 年 5 月第 2 版。

87. 埃德蒙・N・培根（Edmund N.Bacon）著，黃富廂、朱琪譯：《城市設計（修訂版）》北京：中國建築工業出版社，2003 年 8 月第一版。

88. 泰瑞・伊格頓（Terry Eagleton）：《如何閱讀文學》臺北：商周出版，2014 年 1 月初版。

89. 雷貝嘉・索爾尼（Rebecca Solnit）著，刁筱華譯：《浪遊之歌：走路的歷史》臺北：麥田出版社，2010 年第二版。

90. 諾伯舒茲（Christian Norberg-Schulz）著，施植明譯：《場所精神：邁向建築現象學》武漢：華中科技大學出版社，2010 年 7 月第 1 版。

91. 韓書瑞（Susan Naquin）著，朱修春譯：《北京：寺廟與城市生活（1400～1900）》新北市：稻鄉出版社，2014 年 1 月。

92. 羅蘭・巴特（Roland Barthes）著，許綺玲譯：《明室・攝影札記》臺北：臺灣攝影工作室，1997 年修訂版。

93. 蘇珊・桑塔格（Susan Sontag）著，刁筱華譯：《疾病的隱喻》臺北：大田出版有限公司，2005 年 2 月再版。

四、單篇論文（依著者姓氏筆劃排列）

1. 丁克順：〈阮輝瑩及其 1765 年赴清朝擔任使者時編著的書籍〉，收入復旦大學文史研究院編：《從周邊看中國》北京：中華書局，2009 年 6 月第 1 版，頁 405～412。

2. 于向東：〈黎貴惇的生平及其哲學思想〉，《許昌學院學報》第 1 期，1993 年，頁 48～54。

3. 于向東：〈黎貴惇的著述及其學術思想〉，《東南亞研究》第 3 期，1991 年，頁 10～17。

4. 夫馬進：〈越南如清使范芝香撰《郿川使程詩集》所見清代中國的汪喜孫〉，收入夫馬進著；伍躍譯：《朝鮮燕行使和朝鮮通信使：使節視野中的中國・

日本》上海：上海古籍出版社，2010 年 12 月第 1 版，頁 322～335。

5. 王川、謝國升：〈李文田與晚清西北史地學研究〉，《史學史研究》第 1 期，2015 年，頁 30～39。

6. 王志強、權赫秀：〈從 1883 年越南遣使來華看中越宗藩關係的終結〉，《史林》第 2 期，2011 年，頁 85～91。

7. 王志強：〈李鴻章與清代最後來華的越南使節〉，《蘭臺世界》第 6 期，2013 年，頁 67～68。

8. 王志強：〈國內外有關晚清越南問題研究述評〉，《東南亞縱橫》第 6 期，2013 年，頁 49～53。

9. 王志強：〈從越南漢籍《往津日記》看晚清中越文化交流〉，《蘭臺世界》第 2 期，2013 年，頁 31～32。

10. 王志強：〈越南漢籍《往津日記》及其史料價值評介〉，《東南亞縱橫》第 12 期，2010 年，頁 71～74。

11. 王志強：〈越南漢籍阮述《往津日記》與《建福元年如清日程》的比較〉，《東南亞縱橫》第 12 期，2012 年，頁 56～59。

12. 王偉勇：〈中越文人「意外」交流之成果——《中外群英會錄》述評〉，收入王三慶、陳益源主編：《東亞漢文學與民俗文化國際學術研討會論文集》（臺北：樂學書局，2007 年 12 月），頁 519～561。

13. 王國良：〈越南北使詩文反映的中國想像與現實〉，收入張伯偉編：《域外漢籍研究集刊・第十輯》北京：中華書局，2014 年 10 月，頁 227～240。

14. 王晨光：〈明清越南使節燕行檔案中的中國風貌〉，《浙江檔案》第 7 期，2014 年，頁 51～53。

15. 王晨光：〈朝貢與創作——越南使節燕行詩文研究意涵探析〉，《東亞人文》2014 年 12 月，頁 255～271。

16. 伊維德著，余婉卉譯：〈三層戲樓上的演出：乾隆朝的宮廷戲劇〉，《武漢理工大學學報》第 6 期，2014 年 11 月，頁 939～958。

17. 朴現圭：〈《皇越詩選》所載越南與朝鮮使臣酬唱詩〉，收入張伯偉編：《域外漢籍研究集刊・第一輯》北京：中華書局，2005 年 5 月第 1 版，頁 293～303。

18. 朴現圭：〈朝鮮使臣與北京琉璃廠〉，《文獻》第 1 期，2003 年 1 月，頁 269～285。

19. 衣長春、黃韶海：〈清代千叟宴的歷史意義〉，《文化學刊》第 3 期，2016 年 3 月，頁 205～215。

20. 衣若芬：〈瀟湘八景：東亞共同母題的文化意象〉，《東亞觀念史集刊》第 六期，2014 年 6 月，頁 35～55。

21. 何仟年：〈越中典籍中的兩國詩人交往〉，《揚州大學學報》第 1 期，2006 年 1 月，頁 49～53。

22. 別廷峰：〈乾隆《避暑山莊五福五代堂記》注釋和說明〉，《承德民族師專 學報》第 1 期，1994 年，頁 79～83。

23. 呂士朋：〈元代之中越關係〉，《東海學報》第 1 期，1967 年 1 月，頁 11 ～49。

24. 呂士朋：〈清代康雍乾三朝之中越關係（上）〉，《東海學報》第 14 期，1973 年 7 月，頁 1～48。

25. 李中路：〈清代太廟與祭祀〉，《紫禁城》第 134 期，2006 年 1 月，頁 64 ～65。

26. 李建芸：〈從同樂園復原研究看清代宮廷室外院落式戲院一般特點〉，收 入張復合主編：《建築史論文集》第 17 輯（北京：清華大學出版社，2003 年），頁 49～59。

27. 李貴民：〈清代臺灣與越南的時空連結──以越南漢文文獻為例〉，《人文 研究期刊》第 11 期，2013 年 12 月，頁 25～52。

28. 李貴民：〈越南研究回顧與展望──以臺灣學界為論述中心〉，《臺灣史學 雜誌》第 12 期，2012 年 6 月，頁 133～150。

29. 李鴻斌：〈燕山八景起始考〉，《北京聯合大學學報》第 1 期，2002 年 3 月，頁 97～100。

30. 汪毅夫：〈清代臺灣的幕友〉，《東南學術》第 1 期，2004 年，頁 125～ 131。

31. 沈玉慧：〈乾隆二十五～二十六年朝鮮使節與安南、南掌、琉球三國人員 於北京之交流〉，《臺大歷史學報》第 50 期，2012 年 12 月，頁 109～153。

32. 沈玉慧：〈清代朝鮮使節在北京的琉球情報收集〉，《漢學研究》第 29 卷第 3 期，2011 年 9 月，頁 155～190。

33. 周紹泉：〈明代服飾探論〉，《史學月刊》第 6 期，1990 年，頁 34～40。

34. 林京：〈為太上皇舉行的千叟宴〉，《紫禁城》第 1 期，1991 年，頁 28～29。

35. 林淑貞：〈地景臨現——六朝志怪「地誌書寫」範式與文化意蘊〉，《政大中文學報》第十二期，2009 年 12 月，頁 159～194。

36. 竺小恩：〈「衣冠文物，悉同中國」——略論明代賜服對李氏朝鮮服飾文化的影響〉，《服飾導刊》第 1 期，2015 年 3 月，頁 4～10。

37. 查時傑：〈湯若望與北京南堂〉，《臺大歷史學報》第 17 期，1992 年，頁 287～314。

38. 韋弓：〈清宮朝會儀式〉，《紫禁城》第 3 期，1980 年 6 月，頁 16～17。

39. 孫宏年：〈傳承與嬗變：從黎峻使團來華看晚清的中越關係——兼議清代東亞「國際秩序」的虛實〉，《中國邊疆史地研究》第 2 期，2014 年 6 月，頁 39～51。

40. 孫迎慶：〈翁同龢和潘祖蔭的藏書交往〉，《東方收藏》第 6 期，2015 年，頁 121～123。

41. 孫衛國：〈清道咸時期中朝學人之交誼——以張曜孫與李尚迪之交往為中心〉，《南開學報》第 5 期，2014 年，頁 95～113。

42. 烏雲高娃：〈14～18 世紀東亞大陸的「譯學」機構〉，《黑龍江民族叢刊》第 3 期，2003 年，頁 80～83。

43. 秦國經：〈清代國子監的琉球官學〉，《歷史檔案》第 1 期，1993 年，頁 86～94。

44. 高換婷：〈清代大高殿維修與使用的文獻記載〉，《故宮博物院院刊》第 4 期，2003 年，頁 85～91。

45. 崔溶澈、徐毅：〈邵亭金永爵與清文士交游考述——兼談《中朝學士書翰錄》的文獻價值〉，《北京大學中國古文獻研究中心集刊・第十一輯》北京：北京大學出版社，2011 年 12 月第 1 版，頁 57～73。

46. 庾華：〈朝鮮學者朴趾源對於清乾隆時期京城孔廟國子監的認知〉，《內蒙古師範大學學報》第 1 期，2015 年 1 月，頁 13～17。

47. 張先得：〈北京大高殿門前的一組古建〉，《古建園林技術》第 4 期，1986 年，頁 47～48。

48. 張宇：〈越南貢使與中國伴送官的文學交游——以裴文禩與楊恩壽交游 為中心〉，《學術探索》第 4 期，2010 年 8 月，頁 140～144。

49. 張伯偉：〈導言：域外漢籍研究——一個嶄新的學術領域〉，《東亞漢籍研 究論集》（臺北：國立臺灣大學出版中心，2007 年 7 月初版），頁 1～7。

50. 張京華：〈三「夷」相會——以越南漢文燕行文獻為中心〉，《外國文學評 論》第 1 期，2012 年，頁 5～44。

51. 張省卿：〈十七、十八世紀中國京城圖像在歐洲〉，《國立臺北藝術大學美 術學報》第二期，2008 年，頁 67～119。

52. 梁憲華：〈清宮萬壽慶典戲〉，《中國典籍與文化》第 92 期，2015 年，頁 134～138。

53. 盛景華：〈字聖黃自元〉，《藝術中國》第 5 期，2009 年，頁 13～15。

54. 許文堂：〈十九世紀清越外交關係之演變〉，收入許文堂主編：《越南、中 國與臺灣關係的轉變》（臺北：中央研究院東南亞區域研究計畫，2001 年 12 月初版），頁 79～127。

55. 陳三井：〈中法戰爭前夕越南使節研究——以阮述為例之討論〉，收入許 文堂主編：《越南、中國與臺灣關係的轉變》（臺北：中央研究院東南亞 區域研究計畫，2001 年 12 月初版），頁 65～76。

56. 陳三井：〈阮述《往津日記》在近代史研究上的價值〉，《國立臺灣師範大 學歷史學報》第 18 期，1990 年 6 月，頁 231～244。

57. 陳文：〈安南後黎朝北使使臣的人員構成與社會地位〉，《中國邊疆史地研 究》第 2 期，2012 年 6 月，頁 114～126。

58. 陳文：〈安南黎朝使臣在中國的活動與管待——兼談明清封建朝貢制度 給官民帶來的負擔〉，《東南亞縱橫》2011 年 5 月，頁 78～84。

59. 陳正宏：〈越南燕行使者的清宮遊歷與戲曲觀賞〉，《故宮博物院院刊》第 5 期，2012 年，頁 31～40＋159～160。

60. 陳益源：〈明清小說在越南的流傳與影響〉，《中越漢文小說研究》香港： 東亞文化出版社，2007 年 1 月初版，頁 1～15。

61. 陳益源:〈越南名儒李文馥研究二章〉,收入王三慶、陳益源主編:《東亞漢文學與民俗文化論叢(二)》臺北:樂學書局有限公司,2011 年 12 月初版,頁 177～190。

62. 陳益源:〈越南在東亞漢文學研究的不可或缺——以《越南漢籍文獻述論》的簡介為例〉,收入王寶平主編:《東亞視域中的漢文學研究》(上海:上海古籍出版社,2013 年 2 月初版),頁 73～85。

63. 陳益源:〈越南漢文學中的東南亞新世界——以 1830 年代初期為考察對象〉,《深圳大學學報》第 27 卷第 1 期,2010 年 1 月,頁 119～125。

64. 陳益源:〈與北京紫禁城有關的二本稀見越南漢文燕行文獻〉,收入「燕行使進紫禁城——14 至 19 世紀的宮廷文化與東亞秩序學術研討會」論文集,頁 395～414。

65. 陳國保:〈越南使臣對晚清中國社會的觀察與評論〉,《史學月刊》第 10 期,2013 年,頁 55～67。

66. 陳國保:〈越南使臣與清代中越宗藩秩序〉,《清史研究》第 2 期,2012 年 5 月),頁 63～75。

67. 陸小燕、葉少飛:〈萬曆二十五年朝鮮安南使臣詩文問答析論〉,收入張伯偉編:《域外漢籍研究集刊‧第九輯》北京:中華書局,2013 年 7 月第 1 版,頁 395～420。

68. 陸小燕:〈同治八年越南——朝鮮使臣交流初論〉,收入張伯偉編:《域外漢籍研究集刊‧第十二輯》(北京:中華書局,2015 年 11 月),頁 237～254。

69. 陸小燕:〈康熙十三年安南使者的中國觀感與應對——兼和朝鮮燕行文獻比較〉,收入張伯偉編:《域外漢籍研究集刊‧第十輯》北京:中華書局,2014 年 10 月,頁 241～260。

70. 彭茜:〈試論國內學界對越南來華使節及其漢詩的研究〉,《東南亞縱橫》2013 年 8 月,頁 52～55。

71. 黃蘭翔:〈十九世紀越南國都(順化)的城市規畫初探〉,《國立臺灣大學文史哲學報》第 48 期,1998 年 6 月,頁 1～39。

72. 楊雨蕾:〈朝鮮燕行錄所記的北京琉璃廠〉,《中國典籍與文化》第 4 期,2004 年,頁 55～63

73. 葉少飛：〈《小方壺齋輿地叢鈔》越南史地典籍解題〉,《形象史學研究》第 1 期（2015 年），頁 196～209。

74. 葛兆光：〈預流、立場與方法──追尋文史研究的新視野〉,《復旦學報》第 2 期,2007 年,頁 1～14。

75. 廖宗麟：〈從廣西軍隊五次入越助剿看清政府的對越態度〉,《東南亞縱橫》第 1 期,1992 年,頁 45～48。

76. 廖肇亨：〈知海則知聖人：明代琉球冊封使海洋書寫義蘊探詮〉,《臺灣古典文學研究集刊》第 2 期,2009 年 12 月,頁 1～33。

77. 廖肇亨：〈從「搜奇獵異」到「休明之化」──由朱之蕃看晚明中韓使節文化書寫的世界圖像〉,《漢學研究》第 2 期,2011 年 6 月,頁 53～80。

78. 劉仁善：〈19 世紀的越中關係和朝貢制度：理想與現實〉,《Journal of Northeast Asian History （JNAH）》第 1 期,2009 年夏,頁 1～17。

79. 劉玉珺：〈晚清壯族詩人黎申產與中越文學交流〉,《民族文學研究》第 3 期,2013 年,頁 29～37。

80. 劉玉珺：〈越南王安石──黎貴惇〉,《古典文學知識》第 2 期,2010 年,頁 96～104。

81. 劉玉珺：〈越南北使文獻總說〉,《華西語文學刊》第 2 期,2012 年,頁 146～157。

82. 劉玉珺：〈越南使臣與中越文學交流〉,《學術研究》第 1 期,2007 年,頁 141～146+160。

83. 劉桂林：〈千叟宴〉,《故宮博物院院刊》第 2 期,1981 年,頁 49～55。

84. 鄭永常：〈一次奇異的詩之外交：馮克寬與李睟光在北京的交會〉,《臺灣古典文學研究集刊》第 1 期,2009 年 6 月,頁 345～372。

85. 鄭永常：〈越法「壬戌和約」簽訂與修約談判,1860～1867〉,《成大歷史學報》第 27 號,2003 年 6 月,頁 99～128。

86. 鄭永常：〈越南阮朝嗣德帝的外交困境,1868～1880〉,《成大歷史學報》第 28 號,2004 年 6 月,頁 49～88。

87. 鄭永常：〈嗣德帝的最後掙扎：1880～1883 年中越秘密接觸〉,收入許文堂主編：《越南、中國與臺灣關係的轉變》（臺北：中央研究院東南亞區

域研究計畫，2001 年 12 月初版），頁 39～61。

88. 鄭幸：〈《默翁使集》中所見越南使臣丁儒完與清代文人之交往〉，《文獻》
第 2 期，2013 年 3 月，頁 174～180。

89. 鄭幸：〈清代越南燕行使臣入京路線述略〉，收入「燕行使進紫禁城——
14 至 19 世紀的宮廷文化與東亞秩序學術研討會」論文集，頁 444～453。

90. 黎春開：〈越南漢文文獻中的中國地景——以阮攸漢詩集《北行雜錄》為
分析場域〉，《古典文獻與民俗藝術集刊》第 2 期，2013 年 10 月，頁 77
～96。

91. 錢仲聯輯錄：〈沈曾植海日樓佚序〉（上），《文獻》第 3 期，1990 年，頁
171～186。

92. 戴榮冠：〈阮述《每懷吟草》詩作考〉，《靜宜中文學報》第 3 期，2013 年
6 月，頁 187～226。

93. 韓東洙：〈18 世紀朝鮮《燕行錄》與北京紫禁城——以儀禮空間之分析
為中心〉，《中國紫禁城學會論文集（第七輯）》，2010 年，頁 50～61。

94. 龔敏：〈阮述《往津日記》引發的學術因緣——以香港大學饒宗頤館藏戴
密微、饒宗頤往來書信為中心〉，《社會科學論壇》第 3 期，2011 年，頁
43～49。

五、學位論文（依通過時間排列）

1. 于燕：《清代中越使節研究》濟南：山東大學專門史碩士論文，2007 年。

2. 汪泉：《清朝與越南使節往來研究》廣州：暨南大學歷史學碩士論文，2008
年。

3. 楊盼盼：《朝鮮使臣眼中的道光朝——以《燕行錄》為中心》濟南：山東
大學碩士論文，2008 年 4 月。

4. 周亮：《清代越南燕行文獻研究》廣州：暨南大學歷史學碩士論文，2012
年。

5. 張茜：《清代越南燕行使者眼中的中國地理景觀》上海：復旦大學歷史地
理研究中心碩士論文，2012 年。

6. 閆斐：《徐延旭與中法戰爭》山東：山東師範大學碩士論文，2012 年 5 月。

7. 黎春開：《阮攸「北行雜錄」人文地景書寫之研究》臺北：國立臺灣師範大學臺灣語文學系碩士論文，2012 年 6 月。

8. 李鶩哲：《李文田與「清流」》上海：上海社會科學院碩士論文，2013 年。

9. 劉曉聰：《清代越南使臣之「燕行」及其「詩文外交」研究——以「越南漢文燕行文獻集成」為中心》南寧：廣西民族大學碩士論文，2013 年。

10. 史蓬勃：《清代越南使臣在華交游述論——以「越南漢文燕行文獻集成」為中心》濟南：山東師範大學專門史碩士論文，2014 年。

11. 江振剛：《清代安南使團在華禮遇活動研究》廣州：暨南大學碩士論文，2015 年。

12. 李標福：《清代越南使臣在華活動研究——以《越南漢文燕行文獻集成》為中心》廣州：暨南大學碩士論文，2015 年。

13. 阮黃燕：《1849～1877 年間越南燕行錄之研究》臺南：國立成功大學中國文學系博士論文，2015 年 6 月。

14. 黎春開：《越南燕行詩中的中國敘述——以人文、地景、文學文化交流為論述中心》臺北：國立臺灣師範大學國文學系博士論文，2016 年。

六、外文資料

（一）越南文

1. 李春鐘（Lý Xuân Chung）：〈武輝珽與朝鮮使臣新發現的兩首唱和詩〉（Hai Bài Thơ Xướng Họa Giữa Vũ Huy Tấn Với Sứ Thần Triều Tiên Mới Được Phát Hiện），收入漢喃研究院（Viện nghiên cứu Hán Nôm）：《漢喃學通報》（Thông Báo Hán Nôm Học），河內：漢喃研究院，2005 年，頁 110～117。

2. 李春鐘（Lý Xuân Chung）：〈阮公沆與朝鮮使節詩文唱和作品〉（Về Văn Bản Thơ Xướng Họa Giữa Nguyễn Công Hãng （Việt Nam） Với Du Tập Nhất， Lý Thế Cấn （Hàn Quốc） Trong Chuyến Đi Sứ Trung Quốc Năm 1718），收入漢喃研究院（Viện nghiên cứu Hán Nôm）：《漢喃學通報》（Thông Báo Hán Nôm Học），河內：漢喃研究院，2007 年。

3. 李春鐘（Lý Xuân Chung）：〈越南與韓國使者的詩文唱和：文本學的研究成果〉（Thơ Văn Xướng Họa Của Các Tác Gia - Sứ Giả Việt Nam Hàn Quốc：

Những Thành Tựu Nghiên Cứu Về Văn Bản Học），收入漢喃研究院（Viện nghiên cứu Hán Nôm）:《漢喃學通報》（Thông Báo Hán Nôm Học），河內：漢喃研究院，2009 年。

4. 李春鐘（Lý Xuân Chung）:《越南與韓國使節詩文唱和之研究》（Nghiên Cứu，Đánh Giá Thơ Văn Xướng Họa Của Các Sứ Thần Hai Nước Việt Nam，Hàn Quốc），河內：漢喃研究院博士論文，2009 年。

5. 阮明祥（Nguyễn Minh Tường）:〈中代越南使臣與韓國使程的一次接觸〉（Một Số Cuộc Tiếp Xúc Giữa Sứ Thần Việt Nam Và Sứ Thần Hàn Quốc Thời Trung Đại），《漢喃雜誌》（Tạp chí Hán Nôm），2007 年第 6 期，頁 3～12。

6. 阮明祥（Nguyễn Minh Tường）:〈黎貴惇與朝鮮使節於 1760 年在中國的相遇〉（Cuộc Tiếp Xúc Giữa Sứ Thần Đại Việt Lê Quý Đôn Và Sứ Thần Hàn Quốc Hồng Khải Hy，Triệu Vinh Tiến，Lý Huy Trung Tại Bắc Kinh Năm 1760），《漢喃雜誌》（Tạp chí Hán Nôm），2009 年第 1 期，頁 3～17。

7. 阮青松（Nguyễn Thanh Tùng）:〈友好與競爭：大越與朝鮮使節 1766～1767 年在中國的會面〉（Giao Hảo Và Cạnh Tranh：Về Cuộc Hội Ngộ Giữa Sứ Thần Đại Việt Và Sứ Thần Joseon Trên Đất Trung Hoa Năm 1766－1767），收錄於《越南——韓國關係：過去、現在與未來國際學術研討會》論文集（Hội thảo khoa học quốc tế「Quan hệ Việt Nam - Hàn Quốc：Quá khứ，Hiện tại và Tương lai （International Conference on Vietnam - Korea Relationship in the past，the present and the future）），胡志明市：胡志明市人文社會科學大學、韓國中央文化研究院，2012 年。

8. 阮維正（Nguyễn Duy Chính）:〈1790 年越南與朝鮮使團在清朝的會面〉（Cuộc Gặp Gỡ Giữa Phái Đoàn Triều Tiên Và Đại Việt Ở Triều Đình Nhà Thanh Năm Canh Tuất （1790）），《研究與發展雜誌》（Tạp chí Nghiên cứu và Phát triển），2010 年第 6 期，頁 3～22。

9. 鄭克孟、阮德全（Trịnh Khắc Mạnh，Nguyễn Đức Toàn）:〈越南使臣阮登與朝鮮使節的唱和作品〉（Thơ Xướng Họa Của Sứ Thần Đại Việt - Hoàng Giáp Nguyễn Đăng Với Sứ Thần Joseon - Lý Đẩu Phong），《漢喃雜誌》（Tạp chí Hán Nôm），2012 年第 3 期，頁 3～10。

10. 鄭克孟、阮德全（Trịnh Khắc Mạnh，Nguyễn Đức Toàn）：〈再發現兩位越南使節與韓國李氏使節有唱和作品〉（Thêm Hai Sứ Thần Đại Việt Có Thơ Xướng Họa Với Sứ Thần Joseon），《漢喃雜誌》（Tạp chí Hán Nôm），2012年第 5 期，頁 32～37。

（二）日　文

1. 清水太郎：〈ベトナム使節と朝鮮使節の中国での邂逅——18 世紀の事例を中心に〉，《北東アジア文化研究》第 12 號，2000 年 10 月，頁 15～31。

2. 清水太郎：〈ベトナム使節と朝鮮使節の中国での邂逅（2）1790 年の事例を中心に〉，《北東アジア文化研究》第 14 號，2001 年 10 月，頁 31～47。

3. 清水太郎：〈ベトナム使節と朝鮮使節の中国での邂逅（3）1597 年の事例を中心に〉，《北東アジア文化研究》第 16 號，2002 年 10 月，頁 35～54。

4. 清水太郎：〈ベトナム使節と朝鮮使節の中国での邂逅（4）——16 世紀以前の事例を中心として——〉，《北東アジア文化研究》第 18 號，2003 年，頁 63～83。

5. 清水太郎：〈北京におけるベトナム使節と朝鮮使節の交流：15 世紀から 18 世紀を中心に〉，《東南アジア研究》，2010 年 12 月，頁 334～363。

6. 清水太郎：〈ベトナム使節と朝鮮使節の中国での邂逅（6）——19 世紀を中心として——〉，《周縁と中心の概念で読み解く東アジアの越・韓・琉——歴史学・考古学研究からの視座》第 6 號，2012 年 3 月，頁 47～65。

7. 清水太郎：〈漢字文化圏内での使節間交流：ベトナム使節と朝鮮使節を例として〉，《東アジア文化交渉研究》第 7 號，2014 年 3 月，頁 477～490。

（三）英　文

1. Bazerman, Charles, Shaping Written Knowledge（Wisconsin: The University of Wisconsin Press, 1988）

2. Liam C. Kelley, Whither the Bronze Pillars? Envoy Poetry and the Sino-Vietnamese Relationship in the 16th to 19th Centuries（Hawaii: University Of Hawaii, 2001）

3. J. Hillis. Miller, Topographies.（California: Stanford U.P., 1995）

4. J. Thomson, F.R.G.S, Illustrations of China and its people: a series of two hundred photographs, with letterpress descriptive of the places and people represented. Vol. 4 （London: S. Low, Marston, Low, and Searle, 1874）

七、報紙資料

1. 趙連穩：〈三山五園是清帝「視事之所」〉，《北京日報》第 19 版理論週刊・文史，2015 年 05 月 11 日。

八、網路資料

1. 越南漢喃文獻目錄資料庫系統：
   http://www.litphil.sinica.edu.tw/hannan/

2. 漢喃古籍文獻典藏數位計畫網站：
   http://lib.nomfoundation.org/collection/1/

3. 中研院前瞻計畫「漢詩與外交——十四至十九世紀東亞使節及其文化書寫」http://proj3.sinica.edu.tw/~eaenvoys/index.php

4. 中研院史語所明清檔案人名權威資料查詢：
   http://archive.ihp.sinica.edu.tw/ttsweb/html_name/search.php

5. 王思治：〈避暑山莊百年史〉，中國中央電視臺「百家講壇」2003 年
   http://www.cctv.com/lm/131/61/85938.html

6. 烏雲高娃：〈朝鮮司譯院「漢學」研究〉，全文刊登於中國社會科學院歷史研究所中外關係史研究室網站「歐亞學研究」
   http://www.eurasianhistory.com/data/articles/a02/72.html

7. 吳懷宣：〈距離美學：談審美經驗的「陌生化」現象〉
   http://wuhwaihsuan2011.pixnet.net/blog/post/54421878-%E8%B7%9D%E9%9B%A2%E7%BE%8E%E5%AD%B8

8. 「中國哲學書電子化計劃」網站：《譯科榜目》卷二原書影印本漢城：司

譯院，1890 年 http://ctext.org/library.pl？if=gb&file=109663&page=3

9. 「中國哲學書電子化計劃」網站〔清〕張蔭桓：《三洲日記》，據光緒丙申年（1896）京都粵東新館刊本影印，

http://ctext.org/library.pl？if=gb&res=87285

10.「中國哲學書電子化計劃」網站〔清〕盛慶紱：《越南地輿圖說》，據光緒九年（1883）刊本影印，

http://ctext.org/library.pl?if=gb&res=90235&remap=gb

11.中國文化研究院網站——燦爛的中國文明「承德避暑山莊」專題特輯https://hk.chiculture.net/index.php?file=topic_content&old_id=20124#https://hk.chiculture.net/20124/b12.html

附錄一　清代越南遣使北京一覽表

說明：

　　本表參考許文堂〈十九世紀清越外交關係之演變〉、劉玉珺《越南漢喃古籍的文獻學研究》、孫宏年《清代中越關係研究（1644～1885）》、汪泉《清朝與越南使節往來研究》、周亮《清代越南燕行文獻研究》等論著，並校核《清實錄》、《校合本大越史記全書》、《大南實錄清越關係史料彙編》、《越南漢喃文獻目錄提要》、《越南漢文燕行文獻集成》等相關史料、文獻整理而成。

　　本表排除越南使節北使至廣東、天津等其他地方〔註 1〕，或使者未入北京、紀錄未詳難以判斷是否入北京者，主要考察以北京為燕行目的地之遣使情況。編號 3、4 此兩筆資料出於《康熙實錄》，一記萬壽節時，安南國與暹羅國等外國使臣，在皇城宮殿中行禮；一記皇帝御太和殿視朝，安南國進貢使臣向天朝君主行禮，兩事皆有明確時間可查，故雖未見於越南相關史料，無法交互比對，考察出使節之名，但仍列入計算。另外，安南後黎與西山阮氏相爭，黎愍帝倉皇出奔，其所派求援與投清之使臣，因非兩國外交之正常使節派遣，故不併入計算。

〔註 1〕越南使節至熱河者，乃由於皇帝巡遊至避暑山莊或木蘭圍場，故至熱河瞻覲。
　　　　本論文對越南使者作客北京採廣義式定義，將天子周期性的活動亦納入其中，
　　　　故至熱河者亦視為至北京公幹，併入計算。

編號	時間〔註2〕 （西元／中國／越南）	燕行人員	燕行任務	漢文燕行紀錄〔註3〕／ 補充說明
1	西元 1664 年 康熙 2 年 12 月辛酉 後黎朝玄宗景治元年 6 月	黎敦、 楊澔、 同存澤	謝恩、告哀 （神宗）	◎雙方之宗藩關係尚未 　正式確立。
2	西元 1668 年 康熙 7 年 5 月癸丑 後黎朝玄宗景治 5 年 7 月	阮潤、 鄭（時）濟、 黎榮	歲貢	◎二使部同行。 ◎景治 7 年 2 月還抵越 　南，與清定六年兩貢並 　進之例。
		阮國楨（樾） 、阮公璧	謝恩	
3	西元 1673 年 康熙 12 年 3 月戊子 後黎朝嘉宗陽德 2 年	未詳	賀萬壽	
4	西元 1673 年 康熙 12 年 4 月甲辰 後黎朝嘉宗陽德 2 年	未詳	進貢	
5	西元 1674 年 康熙 13 年正月丙戌 後黎朝嘉宗陽德 2 年 3 月	阮茂材、 胡士揚、 陶公正、 武公道、 武惟諧	歲貢、告哀 （玄宗）	◎為二使部，阮、胡二人 　為正使、一負責進貢、 　一負責告哀。 ◎陶公正《北使詩集》
6	西元 1682 年 康熙 21 年 9 月丙寅 後黎朝熙宗正和 3 年正月	申璿（全）、 鄧公瓆	歲貢、告哀、 求封，賀蕩 平（平定三 藩之亂）	◎距上次歲貢此番貢期 　有所拖延，乃因三藩之 　亂致使貢道受阻，未能 　如期進貢。
7	西元 1686 年 康熙 25 年 7 月辛丑 後黎朝熙宗正和 6 年 9 月	阮廷滾、 黃公寔、 阮進材、 陳世榮	謝冊封恤 恩，並進方 物。	◎阮廷滾於康熙 25 年 3 　月進京途中病故。
8	西元 1691 年 康熙 30 年 9 月丙辰 後黎朝熙宗正和 11 年 4 月	阮名儒、 阮貴德、 阮進策、 陳璹	歲貢，附奏 邊事	

〔註2〕燕行使程費時甚長，清朝紀元依《清實錄》等檔案史料記錄為準（多為越南
　　　使節抵華入京時間），並以之換算為西元紀年，越南紀元則以派遣使者之時間
　　　為準，若派使時間未詳，則改以清朝紀元所換算對應之越南紀元。

〔註3〕粗體字為收入《越南漢文燕行文獻集成》之作品；未收入《越南漢文燕行
　　　文獻集成》但加註編號者為漢喃研究院藏書，餘則見載史書文獻但今未見。

9	西元 1697 年 康熙 36 年 10 月癸酉 後黎朝熙宗正和 18 年正月	阮登道、阮世播、鄧廷相、汝進賢	歲貢，附奏邊事	
10	西元 1702 年 康熙 41 年 後黎朝熙宗正和 23 年閏 7 月	何宗穆、阮珩、阮公董、阮當褒	歲貢	
11	西元 1710 年 康熙 49 年 2 月己酉 後黎朝裕宗永盛 5 年正月	陳廷諫、黎珂琮、陶國顯、阮名譽	歲貢	
12	西元 1716 年 康熙 55 年正月壬子 後黎朝裕宗永盛 11 年正月	阮公基、黎英俊、丁儒完、阮茂盎	歲貢	◎阮公基《湘山行軍草錄》A.2583〔註4〕、《使程日錄》 ◎丁儒完《默翁使集》
13	西元 1718 年 康熙 57 年 10 月戊辰 後黎朝裕宗永盛 14 年 4 月	阮公沆、阮伯尊（宗）	告哀(熙宗)、附貢方物、求封	◎阮伯尊於出使途中病故。又越使歸國後，清帝準定六年兩貢如例，使臣三（正使一名，副使二名），行人二十，永為定制。 ◎阮公沆《往北使詩》
14	西元 1721 年 康熙 60 年 10 月己卯 後黎朝裕宗保泰 2 年	胡丕績、蘇世輝、杜令名	謝冊封諭祭恩，並貢方物	
15	西元 1725 年 雍正 2 年 12 月丁丑 後黎朝裕宗保泰 4 年	范謙益、阮輝潤、范廷鏡	賀雍正皇帝登極，歲貢、謝恩	◎首次賀清帝即位。此次在清朝境內皆水路往返，不似先前水路進、旱路回。 ◎范謙益《敬齋使集》
16	西元 1731 年 雍正 8 年 12 月辛丑 後黎朝黎後廢帝（維祊）永慶元年 11 月	丁輔益、段伯容、管名洋	歲貢、謝恩（賜御書與歸地）、奏事	◎奏事指請定受詔儀式和表文格式（清使要求受詔行三跪九叩禮，安南堅持國俗五拜三叩禮，故有禮儀之爭。乾隆 27 年明確指示清使至安南冊封應行三跪九叩禮）。

〔註4〕《越南漢喃文獻目錄提要》疑為託名阮公基之作，實乃阮思僩北使歸國後所作。

17	西元 1733 年 雍正 11 年 11 月乙未 後黎朝純宗龍德元年 4 月	范公容、 吳廷碩	告哀（裕宗）、求封、 貢方物	
18	西元 1737 年 乾隆 2 年 2 月丁丑 後黎朝懿宗永祐 3 年	阮仲常、 武暉、 武維宰	進雍正十年與十三年貢、告哀（純宗）、求封	◎武暉於使途中病故。
19	西元 1738 年 乾隆 3 年 9 月甲子 後黎朝懿宗永祐 3 年 6 月	阮令儀、 黎有喬(鐇)	賀乾隆皇帝登極，附貢方物	◎因值冬令冰凍，水路難行，故進京由水路改陸路。 ◎黎有喬《北使效顰詩》
20	西元 1742 年 乾隆 8 年 11 月庚寅 後黎朝顯宗景興 3 年 12 月	阮翹、 阮宗窐、 鄧茂	歲貢、謝恩	◎《大越史記全書》記遣使時間為景興 2 年 11 月，有誤。《清實錄》乾隆 8 年 3 月癸未有使團經潯州為知府所難之記。 ◎阮翹、阮宗窐《乾隆甲子使華叢詠》 ◎阮宗窐《使華叢詠集》、《使程詩集》 ◎阮翹《浩軒詩集》
21	西元 1747 年 乾隆 12 年 後黎朝顯宗景興 8 年 10 月	阮宗窐、 阮世立、 陳文煥	歲貢	◎陳文煥於出使途中病故，《清實錄》（乾隆 13 年 12 月己亥）誤為阮世立卒。
22	西元 1755 年 乾隆 20 年正月癸卯 後黎朝顯宗景興 14 年 12 月	武欽鄰、 陶春蘭	歲貢	
23	西元 1761 年 乾隆 26 年 2 月乙酉 後黎朝顯宗景興 20 年 11 月	陳輝泌、 黎貴惇、 鄭春澍	歲貢、告哀（懿宗）、求封	◎黎貴惇《桂堂詩彙選》、《北使通錄》 ◎鄭春澍《使華學步詩集》 ◎黎貴惇與使團成員作品結集《聯珠詩集》
24	西元 1767 年 乾隆 32 年正月甲午 後黎朝顯宗景興 26 年 10 月	阮輝𠐤、 黎允伸、 阮賞	歲貢、謝恩	◎阮輝𠐤《奉使燕京總歌並日記》、《北輿輯覽》、《燕軺日程》（使程圖）

25	西元 1773 年 乾隆 38 年正月壬辰 後黎朝顯宗景興 32 年 12 月	段阮俶、 武輝珽 （珽）、 阮晧	歲貢、奏事 （要求引渡 反對勢力首 領黃公纘）	◎清廷已安置投清內附的黃公纘，故拒絕安南請求，並退回其附奏私事所增之貢物。 ◎武輝珽《華程詩》。
26	西元 1778 年 乾隆 43 年 後黎朝顯宗景興 38 年 12 月	武陳紹、 胡士棟、 阮仲璫	歲貢、賀平 定金川	◎正使武陳紹不願為安南權臣鄭森夾帶篡立求封之表以進奏，行至洞庭湖託病，夜對使部將表焚毀後仰藥身亡。 ◎胡士棟《花程遣興》
27	西元 1781 年 乾隆 46 年 7 月辛酉 後黎朝顯宗景興 41 年	阮維宏、 杜輝珣	謝恩（寬免 私越邊境之 阮文富、阮 廷暄）	◎5 月己卯抵北京，由禮部堂官帶往熱河瞻覲。使臣杜輝珣、行人阮國棟於途中病逝。
28	西元 1784 年 乾隆 49 年閏 3 月乙亥 後黎朝顯宗景興 45 年	范阮達、 吳希裪、 阮香	歲貢、兼向 乾隆皇帝祝 壽	◎據《清實錄》乾隆 48 年 12 月戊寅及 49 年閏三月壬戌之記：乾隆皇帝巡幸江寧府，安南國陪臣黃仲政、黎有容、阮鐈迎駕。此批使臣為同年越南所遣之謝恩使，於使程途中接到命令，直接由湖北取道江西、安徽，前往江寧等候見駕。
29	西元 1789 年 乾隆 54 年 7 月戊申 西山朝光中 2 年	阮光顯、 阮有晭、 武輝瑨	謝罪、求封	◎此次出使象徵清朝與安南黎朝的宗藩關係結束，轉而與西山阮氏政權建立關係。 ◎武輝瑨《華原隨步集》
30	西元 1790 年 乾隆 55 年正月丁亥 西山朝光中 3 年	阮宏匡、 陳登大（天） 宋名朗、 黎梁慎、 阮止信、 阮偍	謝恩、歲貢	◎阮主聲稱其母年事已高，命阮宏匡順路購買人參，乾隆嘉其孝心，賜人參一斤。（《清實錄》乾隆 55 年正月戊戌） ◎阮偍《華程消遣集》（前集）
31	西元 1790 年 乾隆 55 年 7 月己丑 西山朝光中 3 年	阮光平、 吳文楚、 潘輝益、	賀壽、朝覲	◎為安南自宋以來第一次以「安南國王」名義來朝，然阮光平是否親

		武輝瑨、段浚（段阮俊）		入中國無從證實，《清史稿》與《大南實錄》言冊封與朝覲皆遣替身假冒之。 ◎潘輝益《星槎紀行》 ◎武輝瑨《華程後集》 ◎段浚《海煙詩集》、《海翁詩集》
32	西元 1791 年 乾隆 56 年 8 月丙午 西山朝光中 4 年	陳玉視、武永城潘文典、黎輝慎	謝恩	
33	西元 1791 年 乾隆 56 年 12 月辛酉 西山朝光中 4 年	阮文瑔、阮璡	謝恩	
34	西元 1792 年 乾隆 57 年 12 月戊子 西山朝光中 5 年	武永城、陳玉視	歲貢	◎請定貢期為四年兩貢並進。
35	西元 1793 年 乾隆 58 年 2 月庚辰 西山朝景盛元年	吳時任等人	告哀（阮光平）、求封	◎吳時任《皇華圖譜》、《燕臺秋詠》〔註5〕
36	西元 1796 年 乾隆 60 年 12 月戊戌 西山朝景盛 3 年	阮光裕、杜文功、阮偍	歲貢、謝恩、賀嘉慶帝登極	◎阮光裕於歸國途中病故。此為西山阮朝最後一次如清進貢。 ◎阮偍《華程消遣集》（後集）
37	西元 1802 年 嘉慶 7 年 阮朝世祖嘉隆元年 5 月	鄭懷德、吳仁靜、黃玉蘊	齎國書通清，並將所獲清人錫封偽西冊印及齊桅海匪送還；求封	◎清廷婉拒阮福映之求封，故使團暫留廣州，清廷同意冊封後，與黎光定使團會合，於次年一起赴京，並至熱河朝觀。 ◎鄭懷德《艮齋觀光集》 ◎吳仁靜《拾英堂詩集》

〔註 5〕此書雖題「侍中大學士晴派吳希尹甫（吳時任）著」，然非吳時任個人別集，而是同時抄錄西山朝名臣武輝瑨、潘輝益之燕行作品。

38	西元 1802 年 嘉慶 7 年 阮朝世祖嘉隆元年 11 月	黎光定、 黎正路、 阮嘉吉	求封，並請改國號為「南越」	◎與鄭懷德等於廣西會合後一起赴京。清廷不同意「南越」此國號，諭令改為「越南」。 ◎黎光定《華原詩草》 ◎阮嘉吉《華程詩集》
39	西元 1804 年 嘉慶 9 年 阮朝世祖嘉隆 3 年正月	黎伯品、 陳明義、 阮登第、 武希蘇	歲貢、謝恩	◎武希蘇《華程學步集》
40	西元 1809 年 嘉慶 14 年 10 月辛卯 阮朝世祖嘉隆 8 年 3 月	阮有慎、 黎得秦、 吳位（時位）	歲貢	◎吳時位《枚驛諏餘》
41	西元 1809 年 嘉慶 14 年 9 月乙酉 阮朝世祖嘉隆 8 年 6 月	武楨、 阮廷驚、 阮文盛	賀壽（嘉慶帝五旬萬壽）	◎武楨《使燕詩集》 ◎與上列阮有慎使團同行。
42	西元 1813 年 嘉慶 18 年 10 月丁酉 阮朝世祖嘉隆 12 年 2 月	阮攸、 陳雲岱、 阮文豐	歲貢	◎阮攸《北行襍錄》、《使程諸作》
43	西元 1817 年 嘉慶 22 年 9 月癸亥 阮朝世祖嘉隆 16 年 2 月	胡公順、 阮輝楨、 潘輝湜	歲貢	◎潘輝湜《使程雜詠》
44	西元 1819 年 嘉慶 24 年 9 月乙酉 阮朝世祖嘉隆 18 年 3 月	阮春晴、 丁翻（丁翔甫）、 阮祐玶	歲貢、賀壽（嘉慶帝六旬萬壽）	◎丁翔甫《北行偶筆》
45	西元 1821 年 道光元年 5 月丙辰 阮朝聖祖明命元年 9 月	吳位、 陳伯堅、 黃文盛、 范有儀	告哀（嘉隆帝）、求封	◎正使吳位行至南寧身故。 ◎范有儀《使燕叢詠》
46	西元 1825 年 道光 5 年 8 月乙卯 阮朝聖祖明命 5 年 10 月	黃金煥、 潘輝注、 陳震	謝恩	◎二使部同行。 ◎潘輝注《華軺吟錄》、《輶軒叢筆》 ◎黃碧山《北游集》
		黃文權、 阮仲瑀、 阮祐仁、 黃碧山	歲貢	

47	西元 1829 年 道光 9 年 7 月壬子 阮朝聖祖明命 9 年 11 月	阮仲瑀、 阮廷賓、 鄧文啟	歲貢	◎奏請改由廣東水路進京以省勞費，為清廷所拒絕；請求賞賜人參給明命帝之母調養身體，獲清廷賞賜人參一斤，以彰其孝。 ◎鄧文啟《華程略記》
48	西元 1831 年 道光 11 年 7 月戊寅 阮朝聖祖明命 11 年 10 月	黃文宣、 張好合、 潘輝注	賀壽（道光帝五旬萬壽）、歲貢	◎使團出發前，明命帝曾囑咐使節留心購買古詩、古畫、古人奇書，及燕京仕宦家之私書實錄，然黃文宣等人所攜回者多是私貨，以致驛站運輸費增加，而其使程日記亦過於簡略，故遭革職懲戒。後又下旨明定如清使部回程裝抬給驛例，明確規定私人行李裝箱之數。 ◎潘輝注《華程續吟》 ◎張好合《夢梅亭詩草》
49	西元 1833 年 道光 13 年 7 月壬辰 阮朝聖祖明命 13 年 10 月	陳文忠、 潘清簡、 阮輝炤、 黎光院	歲貢	◎黎光院《華程偶筆錄》〔註 6〕 ◎潘清簡《使程詩集》A.1123、《金臺艸》（收於潘氏《梁溪詩艸》A.2125 卷十二）
50	西元 1837 年 道光 17 年 7 月乙巳 阮朝聖祖明命 17 年 11 月	范世忠、 阮德活、 阮文讓	歲貢	◎道光 19 年清廷改定屬國貢期，越南由四年兩貢並進，改為四年一貢。 ◎范世忠《使清文錄》
51	西元 1841 年 道光 21 年 7 月庚辰 阮朝憲祖紹治元年正月	李文馥、 阮德活、 裴輔豐、 潘輝泳	告哀（明命帝）、請封	◎明命 21 年（道光 20 年西元 1840 年）10 月曾派阮廷賓、潘靖、陳輝璞充賀壽使，（道光帝六旬萬壽）黃濟美、裴

〔註 6〕 陳益源教授指出：《華程偶筆錄》的作者非黎光院，而是人稱「黎光阮」者，阮為其姓，即「阮黎光」是也。見陳益源〈與北京紫禁城有關的二本稀見越南漢文燕行文獻〉，收入「燕行使進紫禁城——14 至 19 世紀的宮廷文化與東亞秩序學術研討會」論文集，頁 400。

				日進、張好合充歲貢使，二使部同行如清，後因明命帝去世而撤回，改由李文馥使團如清告哀、求封。而後紹治 2 年再遣黃濟美、裴日進、張好合等如清謝恩，亦因清命留抵下次正貢而未成行。 ◎李文馥：《周原襖詠草》、《使程遺錄》、《使程誌略草》、《使臣括要編》《皇華雜詠》A.1308、《回京日程》 ◎潘輝泳《如清使部潘輝泳詩》A.2529
52	西元 1846 年 道光 25 年 12 月癸丑 阮朝憲祖紹治 5 年 2 月	張好合、范芝香、王有光	歲貢、謝恩	◎張好合使團回國因私帶貨物眾多，被交刑部議處革職。 ◎范芝香《郿川使程詩集》
53	西元 1848 年 道光 28 年 11 月乙亥 阮朝憲祖紹治 7 年 12 月	裴樻（原名裴玉樻）、王有光、阮攸	告哀（紹治帝）、求封	◎裴樻《燕行總載》、《燕行曲》、《如清圖》（使程圖）、《燕臺嬰語》（附使程圖）、《燕臺嬰話》A.1918、《使程要話曲》A.1312、《有竹先生詩集》 ◎阮攸《星軺隨筆》、《使程襖記》
54	西元 1849 年 道光 29 年 8 月丁丑 阮朝翼宗嗣德元年 11 月	潘靖、枚德常、阮文超	歲貢	◎阮文超《方亭萬里集》、《如燕驛程奏章》、《壁垣藻鑒》A.2589
55	西元 1853 年 咸豐 3 年 9 月乙卯 阮朝翼宗嗣德 5 年 9 月	潘輝泳、劉亮、武文俊	謝恩	◎二使部同行。此次使團如清，前後歷時三年，是歷來時間最長的一次，主要原因乃太平天國亂事起，貢道受阻，越南使節於湖北荊州暫留一段時日。阮有絢於歸國途中去世。
		范芝香、阮有絢、阮惟	歲貢	

				◎潘輝泳《馹程隨筆》
				◎范芝香《志庵東溪詩集》〔註7〕
				◎武文俊《周原學步集》
56	西元 1869 年 同治 8 年 2 月戊申 阮朝翼宗嗣德 21 年 6 月	黎竣（峻）、 阮思僩、 黃竝	歲貢	◎清廷因忙於應付太平天國之亂，再加上貢道受阻，自上次入貢後，越南歲貢共被展延三次，兩國中斷十六年的宗藩外交關係。此次歲貢為越南遭受法國侵略後之首次遣使，四貢並進，有重申中越宗藩關係之重大意義。 ◎黎竣（峻）、阮思僩、黃竝《如清日記》 ◎阮思僩《燕軺筆錄》、《燕軺詩文集》
57	西元 1871 年 同治 10 年 9 月丁巳 阮朝翼宗嗣德 23 年 10 月	阮有立、 范熙亮、 陳文準	謝恩	◎感謝清廷派兵協助鎮壓股匪吳鯤（一名亞終）。故命阮有立等齎表函方物，並馴象往謝。出使前，嗣德帝叮囑使者應如何回答清廷詢問越法之事，越方乃有意隱瞞與法國之間的戰爭和所受之侵略。 ◎范熙亮《北溟雛羽偶錄》、《范魚堂北槎日記》A.848 ◎阮有立《使程類編》

〔註 7〕 據鄭幸所著提要說明，此書為范芝香第二次出使記錄，然前半部（1～37 葉）抄錄《鄳川使程詩集》之內容，後半（38 葉至末葉）部才是其第二次燕行之記。又陳益源教授指出，「志庵」、「東溪」皆為阮文理之字號，本書卷端便題「東作阮文理撰」，則《志庵東溪詩集》為阮文理之作，范芝香第二次出使的燕行文集不應仍稱「志庵東溪詩集」。見鄭幸：〈《志庵東溪詩集》提要〉，收入〔越南〕范芝香：《志庵東溪詩集》，《越南漢文燕行文獻集成》第十七冊，頁 75；陳益源：〈與北京紫禁城有關的二本稀見越南漢文燕行文獻〉，收入「燕行使進紫禁城——14 至 19 世紀的宮廷文化與東亞秩序學術研討會」論文集，頁 400。

58	西元 1873 年 同治 12 年 11 月戊申 阮朝翼宗嗣德 26 年 2 月	潘仕俶、 何文關、 阮修	歲貢、請求 助剿清匪	◎清廷派粵西官軍出境 剿匪，時法國已攻破河 內，然越南並未向清廷 稟明此事，故清廷只令 粵軍剿匪，與法軍絕不 相涉。使團於同治 13 年 9 月回國，因越南北 部邊防仍有匪徒侵擾， 道路梗阻難前。
59	西元 1877 年 光緒 3 年 4 月甲辰 阮朝翼宗嗣德 29 年 6 月	裴文禩（殷 年）、 林宏、 黎吉	歲貢	◎裴文禩《萬里行吟》、 《中州酬應集》、《雉舟 酬唱集》、《燕軺萬里 集》(使程圖)、《燕槎詩 草》(見於《詩歌雜編》 VHv.463)、《輈軒叢筆》 A.801、《大珠使部唱 酬》VHv.1781
60	西元 1881 年 光緒 7 年 6 月戊午 阮朝翼宗嗣德 33 年 6 月	阮述、 陳慶洊、 阮懽	歲貢、請求 助剿清匪	◎阮述《每懷吟草》

附錄二　清代越南使節北京交遊一覽表

時　間	越南使節	中國官員文友	朝鮮使團	琉球使節／官生	出　處
康熙四十三年（1704）	何宗穆		李晟		《晚晴簃詩匯》、《韓越使臣唱和詩文》
康熙五十七年～五十八年（1718～1719）	阮公沆		正使俞集一 副使李世瑾		《往北使詩》
乾隆三年（1738）	黎有鐈			賀乾隆登極之琉球使節	《見聞小錄》
乾隆八年（1743）	阮宗窐	1. 翰林院諸官員 2. 禮部郎中鄭璧齋			《使華叢詠集》
乾隆二十五年～二十六年（1760～1761）	黎貴惇		正使洪啟禧 副使趙榮進 書狀官李徽中 朝鮮三使之子 洪纘海、趙光逵、李商鳳	國子監官生鄭孝德、蔡世昌	《桂堂詩彙選》《見聞小錄》《北轅錄》
乾隆三十八年（1773）	段阮俶 武輝珽		副使尹東昇 書狀官李致中		《皇越詩選》（R.969）《華程詩》

乾隆四十三年～四十四年（1778～1779）	胡士棟阮仲璫		正使李垗副使尹坊書狀官鄭宇淳		《花程遣興》《皇越詩選》（R.969）《並世集》
乾隆五十五年（1790）	潘輝益	1. 禮部主事吳煦	副使徐浩修書狀官李百亨書記朴齊家柳得恭		《星槎紀行》《燕行記》《灤陽錄》《並世集》
	武輝瑨	1. 禮部主事吳煦 2. 內閣中書徐炳泰			《華程後集》《燕臺秋詠》《燕行記》《灤陽錄》《並世集》
	段浚				《海翁詩集》《海煙詩集》
	陶金鐘		書記朴齊家		《並世集》
乾隆六十年（1796）	阮偍		副使李亨元（年貢兼謝恩）副使徐有防（進賀兼謝恩）		《華程消遣集》
道光二十五年（1845）	范芝香		書狀官李裕元		《鄜川使程詩集》
道光二十八年（1848）	阮攸	1. 翰林院編修羅嘉福			《星軺隨筆》
同治八年（1869）	黎峻	1. 詹事府右春坊右贊善李文田	正使金有淵副使南廷順書狀官趙秉鎬		《如清日記》《燕軺筆錄》
	黃竝	1. 詹事府右春坊右贊善李文田 2. 翰林張丙炎、羅家劭、曹秉濬、曹秉哲；兵部主事廖鶴年；刑部郎中伍紹棠			《如清日記》《燕軺筆錄》
	阮思僩	1. 詹事府右春坊右贊善李文田 2. 翰林張丙炎、羅家劭、曹秉濬、曹秉哲；兵部主事廖鶴年	正使金有淵副使南廷順書狀官趙秉鎬通事韓文圭		《燕軺筆錄》《燕軺詩文集》《翁同龢日記》

		；刑部郎中伍紹棠 3. 候補道臺張蔭桓；番禺舉人張兆鼎；翰林潘衍鋆；生員李文冏 4. 國子監祭酒翁同龢 5. 四譯館官員陳熺 6. 戶部筆帖式（原富陽縣知縣）蘇完成瑞及其子文悌			
同治十年（1871）	范熙亮	1. 長白人，名承繼（或字述堂） 2. 寧明舉人甘夢陶	領曆官李容肅	國子監官生林世忠、林世項（功）	《北溟雛羽偶錄》《范魚堂北槎日記》（A.848）
光緒三年（1877）	裴文禩	1. 翰林院編修鍾德祥 2. 翰林院庶吉士唐景崶 3. 禮部左侍郎兼兵部右侍郎宗室綿宜 4. 戶部員外記名御史歐陽雲 5. 刑部主事王藻章 6. 許堯文司馬 7. 河南葉縣知縣何鼎 8. 吏部主事龍文彬 9. 中允王先謙 10. 翰林院編修諸可炘；翰林院庶吉士陳光煦、周材芳、陶搢綬			《萬里行吟》（VHv.849／2）《萬里行吟》《中州酬應集》

光緒七年 （1881）	阮述	1. 翰林院編修陳 啟泰 2. 翰林院檢討黃 自元 3. 吏部主事唐景 崧 4. 御史蕭杞山、 工部主事劉人 熙 5. 工部郎中王應 孚、戶部主事 莊心和、內閣 侍讀劉溎焲、 翰林院編修慕 子荷 6. 原翰林編修蔡 壽棋			《每懷吟草》 《請纓日記》

附錄三　越南漢喃研究院藏范熙亮
《范魚堂北槎日記》（A.848）
書影

圖一：《范魚堂北槎日記》封面

范魚堂北槎日紀 一帙

圖二：《范魚堂北槎日記》正文1

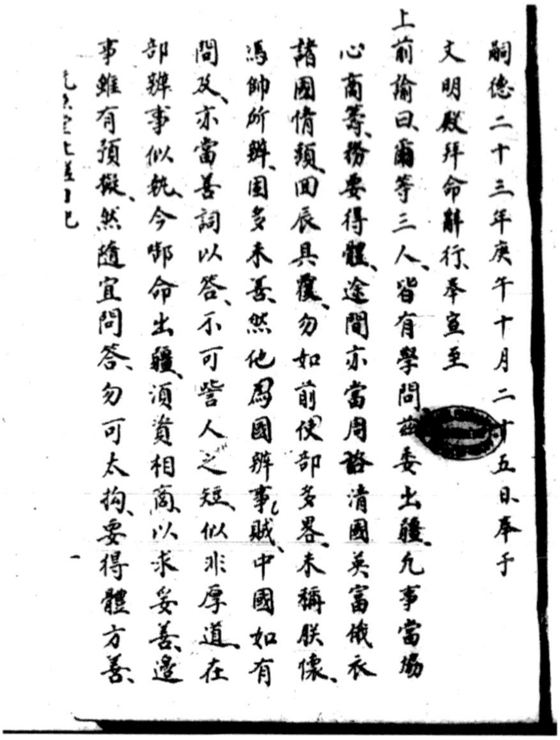

嗣德二十三年庚午十月二十五日奉于
文明殿拜命辭行奉宣至
上前諭曰爾等三人、省有學問薦委出體九事富場
心商籌務委得體、途間亦當周諮清國英富俄承
諸國情頭回辰具覆、勿如前使部各署未稱朕懷
馮帥所辦固多未善然化爲國辦事、中國如有
問及亦當善詞以答不可譽人之廷似非厚道在
部辦事似執今嘶命出疆酒資相商以求妥善遑
事雖有預擬然隨宜問答勿可太拘要得體方善

圖三：《范魚堂北槎日記》正文2

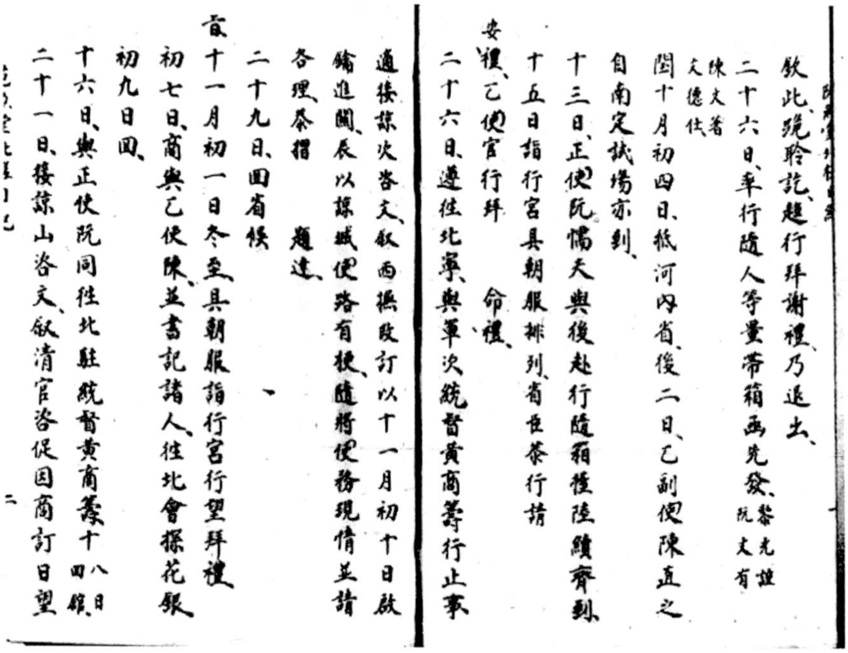

欽此號蛇聆訖趨行拜謝禮乃退出、
二十六日、率行隨人等齎帶箱兩先發、（簽光雄 阮文有 陳文佐 文德佐）
閏十月初四日紙河內省後二日乙副使陳直之
自南定試場亦到、
十三日正使阮惆天與後赴行隨稻陸續齊到
十五日詣行宮具朝服排列省在茶行請
安禮、乙使官行拜 命禮
二十六日邊往北寧與軍次統督賓商行止事

通接操次答文、敕西撫段訂以十一月初十日啟
鵪進關辰以探賊便路有梗隨將便務現情並請
各理荅摺 趙進
二十九日回省候
十一月初一日冬至具朝服詣行宮行望拜禮
初七日商與乙使陳並書記諸人往北會探花銀
初九日回
十六日與正使阮同往北駐統督黃商簽十八日
二十一日接諒山咨文敕清官咨促回商訂日望

附錄四　越南漢喃研究院藏裴文禩《萬里行吟》（VHv.849 / 2）書影

圖一：《萬里行吟》卷三

圖二：《萬里行吟》卷四

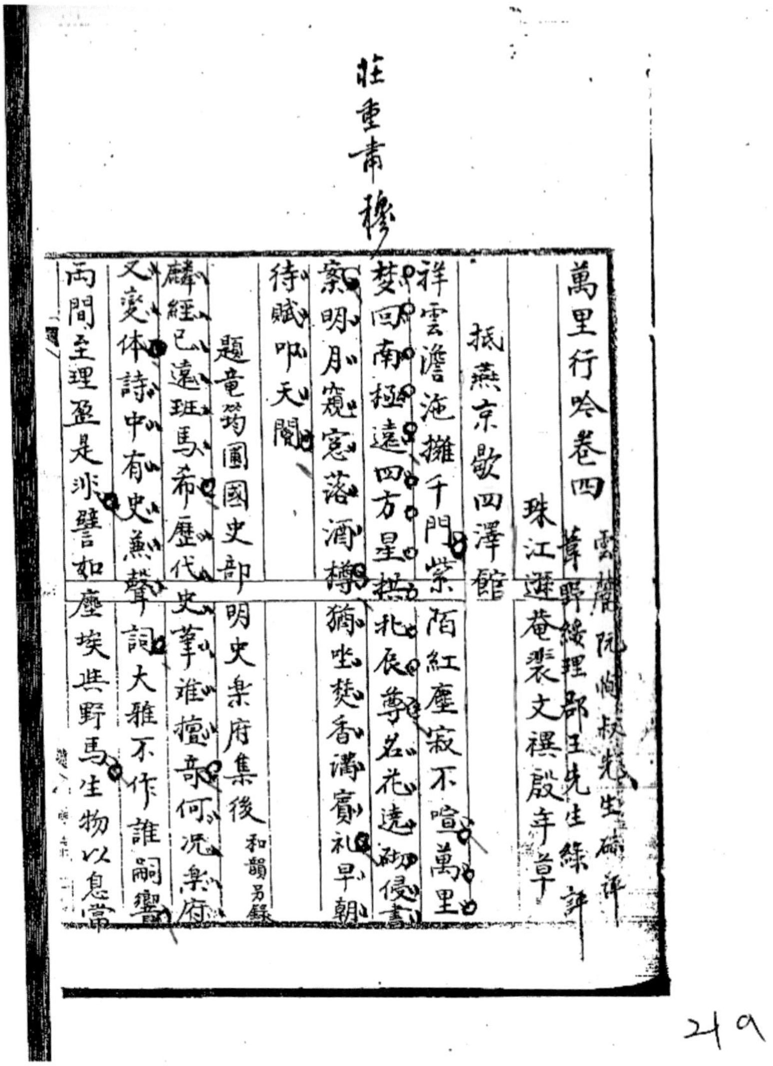

莊重肅穆

萬里行吟卷四
露聲院阮惘松光生碤評
聱畔綏理邵玉先生綠評
珠江遜菴裴文禩殷辛草

抵燕京歇四澤館

祥雲澹澔攤千門紫陌紅塵寂不喧萬里
楚四南極遠四方星拱北辰等岩花遠砌侵劃
窺明月窗窓落酒標獨坐焚香溝竇礼早朝
待賦叩天閽

題竜筠圜國史部明史案府集後　和韻另錄
麟經已遠班馬希歷代史筆難擅斲何況案府
又變体詩中有史藃聲詞以大雅不作誰嗣響
兩間主理盈是非璧如塵埃與野馬生物以息當

圖三：《萬里行吟》書末自敍

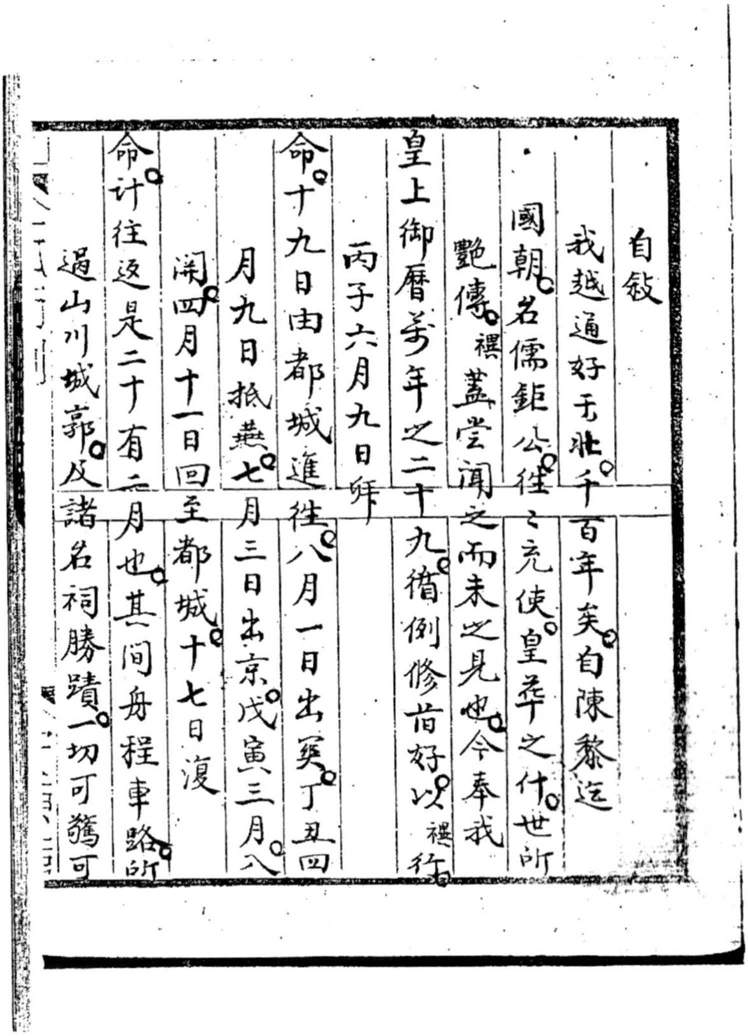

自敍

我越通好于北千百年矣自陳黎迄

國朝名儒鉅公佳之充使皇華之什世所

艷傳　禩蓋嘗聞之而未之見也今奉我

皇上御曆茅年之二十九循例修苗好以禩行

丙子六月九日年

命十九日由都城進往八月一日出癸丁丑四

月九日抵燕七月三日出京戌寅三月入

閏四月十一日回至都城十七日復

命計往返是二十有二月也其間舟程車路所

過山川城郭及諸名祠勝蹟一切可驚可

附錄五　越南漢喃研究院藏裴文禩《輶軒詩草》（VHv.849／2）書影

圖一：裴文禩《輶軒詩草》書前序言

輶軒詩序

嘗聞文章靈物造化不輕以與人向每以為不然因思先秦以上之文左國莊騷之外無復有遺響者是何當日象作若是其寥寥哉蓋必有之而火於秦而左國莊騷則秦焚之所不能到然後知文章之為靈物造化不輕以與人信然矣素嗜詩學凡當代之名作靡不搜索窮獵什襲以藏獨於珠江毅年先生詩尤酷嗜焉先生所著詩集頗多輶軒詩草者先生欽差北折經略辰叢詠也其詩大抵多傷辰感事之作以磊落雄偉之才寫胸中憤懣不平之氣忠愛溢於辭表當吟不絕口

圖二：裴文禩《輶軒詩草》正文內容

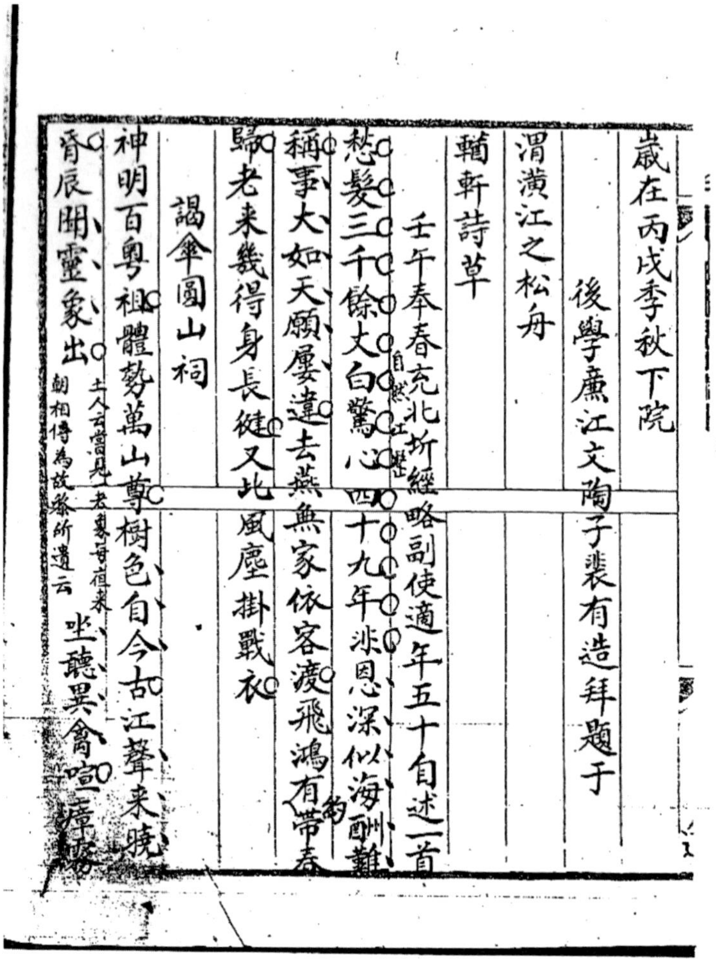

歲在丙戌季秋下院

後學廣江文陶子裴有造拜題于

渭潢江之松舟

輶軒詩草

壬午奉春克北坼經略副使適年五十自述二首

愁髮三千餘大白驚心（自然生）四十九年冰恩深似海酬難

稱事大如天願屢違去燕無家依客渡飛鴻有帶春

騎老來幾得身長健又此風塵掛戰衣

謁傘圓山祠

神明百粵祖體勢萬山尊樹色自今古江聲來曉

昏辰開靈象出（土人云當見去晝員值來）坐聽異禽喧（障場
朗相傳為故祭所遺云）

附錄六　越南漢喃研究院藏阮述
《每懷吟草》（VHv.852）
抄本書影

圖一：《每懷吟草》卷上

圖一：《每懷吟草》卷上

圖二：《每懷吟草》卷下

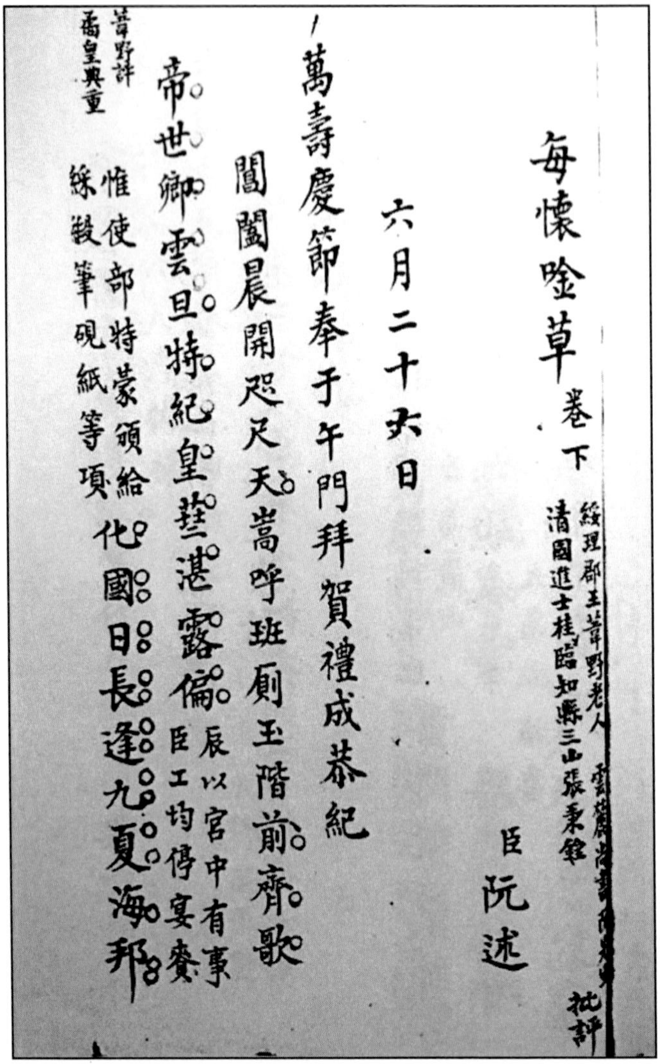

每懷吟草 卷下

綴理郡主葦野老人
清國進士桂臨知縣三山張秉銓 批評

臣阮述

六月二十六日

萬壽慶節奉于午門拜賀禮成恭紀

閶闔晨開忍尺天嵩呼班厕玉階前齋歌

帝世卿雲旦特紀皇整湛露偏　辰以宮中有事臣工均停宴賽

惟使部特蒙頒給　化國日長逢九夏海邦

綵毂筆硯紙等項

葦野詳
喬皇與重